李晓波资助翻译出版

中国人民大学中国公益创新研究院推荐教材

非营利管理译丛

主编／康晓光　郭超

有效合作之道：
合作优势理论与实践

MANAGING TO COLLABORATE:

THE THEORY AND PRACTICE OF COLLABORATIVE ADVANTAGE

〔英〕**克里斯·赫克萨姆**（Chris Huxham）

〔英〕**西夫·范根**（Siv Vangen）　／著

董　强／译

社会科学文献出版社
SOCIAL SCIENCES ACADEMIC PRESS (CHINA)

Managing to Collaborate: The Theory and Practice of Collaborative Advantage/by Chris Huxham and Siv Vangen/ISBN: 978 - 0 - 415 - 33920-9

献给我们在书中引用的那些人以及我们没有提及的

数百个人

非营利管理译丛总序

为什么译书？

近几十年来，非营利部门的爆发性发展是一个世界性的现象，也是一个不可逆的全球大趋势。非营利部门在国内的发展，也可以说势头迅猛。特别是伴随着经济的持续增长、中产阶级的不断壮大、移动互联网日新月异的发展，这个领域的创新层出不穷。实践在发展，研究也在齐头并进，比较而言，非营利教育事业显得相对滞后，突出表现为稳定的价值观尚未形成，对概念的使用还很混乱，基础理论和研究工具还不完善，学科体系和教学体系远未成熟。

近年来，大学里与非营利部门相关的研究院、研究所、研究中心，如雨后春笋般涌现，但是大多名不副实，课程体系设计、教材编写、案例库建设、教师培育等硬碰硬的基础性工作并不尽如人意。学科基础教育工作，作为非营利研究与实践的转换枢纽，必须扎扎实实地开展。硬骨头总要人来啃，这些重要的、必需的、紧迫的事总要有人来做。

万事开头难，发展非营利教育事业，首要问题是发掘一套好的教材。教材最好是由我们自己基于国内的理论与实践来编写，但是我们眼下既没有足够的知识创造与储备，也缺乏功底扎实的作者，在时间上也来不及。只能退而求其次，寻找捷径。捷径是什么？翻译！

如何选书？

对于我们的目标而言，把书选好非常重要，选书如果不成功，翻译得再好也是失败。因此，谁来选、如何选、选什么书，都必须要有通盘考虑。

本套译丛的书目选择工作由康晓光、郭超两位主编负责，按照以下

1

程序和标准展开：首先确定非营利管理专业的核心课程名录，并考虑各类课程的优先级；在此基础上，确定五本为首批译丛书目；选书的标准包括内容与课程需要的符合程度、再版次数、引用率、作者的学术地位和行业影响力；最后，还要有时效性，最好是在近五年内出版的。

需要特别说明的是，我们还邀请了三位非营利研究领域的学界泰斗参与选书；这三位教授都为非营利领域的研究做出了杰出的贡献，也产生了世界性的影响。其中 Ram Cnaan，现为美国宾夕法尼亚大学宗教与社会政策研究中心主任，非营利组织与志愿行动研究协会（ARNOVA）前会长；Alan Abramson，美国乔治·梅森大学政府与国际事务学院教授，ARNOVA 前会长；David Horton Smith，美国波士顿学院社会学系荣休教授，ARNOVA 创始会长、《非营利与志愿部门季刊》（NVSQ）创刊主编，被公认为非营利及志愿服务研究领域的奠基人。三位资深教授的加盟，为本套译丛的权威性提供了强有力的支撑。

选了什么书？

按照上述原则和标准，我们筛选出五本书作为译丛的首批选项。

《非营利世界：市民社会与非营利部门的兴起》在全球化背景和国别比较的视野下，侧重从整体层面考察非营利部门的情况，尽力为读者提供一个大的脉络和框架，帮助读者对第三部门及其与外部环境之间的关系有更加清晰的了解，有助于读者在国际国内政治经济及文化结构中建立第三部门的方位感。

《非营利组织管理》从非营利部门自身出发，侧重探讨非营利部门内部的运行和管理逻辑，是对非营利部门研究的具体化，有助于读者在部门层面理解非营利组织的运作机制。该书理论与实践并重，书中大量的实际案例反映出作者强烈的行动取向。

《实现卓越筹款》已经成为经典教材，出版过多个修订版。"筹款"承担了非营利部门的"供血"角色，作为非营利部门的"命脉"，具有特殊的重要性。这本书不仅仅从观念上化解和颠覆了诸多对"筹款"工作的传统误解，有助于确立筹款者和捐赠者正确的价值导向，而且还提供了一系列涉及筹款全流程的、行之有效的手册化操作建议，可以说是非营利部门发展到成熟阶段后所表现出来的研究与实践的专业化、精细化。

《创业型非营利组织》是一本由三位作者共同完成的著作，他们作为资深的研究者和实践者共同关注社会创新。近年来，"社会创新"越来越成为跨越中西的时髦词语，解决社会问题的各种创新形式被不断创造出来，这本书结合了大量经典案例，按照组织管理学的基本框架展开，试图从组织管理的角度探索这些社会创新背后的思考逻辑和行动方式，从而为研究者和实践者提供启发。

《有效合作之道：合作优势理论与实践》关注非营利组织的组织间合作，非营利组织本身就是社会合作的一种典型形式，而组织间的合作更进一步超越了单体的"各行其是"。如何为非营利组织之间的合作寻求理论基础，将已有的合作转化为经验和理论沉淀，并进一步促进和指引新的合作，以达成合作参与方自身以及共同目标，这是本书关注的焦点。

除了每一本书需要满足选择标准，聚焦各自的核心问题，从而发挥各自的优势之外，还必须有"整体性"的考虑，也就是它们合在一起能够有某种超越个体的系统性效果，最好在逻辑上可以涵盖非营利部门的重要方面，这也正是我们的期待。我们希望这五本书作为一个整体，既能够让读者对非营利部门有概要性、结构性的了解，还能对部门资源的获取、内部的运作、组织间合作，以及非营利部门的创新升级都有相当程度的理解。通过这几本书，不仅让读者获取一些片段化的知识碎片，而且在一定程度上建立起有系统、有结构的学科整体观感。真正细心的读者，完全能够顺着这几本教材提供的脉络"按图索骥"，走进非营利的世界，探索其中的奥秘。

如何选译者？

译者在很大程度上决定了一本书翻译的成败。

什么是好的译者？从专业的角度来说，必须要足够懂非营利这一专业领域，英语要足够好，还要有足够的中文水准。这些条件固然重要，但更重要的是，译者必须足够投入、足够用心。在今天的大学考核体系里，译书可谓"劳而无功"。各个大学的业绩考核，教材不算数，翻译教材更不算数，功成名就者不愿伸手。所以，有研究或实践经验的优秀年轻学者是本套译丛译者的首选。

本套丛书的九位译者都有相当长的非营利领域研究或实践经历。杨丽、游斐、刘洋、王伊、董强在大学和研究院工作，付琳赟和那梅有多年的海内外非营利部门工作经验，崔世存和李博正在海外攻读非营利方向的博士学位。应当说，九位译者完全符合我们的预期，尤为重要的是，翻译这套丛书于他们并不是某种纯粹外在因素的驱动。他们都关心和了解这个领域，他们都在反思这个领域面临的问题，他们也在这个领域推动着实践。翻译工作充分激活、调动了他们自身所沉淀的思想，反过来翻译也促进了他们未来的思考和行动。

资助与出版

一般而言，现在由出版社所组织的翻译，给译者的稿费与译者的专业能力和时间上的付出极度不匹配，往往也由此挫伤了译者的积极性，进而影响翻译质量。值得庆幸的是，本套译丛的翻译和出版得到了中国公益创新研究院理事李晓波先生的慷慨资助，既为译者提供了合情合理的报酬，也为本套译丛的出版提供了质量保障。

在选择出版社方面，倒是没有费什么功夫。关于出版社，最关键的是两个方面，一个是要相互信任，另一个是要有处理版权贸易的能力。社会科学文献出版社是我们的最佳选择，中国公益创新研究院与社会科学文献出版社有着多年的成功合作经验。他们拥有专业、出色的编辑出版和版权贸易能力，本次译丛的顺利出版再次证明了这一点。在此特别感谢社会科学文献出版社王绯女士对本丛书出版工作的大力支持，感谢黄金平、高媛的高质量的编辑工作。本丛书的顺利出版，也离不开研究院工作人员舒萍、田凤君在书目筛选、译者招募和筛选、翻译进度把控、译著审阅、与出版社沟通等各个环节付出的努力。

写在最后

译丛付印之际，写下这个"总序"，可谓五味杂陈，内心深处有一种强烈的不甘！

如我们开篇所言，"翻译"的确是学科建设尤其是教材建设的一条"捷径"。近代以来，广义的"翻译"一直是中国学习西方的必由之路，借此实现"后发优势"，但是"东施效颦"、"邯郸学步"也是必须付出的代价。因此，有必要回答一个问题："翻译"究竟只是一种阶段性的、权宜性的选择，还是唯一的、最佳的、最终的选择？

中国是一个文明古国，有自己的文化传承，当下又有与众不同的政治社会环境，所以，中国的非营利事业必然自有特色。尽管非营利事业有全球共性，但是中国特色也不容忽视，外部经验总有不适合中国的地方。再者，十几亿人口的中国，不能总是伸手向别人索取，也有义务对世界贡献自己的经验和反思。作为研究者，作为教师，作为专业研究机构的领导者，除了翻译外文教材，竟然无所作为，真是深感惭愧。

我们选择的教材出自基于资本主义制度的西方社会。在那里，个人主义、理性、效率、合作、公民社会、宪政体制……已经浑然一体。这样一个实现了高度整合的、庞大的文明类型，对中国的示范效应很大，我们必须取长补短，老老实实地学习其精髓。但与此同时，这个文明与今日的中国差异也很大，这种差异在未来也不会完全消失，至少在文化价值观维度上的差异将深刻而持久地存在。文化和价值观也是弥散化的，有生命力的文化会渗透式地影响到一个文明体的方方面面。具体到非营利部门，活着的文化必须落地，必须作用于组织、项目，对其发生真实而且强有力的影响。

因此，中国的非营利领域的实践在普遍特征之外必然呈现其特殊性，相应的理论也一定具有中国特色，作为本土的教材也应该有其特色。只有充分显现自身的文化特色，才是立身之本。中国自己未来编著的第三部门教材，应当确立自己的文化和价值观并探索与之相应的组织模式，在非营利部门的治理结构、组织结构、管理方式、激励机制、项目设计、项目运营方式、各类利益相关者的关系，法律形式，政府管理方式等诸多方面展现其作为"中国的"特殊所在，处理好西方经验与本土化的关系，以中华文化之"体"吸纳西方现代文明之"用"。

要做到上述这一切，要求我们必须开展有价值立场的"行动性研究"，处理好理论与实践的关系。理论不但要跟上实践，还要有能力推动实践。理论必须从实践中来，到实践中去。真正立足本土，面对现实，研究真问题，才可能对这块土地负责，对这块土地之上的人民负责，也对我们身处其中的时代负责。

希望我们能尽早写出自己的教材，而且这些教材也值得别人翻译和学习。

康晓光　郭　超
2019 年 9 月 9 日于北京

译者序

2008 年汶川地震发生之后，在南都公益基金会的支持下，我与惠泽人翟雁老师合作完成一项关于汶川地震志愿者的研究。记得在当年 7 月，我赴成都进行了为期两周的调研。在调研的过程中，我了解到汶川地震救援中出现了一些公益组织联合行动。这样的联合行动第一次进入了我的研究视野。很快，在 2013 年雅安地震救援中，出现了越来越多的公益组织合作行动，包括与政府、企业的合作。基于此，我与惠泽人翟雁老师联合向南都公益基金会申请到了一项关于雅安灾害应对中公益行业合作的研究。该研究对雅安地震救援中的主要的公益组织合作体进行了为期三年的跟踪调研。随后我在美国罗格斯大学学术访问期间，与黄建忠教授合作对这一长期跟踪的调研结果进行了理论总结，希望能够在国际学术刊物上分享我们的研究成果。在研究初期阅读文献的过程中，我有幸读到了本书作者克里斯·赫克萨姆和西夫·范根发表在英文学术期刊《应用行为科学杂志》上的一篇文章《培育合作关系——在组织间合作中建立信任》。这篇文章一方面帮助我构建起了关于雅安地震中公益组织合作过程如何影响合作结果的理论框架，另一方面让我了解到国外学者对于组织合作行为中的信任研究已经非常深入了。通过对这两名作者的检索，我发现了《有效合作之道：合作优势理论与实践》这本书。而阅读这本书，我了解到西方学者对于组织间合作已经有了非常系统的研究并形成了合作优势理论。2017 年回国之后，我将雅安地震中公益组织合作文章投到了国际学术刊物 Voluntas，2018 年 4 月这篇文章在该刊正式发表。恰恰在这时，中国人民大学中国公益创新研究院计划翻译出版一套非营利管理领域海外一流著作，本书正好在此套丛书中。我考虑通过翻译此书，可以将组织间合作实践的理论研究引入国内学术界，同时可以让政府部门、企业、公益组织通过此书的理论和案例了解如何能够更好地实现合作。感谢中国公益创新研究院给了我翻译这本书的机会。

在全球范围内，当前的合作行为太普遍了，各国政府、企业、公益组织成为这些合作行为的推动主体。基于合作的广泛性和重要性，包括社会学、企业管理、经济学、经济地理学、公共管理、政治学等学科都给予了学术关注，但关于合作实践的研究并不充分。本书作者花费了15年的时间观察研究了合作活动中的各类人员，系统地收集了关于合作的丰富数据，并在此基础上提出了合作优势理论。这本书可以告诉那些认真寻求合作的政府部门、企业、公益组织，他们会在合作中遇到哪些关键挑战，以及如何通过加强合作实践来解决这些挑战。相信通过引入本书，能够为中国学者提供新的研究领域，即合作实践的理论研究。在本书中对于合作实践的研究提供了相关的视角：第一个视角关注合作过程；第二个视角关注对合作结果产生影响的属性、条件或因素；第三个视角是工具的开发，探讨与合作情境特别相关的问题。通过对合作研究视角的引入，国内学者能够进一步基于中国合作的最新实践产生高质量的研究成果。反过来，这些研究成果进一步促进中国合作实践的深化。在实践行动与学术研究的互动中，整体性地提升国内实践领域的合作质量。

最后，我也想结合中国公益组织合作的发展历程，谈谈《有效合作之道：合作优势理论与实践》这本书对于国内公益合作实践的意义。据我了解，中国的公益合作实践早期主要集中在环保领域：怒江事件中的社会组织合作，圆明园环境整治工程中的公益组织合作。通过这样的联合行动，产生更大的政策倡导和社会倡导。在此之后，在资助机构的支持下，各个领域的公益合作逐渐萌发。在国内持续产生显著合作效果的是灾害救援领域。通过2008年汶川地震、2010年玉树地震、2013年雅安地震、2014年鲁甸地震、2015年尼泊尔地震、2017年九寨沟地震等一系列的灾害响应，公益合作的机制相对成熟，但这样的合作更多是短期行为，并没有形成持续性的合作体。当然，壹基金的救灾联盟是极其少数的持久性案例。总体而言，中国的公益合作实践大多停留在缺乏实质参与的简单合作，合作中的内部冲突很容易导致破裂，合作的预期目标都很难实现。这些问题在《有效合作之道：合作优势理论与实践》一书中都有提到。作者把这样的问题归结为合作惰性。在作者看来，关键在于合作成员认识到达成合作需要积极地管理。管理合作涉及很多主观判断，对合作情境本质的理解可以为上述的主观判断提供重要依据。作者将合作情境的根本特征总结为："混乱"的合作内核，存在着各种矛盾、张力和困境，存在着多重观点，合作的动态性，合作意图的受挫。这五个方面的特征构成了极其复杂的合作。该书作者将基于合作实践中出现的问题和因素归类为合作实践的主题。在本书中，重点研究了合作目标、成员结构、信任建构、合作权力、身份形成、领导力媒介、领导力活动等主题。在每一个主题领域，作者试图将合作实践者面临的问题概念化，在概念化过程中产生针对如何管理各种合作情境的思维工具。当然，作者也提到概念化仅为如何管理合作提供了一个基础，但并没有对怎么做提供一个规范。事实上，对于合作实践者来说，如果能够深刻理解合作实践背后的张力，那么一般情况下，是可以促成合作的。本书中这些理论观点无疑对于认识合作实践的本质提供了重要的洞察力，只要在公益合作实践中保持这种洞察力并采取有效的积极管理，中国公益合作实践的深度和持久性都会有显著的效果。

最后，在此感谢中国人民大学中国公益创新研究院康晓光教授、郭超教授的信任与支持，感谢田凤君女士、舒萍女士在此书翻译过程中的帮助与协调，感谢社会科学文献出版社黄金平编辑在此书出版过程中的专业工作。

董　强
2019 年 9 月

前 言

　　我们参与合作研究一开始有些出乎意料。克里斯最初参与的是 20 世纪 80 年代后期进行的一项行动研究。这项行动研究组成了跨机构的研究团队，相比于现在这在当时是非常罕见的。在这项行动研究的支持下，1990 年英国格拉斯哥最终获得了"欧洲文化之都"的称号。合作优势的概念是在之后发展起来的，而合作惰性的概念出现的时间还要稍晚，在实践中利用合作优势并非直截了当。几年后，西夫在硕士生期间开始关注合作，之后他获得了一份奖学金，该奖学金支持其在博士生阶段如何将有关合作的理论研究转化为实践指导。我们俩谁也没有想到在此后的 15 年里一直专注这一研究议题。

　　在这段时间里，我们已经写了一系列文章，但这本书是我们第一次将部分文章结集，以完整呈现合作优势理论。将我们的研究结集出书是我们的学术兴趣所在（尽管我们不得不为此要耗费大量的精力！）

　　因为我们有管理科学的专业背景，我们迫切地希望能够用该理论去指导实践。我们努力阐明合作优势理论建构与研究的方法以及在实践中如何应用该理论。该理论是从实践中得出的，同时我们力求该理论具有严谨的学术性。我们希望本书作为一本学术著作，不仅在理论内容方面，而且在实践导向的研究方法方面都能够引起读者的兴趣。我们希望本书能够对那些参与并管理现实中合作行为的人们提供帮助。在书中，我们使用了很多来自实践的案例和引用（有时是释义）。这些案例有两个作用：其一是该理论是通过案例得以推断产生；其二是这些案例也可以展示出这一理论。它们显然是我们对所发生或者所说的看法，但是我们试图忠实地加以表达。

从技术角度来说，我们过去写的几篇文章构成了本书的大部分内容。总的来说，我们保留了原作中描述理论概念的部分，删除了引言、方法论和讨论的部分，因为这些内容在本书的其他地方有所涉及。我们精简了原文中的段落，通过讨论的方式提供了相关资料的链接，并且还提出了在实践中使用这些概念的方式。

我们尽力让本书适合所有读者阅读，为此我们有时会删除原作中的参考文献。我们还对已发表过的会议论文和其他资料做了修订。本书中使用的所有参考文献都是用来表明合作实际上是一个非常丰富和多样化的领域。为了全书的阅读连贯性，我们通常不会使用"例如"来强调这一点。

致 谢

我们要感谢很多的学术同仁，特别是那些一直都是跨组织合作伙伴关系、联盟和网络会议（MOPAN）及组织间关系特别兴趣组（SIGIOR）的核心学者。多年来，我们有机会从这些学者的研究中获得启发。我们同样感谢那些在过去 15 年来与我们一起工作的众多合作的参与者。我们要特别感谢在本书中提及的人们。在这里明确地列出许多名字是不现实的，但是有些人的名字还是需要提及。Colin Eden、Nic Beech 和 Steve Cropper 在我们的学术生涯中给予了大量的支持。Colin 和 Nic 对本书都有所贡献，我们特别感谢 Nic 允许我们使用第十章中的部分材料。Murray Stewart 和 Robin Hambleton 邀请我们加入一项研究计划，不仅为我们提供了研究经费，而且还引导我们关注本来会忽视的方向。David Macdonald、Damian Killeen 和 Janet Muir 邀请我们参与他们的合作活动和学术讨论，这对于合作优势理论的最初构建起到了非常重要的作用。我们要感谢 Cathy Donegan、Ying Zhang 和 Val Turner，他们在本书的编辑和校对中尽心尽力。最后，最重要的是感谢 Kieran、Hailey 和 Siv（另一个）、Davy、Busy 和 Bean 在生活中给我们带来的欢乐。我们期待与你们共度更多的时光！

　　我们要感谢英国经济与社会研究委员会（UK Economic and Social Research Council, ESRC）和工程与物理科学研究委员会（the Engineering and Physical Sciences Research Council, EPSRC）对 ESRC 资助号000234450 和 L130251031 以及 ESRC/EPSRC 高级管理研究院资助号RES-331-25-0016 的研究支持。

　　我们感谢在本书中引用的已发表文章的出版商，允许我们在书中重新使用这些摘录。在书中我们提供了版权所有者的详细信息。

目 录

第一部分

合作优势理论与实践导论

第一章　合作优势

什么是合作优势？

合作的世界，是一个激发灵感的世界。理论上，通过合作，万事皆有可能。因为在合作中，你不仅不受自己的资源和专业所限，还可以借助他人的资源和专业，实现你所追求的任何目标。正如一位伙伴关系协调人所说，合作进展顺利的时候……你可以感受到它产生的能量。毫无疑问，许多公司的合作联盟颇有成效，行业网络极大地促进了行业的发展，公共组织之间、公共组织与非营利组织之间、非营利组织之间的合作关系也解决了原本可能掉入服务盲区中的社会问题。我们称之为它们实现了合作优势。

> 合作进展顺利的时候……你可以感受到它产生的能量。
>
> ——伙伴关系协调人

然而，合作也是一个充满挫折的世界。那些在实际工作中需要积极促成或推动合作的人，谈起它的时候经常忧心忡忡，进展缓慢甚至无疾而终的合作案例并不少见。我们称这种现象为合作惰性。

> 10年了！我们真的在密切合作，但几乎没有什么实际进展！
>
> ——跨专业研究合作主任

以上就是本书要回答的核心问题。那么，如果人们试图达成的是合作优势，但为什么总是以合作惰性告终？各种合作情境的本质究竟是什么，它们为什么这么轻易就失败？人们应该如何应对这些情境，以挖掘潜在的合作优势并加以利用？我们认为，关键在于认识到达成合作需要积极地管理。有效合作之道不是一门精确的艺术，它涉及很多主观判断。但是，对合作情境本质的理解将为上述判断提供重要依据。

在进一步讨论合作优势和合作惰性之前，我们必须明确合作的含义及其重要性。本书中的合作用来指代任何跨组织的、为某种积极目的而行动的情境。具体来说：

- 除了合作中涉及规模非常小（比如只有一人）的组织，我们不讨论个人之间的合作。即使我们的很多观察也与个人之间的关系相关。我们关注的是组织间的合作关系，不过组织合作也包括人与人之间的关系，因此我们也会常常就此讨论。
- 我们不关注纯粹的竞争或冲突关系，也不包括那些具有负面含义的"合作"，例如"与敌人/竞争者合作"。我们关注的是各种积极导向的跨组织关系，包括伙伴关系、联盟、合资企业、多重关系网、合作形式的合同和外包、联合行动等，以及它们所处的各类行业和各种合作目标。
- 组织内部的关系也不在我们的关注范围。然而，同一家公司中不同业务间的合作，同一组织中不同部门、团体或专业间的合作，通常会反映出与组织间合作相同的问题，因此本书也涉及上述几种组织内部关系。

合作关系的形式多样，目的多样，描述它们的术语也不尽相同。例如，乘飞机的人都知道航空公司间的战略合作；有车的人都知道汽车制造业中的合作情况；公共服务提供者之间的伙伴关系和行动区也广为人知，比如社区护理等；人们同样熟悉的还有世界各地公共建设项目等其他社会服务中的政府与社会资本合作；地区和国家政府推动发展行业网络以相互扶持、创造财富，等等。

一般而言，合作的目的广泛，从达成战略层面的共同愿景到仅仅完成一个短期项目。在这些合作中，有的可能要求各方的大量投入，而另一些则可能只需要建立关系，促进信息交流；有的把参与（公共合作中的社区参与或工业化民主中的工人参与）和赋权问题放在首位，而另一些则压根不需要考虑这些问题。

显然，每一个组织加入某项合作或建立某个合作关系的目的都是基于当时独特的情境。（组织内、外部的不同利益相关者对合作目的的看法可能大相径庭，我们将在第六、七章对此进行讨论；这里我们姑且认为组织具有自己的行动考量。）为了实现合作目标，不管是试图制定明确的策略规范，还是出于不那么深思熟虑的反应，例如应另一个组织的邀请进行合作，合作目标都是合作优势的基础。以下概括了一些常见合作优势的共同基础，包括：

- 资源共享。如果组织现有的资源无法支持其实现目标，它们往往会进行合作。有时这仅仅意味着集聚资金或人力资源，但更多时候需要包括技术或专业技能等不同资源的分享。一个常见的例子是产品推广的跨公司合作，简单来说，就是一个公司提供产品，另一个公司提供进入市场的机会。这种营销联盟可能涉及开发出独特产品的小规模初创企业，产品开发和市场营销都极其复杂的特大规模企业，例如制药企业，或者那些在以前未涉足的地理区域寻求新市场的企业。非营利组织和公共部门的合作也往往基于对资源、专业技能、知识和关系进行分享的需要，例如，警察、法律专业人士、缓刑服务机构、学校、社区组织和青少年组织通常合作处理青少年犯罪司法问题。同样地，经济发展机构、地方政府和地方社区组织通常在基层发展问题上进行合作。

- 风险分担。风险分担作为一个合作的原因，从某一方面说是直接与资源共享论点相悖的。在这种情况下，组织间形成合作仅仅是因为无法独立承担项目失败的后果。我们在这里讨论的是那些主要目的为分担风险的合作，而不是那些为了其他目标建立的并且合作伙伴同意分担风险的合作。

这一类的典型代表就是成本密集型的研究项目和同一类拥有共同资源的组织的联盟合作等。

■ 效率。这里应该提前说明，我们对于效率作为合作优势是存有疑虑的，之后将对此进一步阐述。然而，效率是合作优势的常见论点，具有多种形式。政府提出，与公共组织相比，商业机构可以更有效率地提供服务，因此鼓励以政府与社会资本合作的形式提供公共服务。从规模经济的角度看待效率问题，则会产生截然不同的观点。例如，即使可以独立提供某项服务，但临近的政府机构还是会选择合作服务。同理，公司将诸如清洁、餐饮等支持性活动外包给其他公司，这些公司可以通过承包多家机构的相关服务来实现规模经济（例如批量采购用品等）。第三类观点涉及业务效率，许多采购和供应链联盟都属于这一类。采购组织通过各种规划提高效率，例如确保在需要时以商定的价格交付部件，供应组织则通过相对可预测的市场供应提高效率。第四类观点涉及对公共服务提供的协调以避免重复提供同一服务，造成公共支出的浪费。

■ 协调和衔接。近年来，公共服务的无缝衔接成为许多国家的关注重点。例如，特殊教育学校可以为有需要的家庭提供全面的服务，从教育授课到保健看护、社会服务，应有尽有。这种"一站式"的理念也常作为提供服务的中小企业或者大型地方商业组织的合作基础。例如，小型公司合作提供完整的婚礼服务，包括发邀请函、接待，以及汽车、鲜花和服装的租用等；又或是在建筑行业中，主要的建设项目由单一的业主发起委托，建筑师、室内设计师、建筑工人、电工、水管工等合作承揽项目。然而，协调并不仅仅或总是强调衔接的无缝性。在互不沟通的情况下，推动合作的机构常常面临以下问题：重复（例如分别进行完全一样的活动）、疏漏（例如各方都忽略了活动的某些方面）、背离（例如活动本身的效果受到其他活动的干扰而大打折扣）和反生产（例如推进了相互冲突的活动）

（Huxham and Macdonald，1992）。

■ 学习。与前述效率的论点相似，关于学习的论点有很多表现形式。虽然组织间建立合作关系通常是为了促成进行某些联合活动，但有些却是为了一个看起来较为谦虚的目的——相互学习。对于同一产业或服务行业的关系网、提供相同公共服务的机构网，或者同一地区的各类组织网（非营利的、公共和/或私营的），建立这些网络的初衷至少有一部分是为了促进组织间的相互学习。一些行业会专门创建学习型伙伴关系。例如汽车制造业中，汽车制造企业为其对口的汽车零部件制造企业提供培训和顾问服务。在另外一些联盟或联合企业中，向合作伙伴学习可能是一个秘而不宣的战略目标——通过学习提高自身实力，降低对外部知识技能的依赖性，从长远来看可以有机会建立资源导向的合作联盟。将学习作为合作基础的其他表现形式包括：多机构小组的出国考察，旨在"看看他们在当地是怎么做的"；多机构的学习互助网络，旨在从一些公共资助的示范项目中提炼经验，进行传播。

■ 道德使命——没有什么别的选择。有些人认为，道德原因才是合作关系的重中之重。这是因为他们坚信任何组织都不能独立解决那些对社会真正重要的问题——贫穷、犯罪、嗜毒、冲突、医疗促进、经济发展等。这些问题的社会影响复杂深远，难以预料，本身就需要多组织共同协作或推动。Eric Trist（1983）在一篇开创性的文章中提到，上述这些问题存在于他所谓的"组织间领域"中。因此，如果说要缓解这些问题的话，合作一定是必不可少的。

我们列出了这些一般情况下可能构成合作优势基本类型的例子，帮助读者大概了解本书涉及各种情况的类型。类似的清单也可以在许多关于合作主题的著作中找到（Child and Faulkner，1998；Nooteboom，2004）。但仅以这种理论性概念的方式呈现合作优势的不同形式可能会显得相当抽象。其实，现实生活中的合作很难完全归于某一类，有些合作可能具有所有形式的特点。我们会在第二章中简述真实的合作关系，使这些关于合作优势的概念鲜活起来。

为什么研究合作优势？

其实，仅仅罗列不同目的和类型的合作案例就可能轻易占据本书的全部篇幅——合作太常见了，大量的合作被发起。世界各地的政府通过法律指令、财政激励和支持性基础设施，大力鼓励政府机构、非营利组织和私人企业开展合作。除了政府的鼓励之外，许多组织将发展战略联盟、合资企业、组织网络和其他合作关系视为其发展战略的核心部分。还有一些机构在机缘巧合下——例如应其他机构的邀请或是面临维护己方势力范围不被侵入的需要——发展了合作关系。

一些公司、大型的公共机构和主要的慈善机构可能同时经营着数百个合作关系，它们通常会雇佣高级管理者（一般是执行主任一级）来管理这些合作。合作关系中常见的管理者还包括伙伴关系或联盟的经理、主任或首席执行官，他们代表成员机构管理某个特定的合作项目。尽管这些管理者完全是为了管理合作而设置的，但他们中的大多数在相当长的时间里都在管理或处理他们所属机构参与合作的某些方面。这其中往往包含着极大的利害关系。

那些顺利推动合作的管理者表示确有收获。举几个例子。一家欧洲呼叫中心将部分工作外包给有廉价劳动力优势的非欧洲地区的合作伙伴。该中心的营销业务经理称合作已带来了可观的经济收益（虽然没有预计的多），同时可以利用盈余在欧洲本地推动实现公司的其他目标。汽车工业存在着广泛联盟，一些汽车合资企业已经经营了几十年，显然它们为母公司带来了利润。同样，那些在社区合作中取得成功的人，通常也会因为合作带来的实际好处而大受激励，充满热情。例如为满足社区的特殊需求而改善健身器材、建设支持性基础设施等。上述的合作成果都具有积极意义。

> 虽然钱没节约那么多，但还有其他好处。
>
> ——国际呼叫中心联盟经理

当别人都说我们不行的时候，我们找到了一个共享信息的 IT 解决方案。

——社区发展伙伴关系的社区代表

但即使是那些热衷于合作的人也提到，为了达到目的，他们必须处理一些棘手的问题。例如，在关系网或伙伴关系的早期阶段，鼓动关键 8 成员的参与非常困难，需要投入极大的精力。比如，一位管理者负责在欧洲主要城市推广由政府支持的小企业网络，他发现如何使企业认同这个网络是个大难题。我们在许多伙伴关系的管理者那里也听到了类似的故事。通常他们还会分享如何巧妙地解决这些困境，推动事情顺利进行。与此相对地，一个环境合作联盟的成员提到，困难的并不是获得初期认可，而是在系统开始正式运行、交付成果的关键时刻，如何稳定伙伴关系，使其中一个伙伴坚持下去。这就要看他们对彼此合作目标的共同理解了。在这个案例中，该合作伙伴迅速撤出了。然而，即使是稳定牢固的伙伴关系也会出现问题。根据一位制药行业的联合营销联盟经理描述，一位长期的合作伙伴在联合行动就要开始的时候拒绝分享重要信息，哪怕两家公司的正式合作合同上对于信息分享进行了明文规定。这类联盟的经济风险会非常高。因此，人们不难发现合作伙伴在关键时刻的行为可能无法预料。

我们很难让企业认同这个网络。

——区域小企业网络经理

……我们需要让系统恢复稳定……一个合作伙伴产生了不满……愤怒是会传染的。

——环境合作联盟指导小组成员

我们有一个联合营销协议，但他们仍拒绝给我们提供信息。

——制药公司联盟经理

这些例子只是合作管理者所面临的无数相互关联的问题中的一小部

9 分。显然，设法有效地处理这些问题耗费了大量时间，这是处理合作关系的消极一面，而回避处理这些问题也正是合作惰性的核心。因此，我们认为当人们选择或必须进行合作的时候，需要重视合作力量的有效运用，这也是我们花费了 15 年以上的时间来研究合作实践的原因。

如何研究合作优势？

基于合作的重要性，业内已经对其进行了广泛的、多学科的研究，包括社会学、企业政策、经济学、经济地理学、公共政策、政治学和管理学等。大量的理论基础应用于其中，包括制度理论、社会网络分析、演化理论、资源依赖理论、交易成本经济学和批判管理研究等。然而，令人惊讶的是，本书关注的核心部分——合作实践——只有一小部分研究有明确涉及，这其中的三个常见研究视角具有借鉴意义。

第一个研究视角重在描述合作过程，并通过生命周期的阶段将其概念化，产生了许多版本。例如，罗莎贝斯·莫斯·坎特（Rosabeth Moss Kanter）使用了婚姻这个常用的比喻来形容联盟（Kanter，1994）。她认为，成功的联盟通常包括五个相互交错的阶段：求爱期、接触期、同居期（在这个阶段，合作者们发现他们对联盟的运作持有不同的看法）、过渡期，以及老夫老妻期（在这个阶段中，合作者们发现自己已经为联盟做出了改变）。如果采用了阶段研究方法，下一步通常是确定每个阶段一定或应该进行的活动（Das & Teng，1997）。我们虽然可以理解这个研究角度，但不会轻易使用它。因为合作虽然会不断变化发展，经历不同的阶段，但在我们研究的各种合作中，就特定阶段来说并没有展现出太多的共性。事实上，合作的起始和结束时间往往比较模糊，更不用说确认具体阶段的时间节点。（或许我们应该补充一点，我们对将合作比作"婚姻"是否合适持保留意见；合作在结构和情感上都与婚姻有所不同。）

第二个研究视角致力于确认那些对合作结果有影响的属性、条件或因素。一些研究者希望可以相对全面地、多维度地研究这些因素，其中对合作有积极影响的属性、条件或因素如下：利益相关者的参与、合作伙伴的选择、相互信任、诚实可靠、共同愿景、相互依赖、坦诚沟通、
10 恰当的权力分配、政治影响力、合理的治理架构、首席执行官的支持、资深的合作召集人等（Gray，1989；Mattesich et al.，2001；Sherer，

2003）；对合作产生消极影响的包括：私人议程和自我中心、拉帮结派、薄弱的管理关系、地理距离、文化差异等（Hoon-Halbauer，1999；Sink，1996）。

不同研究者在多种合作环境下确定的因素表现出许多相似之处。因此，虽然这项研究总体上没有深入探讨如何在实践中运用积极因素或避免消极因素，但它至少确切描述了相关人员的亲身经历和切身感受。一些研究者对于管理这些因素所需的技巧、能力和结构特别感兴趣（Buckley et al.，2002；Scott and Thurston，1997；Williams，2002），另一些则将注意力放在深入调查某一具体因素在实现成功合作方面的作用，例如关于信任在合作中的作用方面产生了大量研究（Lane and Bachmann，1998）。

第三个研究视角涉及工具的开发，以支持合作主题研讨会等类似的活动。使用这一方法的研究者通常具有战略流程或管理科学的专业基础。他们通过开发和使用建模方法来探讨与合作情境特别相关的问题，例如对利益相关者的管理及对其他问题的界定（Crosby and Bryson，2004；Taket and White，2000）。

合作活动的直接参与者在一系列文献和材料中也广泛地对合作进行了讨论。许多机构制作或委托制作了各种资料，从行动指南到关于伙伴关系和战略联盟的指导说明，或内部使用，或供那些服务于参与合作活动的机构的相关人员使用（Audit Commission，1998）。毫不意外，这些材料侧重于强调那些与"成功因素"研究中类似的因素，例如制定明确而可实现的目标，建立信任，有效沟通等。许多独立顾问和小型的咨询机构也编写了内部合作指南（Lynch，1993；Ray，2002），通常介绍一些用于规划合作或相关合作研讨会的实用工具。网上可以找到许多这样的指南。在社会问题领域，为参与联合议程而开发"搜索会议"及参与式工作方法的工具显得尤为重要（Weisbord and Janoff，1995）。各大咨询公司的顾问也经常以书面方式阐述他们的经验（Bleeke Ernst，1993；Cardell，2002）。一般来说，他们认为战略联盟是大公司的战略措施，并重点探究合作的战略原因，以及不同形式的联盟、联合企业、伙伴关系、并购等是如何对不同原因作出回应。

我们采取的研究视角与上述视角虽有交叠，但存在很大不同。我们

11 过去 15 年观察研究了合作活动中的各类人员，系统地（尽管某种程度上是在机缘巧合下）收集了关于合作的丰富数据，并在此基础上提出了合作优势理论。第四章将深入描述这一行动研究的过程。合作优势理论不仅在内容上，也在结构上反映了我们关于合作实践者的思考。

早期研究表明，某些因素通常被视为挫折的元凶，另一些因素则被视为成功的关键。当实践者自愿分享合作带来挫败和回报的原因时，这些因素总会一再被提起。当然，这其中大部分问题和因素也在前述其他研究中出现过。我们围绕这些问题制定了一个研究议程，试图探索在每个合作领域的挫折或回报之后隐藏着什么。我们把这些问题的领域称为合作实践的主题，而合作优势理论正是围绕这些主题构建的（见图 1.1）。它们相互交叠，因此每个主题背后的问题也相互关联。所有的主题在合作的各个阶段可能都有相关性。在我们开展研究的过程中，不断丰富了原有的主题列表。这些新增的主题可能来自我们的观察，可能源自政策考虑，也可能出自其他研究者的成果。主题列表会继续演化，但从定义上来看，合作优势理论将坚持以主题为基础的原则，我们将在第三章中详细讨论这个问题。

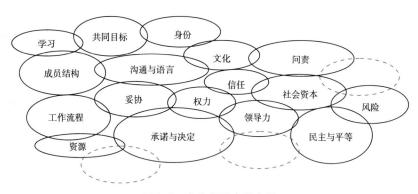

图 1.1　合作实践中的主题

经过多年的研究，我们得以深入研究一些主题，但对其他领域的理解则比较浅显。在某些情况下，我们通过不同的视角来研究某一主题，并且在相关的情况下，利用其他研究对该主题形成一个更全面的认识。在每一个主题领域，我们都试图将合作实践者面临的问题概念化，而在概念化过程中通常会产生针对如何管理各种合作情境的思维工具，但是它们并不能直接提供答案。我们所有的研究都表明，合作是复杂多面的，成功的合作没有什么捷径可走。很多情况下，一般的知识储备不足以（或者至少是非常困难的）应对合作实践。最显而易见的解决措施往往带来了另一个问题，处理问题的其他可能性总是产生相反的作用。我们把这些困境称作合作实践中的张力。这个概念将在第三章中介绍，并在第十四章中进一步展开。我们的概念化秉持以反思性实践为切入点的精神，旨在与任何合作中的相关人员建立关联，无论他们是合作成员、伙伴关系的管理者、引导师还是决策者。概念化为如何管理（以便达成）合作提供了一个基础，但并没有对怎么做提供一个规范。然而我们注意到，如果一个人能够深刻理解合作实践背后的张力，那么一般情况下，他（她）是可以促成合作的。

　　本书的第二部分将集中展示这些主题，以便全面介绍合作优势理论，并突出主题间的相互联系。我们将引入一些文章摘要，讨论自它们发表以来的最新发展，突出重点，研究如何使用理论概念指导反思性实践的可能性，并绘制出主题之间的交叉关系。

为什么不鼓励合作实践？

　　为了避免有人认为本书的目的在于促进合作，让我们从一开始就说清楚，研究得出的压倒性结论是：寻求合作优势需要极大的资源投入。因此，只有在真正值得负担这一风险的情况下再考虑合作。我们向实践者和决策者传达的信息从来都是"只有必须合作的时候才合作"。但是本书服务于那些怀着严肃的目的走上合作这条道路的人，指出他们会遇到的问题，以及在知道这些问题的情况下如何加强合作实践。

第二章 合作案例

　　本书中的案例并不是那些国际知名企业（虽然偶有涉及），而是通过对大量相关人员的调查访问而收集的各种类型的合作。我们并不打算透露这些机构的身份信息，但会运用相关案例来阐述合作相关人员所面临的问题。我们希望可以帮助读者对合作类型（有的可能已经不复存在）和参与其中的组织类型有所了解。因此我们对您，也就是读者，提出一点要求，请将重点放在机构、合作和情境的类型上，而不是将书中的案例与现实中的机构对号入座。

　　我们选择对案例进行匿名处理，一方面是为了保护相关的机构和人员，另一方面是因为这些身份信息确实无足轻重。我们不希望您对个别案例投入过多的关注，例如"公司甲是合作的典范，他们做得对。机构乙干得一团糟"，等等。我们希望您能更多地专注于从案例中获得灵感，不断学习。本书第二部分将频繁地使用案例片段做解释说明用，例如引用一段话或者一小段描述，希望您能更有代入感，设身处地地理解这些案例。

　　从学术角度来看，片段的提取至关重要。这需要谨慎地对那些仔细记录的数据进行分析。而正是这些片段的整合丰富了理论的发展。第四章将对此提供进一步说明。对于合作的实践者，我们希望这些片段既能引起您的共鸣——使您切实想象出当时的情境，并激发出对合作的深思。

　　本章将简述我们这些年遇到的部分合作案例，其中一些构成了本书第二部分中某些理论特定部分发展的关键，因此这些描述为它们提供了重要情境。不过我们的首要目标仍是为各种合作类型提供实际案例，使第一章中关于合作目标的静态描述生动起来。本章所呈现的案例描述是存在偏向性的，只描述了合作的某些方面。这是因为研究开展的时间、方式和涉及的利益相关者，都对案例的描述产生了影响。我们并没有试图采取一致的或者正式的比较方法来呈现案例，而是选取它们有趣的、可以展现合作的不同类型及面临的不同问题进行描述。我们没有特意去搜集资料（除了偶尔需要确认细节的情况），以下的合作案例描述都是在亲身经历的基础上形成的。

社会融入联盟

社会融入联盟的官方网站列出了 38 个成员和 92 个准成员。准成员中除 13 个成员为个人以外，其余均为组织。根据网站所述，准成员资格面向"社会融合社区关系网"成员是免费的。该关系网据说有 163 个成员。因此，虽然称为"联盟"，但它其实是一个建立了正式成员结构的合作，任何有意加入的个人或机构均可提出申请。我们至今仍未确定是否存在成员资格审批程序，或者申请被拒的情况。所以可以说，社会融入联盟具有庞大的付费成员群体。它表面上听起来像一个贸易协会，但事实并非如此。它们绝不是同一领域的类似组织，而是高度多样化的。有许多以社区为基础的组织、几个重要国家和国际慈善组织的区域分支机构、委员会、教会、发展机构和其他伙伴关系——甚至国家议会也被列为准成员。社会融入联盟旨在推动能力建设，促进社交与培训活动，影响社会融入政策。鉴于一些成员无法直接参与影响社会政策的活动，因此社会融入联盟的目标之一就是使政治游说活动合法化，让更多的成员参与其中。社会融入联盟表示已经取得了诸多成就。

社会融入联盟的领导者为联盟主任。这似乎说明了它既与成员一起工作、为成员服务，又具有相对独立性。这一独立性更体现在它所设立的独立办公场地。我们不止一次地感受到在社会融入联盟的独立性及社会融入联盟与成员的相互关联性之间存在着明显的紧张关系。一方面，社会融入联盟作为一个组织在独立运营；另一方面，社会融入联盟的管理团队和其他关键人员成为成员关系的协调者。社会融入联盟的大部分工作要么通过各个工作小组完成，这些小组往往包括一些成员组织的工作人员；要么通过各种资助项目展开，这些项目需要招聘新的员工，有时会利用成员组织的办公场地。

社会融入联盟最显著的特征就是"长寿"和应对剧变的能力。我们第一次接触社会融入联盟是在大约 12 年前，那时它才刚刚成为一个独立的个体。据说社会融入联盟最初是由一个大型的地方议会设立并资助的，其办公地址就在地方议会内。除此之外，我们没有被告知过任何在这之前的起源。社会融入联盟独立后，它的主要资助来源仍然是地方议会的拨款。过了一段时间，社会融入联盟的状态发生了改变，成立了一家有限责任公司，董事会由其成员组织组成。社会融入联盟遇到的第一个剧变发生在一次重大的地方政府改革时，当时地方议会被有效地分为 16 个小型地方议会。因此为获得足够的资金支持，社会融入联盟需要进行 16 次款项申请。这种情况下，继续按照当初地方议会的标准来维持社会融入联盟的关注领域已经没有什么意义。它需要延伸到更广泛的领域，这不仅对资金支持至关重要，也对其游说活动有所帮助。社会融入联盟的游说活动受到了质疑。当政府转变为更加支持社会融入联盟的态度时，这些活动似乎显得没那么必要了。从这一点来说，游说活动更多的是支持新政策在实践中的落地。之后社会融入联盟还经历了各种考验，包括信息化时代的冲击，一个由外部资助并且高度自治的项目团队的突然加入，一位关键管理者的离职，以及任职多年的主任离职。

那么关于它的管理者呢？我们与前任主任和那位离职的关键管理者断断续续工作了好几年，现在仍保持着联系。他们致力于解决社会包容性问题，将其作为一项事业加以推动。显然，他们非常善于筹集资金、影响政策、开展社区工作。但他们也对社会融入联盟所体现的联盟形式抱有强烈的兴趣，不断寻求促进合作的各种方式。在这个阶段我们很难判断这些管理者在这个"长寿"的社会融入联盟中起了多大作用。社会融入联盟也有过一些冲突。由于社会融入联盟作为一个组织的模糊地位，除了成员组织间的冲突，社会融入联盟本身与成员组织也有矛盾。另一方面，社会融入联盟承载着重要愿景。"社会融入"作为一个社会问题受到了众多社会组织的关注，但鲜有机构以此作为核心工作。而社会融入联盟则是基于这个问题诞生的。因此，之所以社会融入联盟形成了合作优势，可能是因为既满足了成员的社会道德感，又相对较少地触碰了他们的利益。

成员们各有各的兴趣点，范围十分广泛。我们需要保证联盟集中注意力在自己的关注点上，不至于分了心。

——社会融入联盟主任

航空公司联盟

20年来，航空业经历了一系列并购、收购和破产，导致航空公司日益集中，并受到经济低迷的打击。创建环球飞行（FLyGlobal）的目的是在航空业中维持和增强竞争力，其成员公司提供往返各大洲的航班。该联盟旨在为成员公司吸引回头生意，主要是通过合办常旅客计划，提供优先登机办理、快速行李运送、豪华休息室和未来旅行的折扣。然而4年后，其中一家成员公司的指导小组组员羌女士告诉我们，为了给联盟注入活力，加强凝聚力，联盟的管理结构进行了改革，并在机场设立了分支机构。但即使这样，推行新的价值创造项目仍然十分困难，客户投诉不断增多。

羌女士认为，指导小组的同事与当地机场分支管理者存在着期望差距。前者假定当地问题应该以当地方式在当地解决，而后者则等待总部来解决。结果，机场协调会议因为各方缺乏兴趣而取消了，而联盟的总部也没有采取后续行动。这一差距在关系建立层面和推行联盟的实际职能层面是显而易见的。为了着手解决这个问题，她在北美、欧洲和亚洲的机场为成员公司的工作人员组织了一些焦点小组座谈。她发现，人们对环球飞行联盟的乘客政策理解不足，不同成员公司的工作人员之间缺少合作意识，当地行动的资源不足，工作中其他方面的工作量过重以及许多类似的问题。

我觉得当地航空公司的管理者们把自己的经营放在了第一位。

——羌女士

从羌女士的角度来看，在大部分时间里，她深入一家航空公司不断研究，试图提高联盟的工作效率而不是与指导小组的同事在一起。这一切就像是移走一座大山一样任务繁重，但她表示会继续做下去。

汽车国际合资企业

冯先生是一家欧洲跨国汽车公司的高级业务发展经理。他主要负责通过建立合资企业来推动公司在中国大陆的投资和扩张。他亲身经历了国际合资企业的许多挫折，也见证了很多国际合资企业的"退出"，他决心要学会如何更有效地管理它们的办法。他认为国际合资企业的高度复杂性源自文化、基础条件、经济发展和政府政策的差异，因此，许多挑战不可避免地成为有效管理的一部分。然而，基于对自己经验的反思，他似乎特别关心两个问题——选择伙伴和建立信任。

冯先生向我们反映，绝大多数外国投资者在华投资都是通过合资企业进行的。中国的投资者渴望与外国公司合作，可以从对方的先进技术、管理技能和投资资本中获益。中国巨大的国内市场提供的商机、低成本的制造产业和重组的原材料来源的优势，吸引了外国跨国公司。不过他认为目前的趋势是，外国投资者一旦可以摆脱对中国合作伙伴的依赖时，他们会迅速将中外合资企业转变为外商独资企业。当外国投资者变得足够网络化和独立时，旨在通过联盟增强实力的国内投资者面临着不断增大的压力。

冯先生发现他的合伙人经常面临着吸引和稳定外国投资的巨大压力，这使他们有时需要在法律的边缘试探。他解释说，许多商业活动都是通过"人脉关系"进行的。例如一个八面玲珑的人可能会通过关系来取得官方的批准。然而正如他所说，同一政府部门内，一位官员的批准可以被另一位官员轻易撤回。从中国的企业角度来，利用这种人情优势并向外国投资者隐瞒协议的脆弱性，并不是不讲道德或违法的行为，这只是生意场上的惯例。然而，由于撤销审批的相关成本转移到了合资企业身上，因此外国合伙人可能并不太愿意接受这个在中国做生意的条件。冯先生认为，这导致了合作双方都觉得伙伴关系脆弱，不愿信任对方。

冯先生说，在中国做生意必须认清关系的不可或缺性——不管是与当地合作伙伴的关系，还是与政府的关系——真正明智的做法是找到有官方背景的合作伙伴。即使在赢得了大多数股东支持的情况下，单纯依靠控制投资资本是远远不够的，仍需要与当地合作伙伴以及政府相关部门进行合作。合作伙伴的选择过程虽然复杂且耗费资源，但其本身是非常重要的。同时，与合作伙伴建立信任——也就是柔性管理过程——也非常重要。

我认为，通过强调柔性管理过程的关注，我们可以建立有效的伙伴关系。

——冯先生　18

儿童保育社区计划

这项计划是一个个体的动力与承诺的最佳体现。凯瑟琳女士是一家城市慈善机构的负责人，该组织致力于支持有孩子的贫困家庭。几年前，她把提供以社区为基础的儿童保育设施视为社区经济发展的关键，并开始说服他人支持这项事业。她回忆起当时在议会屡屡碰壁，但终于凭借着顽强的毅力获得了他们的支持。当她组织社区会议公开讨论的时候，遭到了指责和辱骂，称她干涉了别人的生活。大多数人在这种情况下都会放弃，但凯瑟琳坚持了下来。最终成功地联合了几家当地机构提供儿童保育服务，并获得了基层议会的资金支持。

我只是坚持做下去，并把它做成。

——凯瑟琳女士

不久之后，国家出台新的政策规定，议会应该提供社会保育设施。当地议会此时声称计划是由他们设立的，并被当作响应新政策的地方政府典型而获得赞扬。对此，凯瑟琳泰然处之。

我们曾经只听过这个故事的一面。

工程行业中的供应链外包合作伙伴关系

吉姆是一家生产重型和复杂工程部件的大公司的产品经理。该公司的产品是按订单生产的，而且总是必须根据客户需求进行定制。同时，这也是一个具有高度价格敏感度的行业，竞争不断，因此准时交货对于维护信誉来说十分重要。

吉姆负责的一款产品销量不佳，这就催生了他寻求伙伴关系的念头。他希望将一个子部件的生产外包给合作伙伴，他们之前内部生产过这种子部件，但效率不高，效益也不好。经过充分的考虑，他最终选择了一个国外的小型公司作为合作伙伴，一部分是出于价格方面（这对一个易受价格影响的终端市场十分关键）的考虑，另一部分则是基于吉姆所在公司的控制能力的判断。然而，保持控制力方面还是出了问题。与其说他们在争夺主导权，不如说是关于行动的矛盾。

最终产品的性质意味着提供子部件不仅仅是一个公司将其交付给另外一个公司。相反，作为一个整体，产品必须由双方共同设计和修改，以符合每个客户的规格。最终产品由吉姆的公司销售，因此他会直接与最终顾客打交道。他经常对合作伙伴没有遵守最后期限感到非常头疼。有一年情况尤为严重，最终导致无法按时向某位单一客户提交货物。还有一次，交货时间被推迟了八个月之久。当时合作伙伴需要通过其所在国家的一个官方认证程序，但被某一技术问题耽搁了。吉姆觉得，合作伙伴没有把认证程序可能产生的可预见的延迟因素考虑到他们的计划中，而且他们低估了每个订单所需的专门化程度。

一体化的设计过程意味着一旦合作关系开始，设计和生产过程设定、员工培训与手册制作，合作双方就在一定程度上绑定了。吉姆似乎花费了大量时间来经营这个项目。一方面，这意味着努力建立伙伴关系的基础条件，例如良好的沟通渠道，合作双方的人员互访等。另一方面，这意味着要在他自己公司的同事面前捍卫这种合作关系，因为这种合作关系限制了在公司内部解决问题的自由，经常令他们恼火。当吉姆最终跳槽到另一家公司的新职位时，合伙关系仍然存在，但据他说，仍在苦苦挣扎。

> 当你建立了一个伙伴关系，哪怕再脆弱，也有维持它的好处。
>
> ——吉姆

环境能力建设计划

这项计划是为了响应政府的资助倡议而发起的，否则根本不可能有成型的方案。为参加这个计划的竞标，简、杰夫、戈登三人推动各自所属的组织建立了合作伙伴关系。这三个组织本身就是混杂的组织。在投标中具有领导组织地位的是一个国家组织的地方分支机构，其目的是支持志愿活动。简是该分支机构环境部门的发展经理。第二个是由研究员组成的不同寻常的组织。当时，杰夫是该机构唯一的核心兼职员工。第三个是一个以地区为基础的环境行动网络，它本身就是一个合作体。戈登每周在该机构参与一天的志愿服务。尽管每个组织都位于不同的城市，但它们都可以很容易地联系到彼此。维系这种合作关系的似乎是他们个人之间的私人关系。简和杰夫在生活中是情侣，他们住在一起。戈登与他俩虽然私交不算深，但至少在工作上已经非常熟悉。第四家组织在筹款申请阶段加入进来。该组织与其他三家组织距离较远，需要一天的车程。仅仅是在投标中偶然碰面就加入了这一合作计划。在确定项目即将获得支持的时候，这家组织就中断了与其他三家的联系。它在项目早期的时候就选择了退出。

为了申请项目，各方的确做了很多切实的准备，例如召开网络会议，开发共享的资金和信息技术支持等。不过简告诉我们，这些措施的最终实施与原先设想的不太一样。除此以外，他们还为争取新的资金做了些努力。然而，当资金快用完的时候，简和杰夫宣布要结婚了，他们决定去世界的另一端，并解散了这个伙伴关系。我们现在仍不清楚这个伙伴关系是否产生什么长期影响。

……我和杰夫在4月结婚，我们决定去非洲待一年。

——简女士

医疗服务合作社

黛博拉是政府要求建立的多个地区级的初级医疗合作社其中之一的管理者。这类合作社在形式上主要是规划并落实地方一级的健康改善和护理措施。黛博拉受雇于基层政府初级卫生保健部门。她的主要职责是为该地区的全科医生、牙科医生、眼科医生和社区药剂师提供组织支持，并与当地志愿团体进行接触。合作社的概念在某些方面类似于当地的产业网络，不过对参与者的部分现金支持来自合作社。

黛博拉觉得这个工作既令人感到刺激，又让人恼火。她需要解决许多难题，尤其是全科医生带来很大的挑战。作为训练有素的医疗专业人员确实应该更多地投入到医疗任务中，而不是机构方面的管理工作。他们首先是医学专业人员，需要优先考虑一些事项，还要担负起这个职业相应的责任，接受相关的限制。同时，医生这个群体一直都以独立、精英的风格示人，但是这对于要求医生们参与合作并不是一个好的开端。对于一个非医疗专业人士来说，也很难参与其中进行干预。更糟糕的是，政府之前颁布的一项政策鼓励全科医生将自己打造成财务独立的小诊所，因此他们之间存在着商业竞争。牙科医生之间、眼科医生之间以及药剂师之间的竞争也是个问题。实际上，这些医生在政策文件里被称作"独立承包商"。另一方面，社区团体关于志愿性提出了一系列不同的挑战。因此，为他们提供培训，使他们能够有效参与合作非常重要。

医疗服务合作社在政府卫生部门内是一种全新的架构，因此黛博拉无法从她的同事那里得到很多实际的支持。对于如何在全国各地开展这项工作，也没有既定的规范。黛博拉实际上花了一些时间调查了其他地方的实践，发现了许多将政策实施的操作化策略。例如，在某些地区，住房、社会工作与教育部门都会参与其中。

黛博拉第一年的大部分时间都在劝说那些不愿加入的全科医生。她认为，那个时候只要能够让他们参与进来就是一个巨大的成就。

> 当你都不知道要和他们说什么的时候，怎么说服全科医生们加入进来？
>
> ——黛博拉

医疗促进伙伴关系

"更好的健康"是一个在城市开展项目的伙伴关系，得到了世界卫生组织（WTO）的承认。它由市议会和地方卫生部门主导，不过截至我们描述这个案例的时候，其章程文件显示，正式成员还包括三所大学、当地伞状的志愿组织和其他八家机构。

当我们第一次接触"更好的健康"组织的时候，塞巴斯蒂安是一位代理负责人（严格来说，这种说法是不准确的，我们在几年前就与前任负责人查尔斯有过短暂的交流。我们一位与他共事过的同事还记得查尔斯的前任托尼，托尼在早期起了关键作用）。当我们拜访塞巴斯蒂安的时候，他其实是在替休产假的金妮代班——金妮是接任查尔斯的负责人。丽贝卡负责"更好的健康"的行政管理。在正常情况下，塞巴斯蒂安在"更好的健康"中的身份其实是政府卫生局的代表。现在他正潜心开发和组织一系列研修班，研修对象包括"更好的健康"的正式工作团队和社区项目的代表。丽贝卡全面参与了这项工作，保证研修班的顺利开展。

在第一期系列研修班结束后不久，金妮重返工作岗位，塞巴斯蒂安也就回去继续担任政府卫生局的代表。相比系列研修班，金妮更看重当时世界卫生组织的一个机会，因此把研修班放在了次要位置。不过就我们所知，她并没有结束这个项目。丽贝卡基本上写不出关于第一期研修班的总结报告，因为她的注意力在其他方面。又过了一年左右，金妮辞去了"更好的健康"的职务，去了一家社区机构工作。于是杰弗里接替了她的工作。当初金妮表现出与"更好的健康"的各成员机构毫无瓜葛的态度，但杰弗里可不一样，他曾是市议会的一位官员。同时，虽然杰弗里担任了"更好的健康"的负责人一职，但他并没有完全放弃自己市议会的身份。在我们与他共事的期间，杰弗里似乎经常被议会相关事务分心。

> 因为时间紧张，我们需要安排好研修班的时间来为筹措资金做好准备。
>
> ——丽贝卡

"更好的健康"是一个具有 15 年以上历史的伙伴关系，在某一程度上具有延续性和稳定性。然而，在我们对其进行研究的那几年，因为负责人不断变化，其工作重心也在迅速改变，无法稳定地支持各个活动的完整开展。金妮曾经告诉我们，"更好的健康"最初建立的两年，她觉得很有成就感，做了很多事情。她是在托尼第一次被任命管理这个伙伴关系大约 10 年后说这番话的。但她把"更好的健康"的前八年写得好像是一个完全独立的实体。

"更好的健康"的其他两个特征对我们来说也至关重要。第一个特征是它的结构与组织活动的方式。虽然参与的合作伙伴在正式章程中有明确规定，但它们的关系却模糊不清。尽管合作伙伴只有 12 个成员，而且丽贝卡每天都在处理合作伙伴关系的行政事务，但在不查阅名单的情况下她依然无法说出合作伙伴的名称。合作行动重点围绕着两个主要的合作伙伴展开，以至于她没有记住剩下的合作伙伴的确切特征。即使今天，"更好的健康"的官网宣称有 11 个合作伙伴，但在名单里却列出了14 个组织。

这两个主要的合作伙伴本身在伙伴关系中的安排就非常奇怪。市卫生局作为政府部门，需要对医疗促进负责，但市议会肯定不需要。然而"更好的健康"的办公地点却设在议会大楼，其核心员工受聘于市议会，并由一位议会高级官员负责。它的管理小组会议和项目指导小组会议均在议会会议室举行，其中管理小组会议由一位市议员主持。从这个意义上来说，市议会占主导地位。例如，市卫生局和市议会在招聘程序上的差异导致了长时间的讨论，但市议会具有最终决定权，毕竟它们才是聘请人员的机构。然而，当"更好的健康"的一个项目获得一大笔政府拨款的时候，项目预算由负责该项目的市卫生局控制。此时，项目的核心人员被指派到市卫生局，在市卫生局大楼内办公。项目经理要向市卫生局高级负责人汇报工作。尽管该伙伴关系保留了一个项目指导小组，但市卫生局强势主导了这个项目。

该伙伴关系的许多工作都是通过社区项目完成的。然而，当构思针对社区项目的系列研讨会时，很明显可以看到，项目执行者不清楚项目与"更好的健康"有正式联系，他们以为项目是独立的。为这些项目提供资金的市议会，似乎出于某些官僚主义的考虑，将项目放在了"更好的健康"之下。

> 很多工作小组没有意识到它们是合作关系的一员……整顿起来很麻烦。
>
> ——塞巴斯蒂安

因此，虽然从纸面上看起来"更好的健康"的结构非常明确，但在实践中却是复杂而模糊的。我们总结的第二个特点也与此有关。我们多次听到一些局外人的观点，他们觉得"更好的健康"并没有受到高度重视，也不认为这个伙伴关系在当地起到了重要作用。我们没有印象，它在市卫生局现任局长或前任局长的议程中占有什么重要地位。尽管如此，"更好的健康"还是在经历了数次卫生改革、一次重大的地方重组以及众多的政策变革之后，仍然坚持了下来。一种无情的观点可能认为它是依靠惰性生存下来的。但事实上，"更好的健康"在当地的公共和社区部门是一个众所周知的典型的合作伙伴关系。多年来，在它的推动下，许多有益的项目圆满完成。它可能为各种各样的项目提供了一个重要的标杆价值。

一站式特殊教育及服务站点

这一拟议的伙伴关系的愿景是为不同需求的孩子们建立一所新学校。这将提供一个现代化的学校设施，还能为这些孩子和他们的家庭提供其他主要的服务。这将涉及将两所现有的学校合并成一所学校。其他目标包括为其他课外社区活动提供场地，并与同一地点的主流教育相结合。

我们在这个合作项目处于生命周期的转折节点的时候得以接触上。主要的合作伙伴——或者严格地说，是在未来——市议会与一个为残疾成年人和儿童提供服务的大型慈善服务机构。双方各自拥有一所独立的学校。有建议将新的学校建在市议会现有学校的地方，而其运营由慈善机构负责。市议会和慈善机构在法律执行方面已经合作多年，包括该提议得以实施前所需的法定咨询。

在这个阶段结束后不久，我们与这些机构短暂接触了一段时间。当时的主要问题在于引入代理服务机构，校内的其他服务将由这些机构参与提供。其中最关键的是市卫生局和社会服务部门，而后者从属于市议会。所以从某种意义上来说，它并不是一个单独的机构。然而，市议会每个部门都是大的实体，虽然受到市议会共同政策的约束，但主要事务还是独立运作的。当时只有教育部门是参与其中的。该项目由市议会教育部门牵头，教育部门官员提前六个月召集多机构工作小组，组内成员包括市卫生局的临床和管理人员、社会服务部门的高级管理人员、慈善机构主管、本校校长（即未来可能负责接管新学校的校长）和一位来自其他学校的校长。该官员表示，他们一致认为需要通过研讨会来对未来作出规划。虽然这些成员之前在其他场合有过合作，但他们认为，研讨会仍是必要的，以处理对各个利益相关主体可能带来机会和威胁所造成的摩擦。该官员也表示，该小组所有成员都会认真对待，希望该项目取得成功。

> 这是看谁在敷衍，他们都想知道怎么走下去。
>
> ——市议会教育部门官员

在研讨会上确实提到并公开讨论了合作伙伴之间的信任问题。虽然慈善机构和市议会教育部门之间长期合作的初步法律工作是必要的，而且如果要完成必需的法律事务，这可能是唯一切实可行的途径。但对于其他人而言，这对他们获得所有权并不利。市卫生局被要求支付新学校的临床服务费用，而这笔费用之前是由市议会教育部门承担的。由于该议题在早先的讨论中并未涉及，各负责人不出意外地为各自的预算进行辩护。慈善机构提供的被视为必要的法律服务，在研讨会上也受到了质疑。小组提出了未来发展过程中会遇到的一系列挑战，以及一些合作上的问题，称这些问题必须不断得到解决。同时，他们还成立了一个设计小组来推进项目之后的进程。

我们与这个正在成立的合作伙伴关系仅有短暂的接触，并没有跟踪它的进展。为了撰写这篇简介，我们查阅了它目前的状况。我们在查询过程中惊讶地发现，三年之后市议会和慈善机构之间的合作关系终止，合作项目也已被废弃。慈善机构似乎正在其所在地开发新的设施，而市议会正打算在其他地方新建一栋楼来替换他们先前的学校。我们只能推测这其间可能发生了什么。

药品联合营销联盟

宝拉是格拉德制药公司的关系经理。制药行业普遍资金雄厚，以他们的标准来看，格拉德可以算作中等规模的公司。不过考虑到其近 40 亿欧元的营业额，全球员工达 7000 人，30 家子公司遍布主要大洲，格拉德可以被视为一个向更大规模业务迈进的有力竞争者。宝拉在其中一家子公司工作，她的公司建立了多种伙伴关系和联盟协议，涉及供应商、卫生保健提供者、医疗审计公司和其他制药公司。格拉德大多数的伙伴关系仅涉及一个或者几个合作伙伴，这与社会融入联盟的成员多达 130 个形成了鲜明的对比。原则上这样的安排会更易于管理，但宝拉的经验表明并非如此。

我们第一次见到宝拉的时候，她正在忧心公司与公共卫生保健提供者的联系。她希望能促进当地销售团队与当地公共卫生保健提供者的合作。该战略旨在帮助卫生保健提供者实现他们的目标，例如通过处方合理化，一方面可以为他们节省开支，另一方面可以销售格拉德更多的产品。

宝拉最初的关注点在于如何有效管理这些伙伴关系。然而，她很快就被一个合作营销联盟中出现的问题分散了注意力。在我们撰写本书的时候，正是这个联盟占据了宝拉的主要注意力。该联盟是为了销售某产品而建立的，最初安排格拉德提供产品，另一家制药公司提供销售团队。双方六年来逐步尝试提高销售量和市场份额。在这期间，格拉德注册了宝拉所在的子公司，还聘请了一个合约销售团队。与此同时，合作伙伴也增加产品销售人员。但六年后，产品销量远远低于预期，连续两年没有达到销售目标。两家公司的合作协议将于两年后到期。如果双方在上一年达到或超过销售目标，格拉德将向合作伙伴支付奖金。如果双方中有一方未能实现其销售目标，则需按合同向另一方提供补偿。

> 如果这件事不能成功，我们承担的风险是以百万（欧元）计的。
>
> ——宝拉

这是一个传统上对知识产权讳莫如深的行业（这并不奇怪，想想其中牵扯的资金数额）。合作伙伴关系是在董事会层面决定的，并且自上而下推行。不过在较低的层面上，这种保密性变得切实可见。当合作伙伴的中层明显阻碍了联盟合约中同意的信息传递时，宝拉对合作伙伴的意见就更加强烈了。她向我们描述了沟通不良的情况，销售团队之间的猜疑，每月高级管理联合例会普遍缺少参与和跟进的情况。所有这些都说明了目标没有达成。另一个紧迫的挑战是，这两家公司将在一个区域项目上合作，需要他们共同与公共卫生保健提供系统中的关键人员建立联系。

在宝拉与同事的共同努力下，她相信局面正在扭转，他们正在搭建一个可以促进沟通、强化信任的平台。但这是一项艰巨的任务，有很多细节需要持续关注。与此同时，宝拉还在构思筹划另一个针对某重磅产品销售的合作伙伴关系。据她所说，这将成为一个与大型企业集团的大规模合作，但也担心如果没有做好准备，他们将失去对合作伙伴的控制。如果他们想开拓利润丰厚的美国市场，合作伙伴是必不可少的。不过与其他行业的合作伙伴关系不同，格拉德有时间做准备。合作伙伴之间的合同已经签署，但具体实施要在两年后产品完成临床试验后才进行。

27　　　　　如果我们没有准备好，他们会把我们吃下去。

——宝拉

房地产开发联盟

该联盟由 3 家资金雄厚的房地产开发公司组成，将在一个大型城市建设 3 个价值约为 15 亿欧元的购物中心。最初，3 家公司分别负责一个购物中心，后来为共同应对大型连锁零售店（例如他们未来的租户）——他们认为这些零售店在彼此争斗，于是机缘巧合下结成了联盟。这看起来似乎不是一个令人感觉舒服的联盟。首先，3 家公司在其他地段的业务招标中经常处于竞争状态。其次，从纯粹的功能性到更注重建筑性，他们对于建造什么类型的建筑物持不同意见。

我们不得不和他们结成合作伙伴。

——房地产开发联盟董事会成员

房地产开发联盟的董事会由来自各公司的一名董事会成员、二至三名高级管理人员组成，共同对工程的不同阶段做出决定。然而我们获悉，即使在董事会设立了这样的高级代表，联盟做决定所需的时间仍比批准所涉资金需要的时间要长。董事会成员看起来在为联盟服务，但实际上不能完全投入。房地产开发联盟的首席执行官曾是其中一家公司的董事，他尤其感到对自己的组织负责和对联盟负责之间的紧张关系，因为这两者之间的目标一再冲突。

尽管存在这些矛盾，房地产开发联盟还是成功地建造了一些宏伟的购物中心，并且继续运作下去。

小型企业关系网

电子产业俱乐部由一个小国的政府发起，目的是促进电子工业中小型创业企业的相互联系。成员们提供各种各样的电子和信息服务，其中很大一部分由个人独立经营。那些接受我们访问的人表示，俱乐部就像生命线一样，通过它的论坛可以开展与工作相关的社交活动。该俱乐部的主要运作形式是组织晚间活动，这些活动以发言者为中心，围绕那些可以帮助成员拓展业务的话题来进行，并留给成员充足的时间开展社交。这些活动还提供一对一的专家咨询服务，以帮助那些有具体问题的成员。28俱乐部特意制定了鼓励成员间直接合作的措施，将其作为促进经济发展的一种方式。为此，俱乐部已经启动了一个研讨会方案。

最重要的是找到可以合作的人。

——研讨会参与者　　29

第三章 合作优势理论的原理

本章及第四、十四章将深度剖析合作优势理论的本质内涵。本章内容以一篇文章为基础，该文分析了合作优势理论的建构，并详细介绍了在第一章提到的基于主题的合作理论概念。第四章将重点讨论建构合作优势理论的研究方法，并阐明在该理论构建过程中发挥了重要作用的特殊行动研究模式。严密性和关联性、效度和价值，即 Pettigrew（1997）提到的"双重挑战"，对于任何希望通过学术理论推动管理实践的研究来说都是关键问题，而本章与第四章将共同说明我们是如何应对这两大挑战的。本章在结尾部分讨论了该理论实际应用的模式，这部分内容将在第十四章从元理论的层面具体展开。本书第二部分阐述了合作优势理论的主要内容，即第五章至第十三章，因此，你可以选择直接阅读第二部分内容，稍后再回来翻看第三、四章。

以实践为导向的理论研究普遍采用综合研究视角，也就是在研究活动中将理论的构建、形成与应用视为一个整体的研究方法。同样地，关于合作实践的理论研究也是基于实践所得数据，并反过来直接作用于实践。然而，在建构理论的过程中，数据收集与方法论（这两部分将在第四章中涉及）其实是可以与理论本身及其实际应用机制相区分的。下面这篇文章讨论的正是理论本身及其应用机制。该文完成于数年前，在此之后合作优势理论的一些细节又进一步发展，例如研究议程上新增的一些不同主题类别，但是理论的原理并未改变。

在第一章中，我们简要讨论了其他关于合作实践的研究方法，这些方法或关注于合作的时间和阶段，或关注于影响合作结果的特质、条件或因素。虽然一些理论比较浅显、片面，但是许多研究者从他们的研究

角度提供了关于合作阶段和要素等方面丰富的真实细节。总而言之，这 30
些研究成果无论从广度还是深度上都加深了我们对合作中环境因素及合
作者行为的理解，而这些因素和行为会对合作状态产生影响，使它或者
成为一次积极的体验，带来正面的影响；或者倒退为合作惰性的状态。
也就是说，合作中的绩效因素其实是极其复杂的。

经过多年的努力，我们建立起基于一线合作实践资料的数据库，并用
于构建合作优势理论。一直以来，我们都在探索如何通过这些数据来展现
合作实践的全景，既能方便合作者的理解，又能反映上文中研究提到的复
杂性，而本书接下来探讨的基于主题的研究方法正是我们给出的答案。

本篇文章引自 C. Huxham and S. Vangen（2001）What Makes Practitioners
Tick？：Understanding Collaboration Practice and Practising Collaboration
Understanding. In：J. Genefke and F. McDonald（eds.）*Effective Collaboration*：
Managing the Obstacles to Success，Basingstoke：Palgrave，pp. 1 - 16. © 2001
Chris Huxham and Siv Vangen. 转载获得 Palgrave Macmillan 的授权。

图 1.1 中起点为确认问题，也就是明确那些合作者认为会带来焦虑或
回报的事项。在介入研究的第一阶段，我们通常会通过访谈或小组活动来
收集个人看法和合作感受。合作者的观点按照相似度被分为不同集群，并
赋予不同标签。虽然一些集群需要基于特定背景，但许多集群会反复被每
个小组提及。我们把这些集群称作合作实践中的"主题"（Huxham and
Vangen，1996a；1996b）。这些主题则反映了合作者回答非常笼统问题时的
最初想法，并为了解合作者的关注点提供了宝贵参考。出现频率最高的主
题包括：共同目标、沟通交流、承诺与决定、妥协、适当的工作流程、问
责、民主与平等、资源、信任及权力等（参见图 1.1）。

尽管这些主题标签和其他研究者确定的绩效因素在一定程度上存在
一致性，但它们的独特之处在于通过对合作者观点的直接提炼来展现合
作实践。我们已将这些主题标签添加到研究议程做进一步的研究。通过
对上文中提到的数据库进行分类整理，我们已逐步明确了每个主题标签 31
背后的相关问题，从而形成了对于主题本质更深层次的理解，并得出如
下一般结论。

1. 当需要合作时，大多数有经验的合作者可以阐明所面临的问题，并确定哪些因素"应该"可以促进合作，这些因素通常会被列在"但愿"的心愿单或者高度明确的"必须"清单。例如，"……如果我们能就合作目标达成一致……"或"……你们必须达成一个明确的合作目标……"等。

2. 深入分析数据后，我们发现这些主题背后潜藏的问题在很多方面并非看上去那样简单明了。

（1）人们通常从不同角度处理同一个问题，因此合作可能会变得非常复杂。例如，关于民主与平等，一些合作者可能从利害关系人的角度发表看法，另一些可能更关心民主讨论，其他人则侧重于问责问题。

（2）合作是复杂的，因此实际情况可能与一般认为的情况相互矛盾。例如，通过对各方目标的数据分析，可以证明每一个合作者的动机必然是不同的（参见第六章和第七章）。因此，与第一个结论中的事例陈述相反，任何主张达成一个明确目标的合作实践都极有可能陷入困境。

（3）许多行动清单里的要求本身就是相互矛盾的（Huxham，1996）（参见第十四章，将详细讨论这种冲突）。例如，合作小组要求的"责任承担"本身就与"一定程度的自主权"相矛盾，"强有力的领导"在实践中往往与"防止一家独大"相背离。

（4）行动清单里的一些要求是难以实现的。例如，"合作者之间的信任必不可少"可能具有一定有效性，但是如果合作者之间根本没有信任基础，那么建立信任关系其实是非常困难的（参见第九章关于建立信任的讨论）。

（5）这些主题之间是紧密关联的。例如，当合作者察觉到权力失衡的问题时，合作者之间的信任显然也会出现问题。同样，合作过程中的民主问题与合作者的合作承诺密切相关，共同目标反过来也受这两者的影响。

3. 由于合作者很难认识到合作背后的复杂性，那些仅依据合作者对于自身经历的陈述而进行的研究很难得出深刻结论。因此，为挖掘更深层次的内涵，我们需要去了解合作者在行动瞬间所做的考量和他们的实际行动，或是综合考虑大量个案的观点、经历和事件。

4. 数据分析还揭示了其他层面的复杂性，这一复杂性体现在一些无法由合作者直接概括，但又真实困扰着他们的问题。例如，社区合作的成员数据分析显示，这些合作实践的成员结构模糊，具有较高的复杂性和流动性，合作者在任何时候就成员构成很难达成一致意见，因此，成员构成在合作过程中毫无一致性（参见第八章）。这一发现意义重大，因为一个不稳定的成员结构会对合作的方方面面造成困难，例如成员构成的不断变化使合作目标难以统一等。

因此，我们的理论实际上是通过一个由主题标签构成的框架来描述合作行为，这些主题一部分直接来源于合作者提出的关键问题，另一部分则来源于这些关键问题派生的其他重要问题。合作优势理论致力于清晰描述合作背后的每个主题和关键问题，这就需要明确指出每个主题领域的矛盾、张力与困难，但它们并非绩效因素，而是合作本质中一些可能需要管理的方面。这一理论并不是为了具体描述合作的某一阶段而设计的（尽管它承认合作的动态性），相反，我们认为所有的主题都贯穿合作始终。同时，这些主题紧密关联，每一个主题都会对其他主题产生影响。虽然无法在此详细说明，但以下对"目标"主题（参见第六、七章）的简要概述或许可以加深对该理论的理解。

关于"目标"这一主题，多数合作者对以下条件持肯定意见（这在许多研究文献中均有反映），例如达成"共同目标""商定目标""兼容目标""明确而具体的目标""共同愿景"和/或"共同价值观"等。但与此相反，我们认为合作过程中实际存在着大量不同的目标，其中很多都是隐秘议程的组成部分，令人难以察觉。而在开始某项合作前，合作者需要决定将这些隐藏目标公开到什么程度，有多大必要对它们达成共识，它们又该细化到什么程度，这些都会引发张力。合作优势理论认为管理（而不是同意）目标是一项核心的、持续的、从本质上就很困难的合作行为，而不是一项为了完成主要任务而可回避的先导性任务。

因此，我们的理论建构议程将进一步探讨这些主题背后的根本问题，以针对合作实践形成有效的理论概念。这些概念既包含了严谨的方法论思考（Eden and Huxham，1996），又对实践具有重要的指导意义。合作优势理论须立足于以行动为导向的数据分析（Eden and Huxham，1996；

Glaser and Strauss，1967），但也可以吸收其他研究成果，以强化或挑战概念的建构，提出新的解释，或者在一些案例中作为补充数据来源……

在合作中学以致用：描述性理论的应用

这个基于主题的理论并不是简单地给出最佳实践的方案，而是旨在展现出合作的复杂性和高度关联性。我们之前（Vangen，1998；Vangen and Huxham，1998）也提到，为参与合作的实践者提供有用的支持面临着一个重大的挑战：找到一种方法解决实践者通常表达的"简单答案"和"快速（指导性的）解决方案"之间的张力，以及当实践者意识到快速解决方案并不能解决他们处境中的特定困难时表达出来的沮丧情绪。

我们对这一挑战的回应……试着找到一种方法来展现它的复杂性，这种复杂性会立即变得有意义……

我们研究发现，可以找到一种立刻引起合作者注意的方式来概述合作的复杂情况。虽然实践者们大多无法说清楚合作的复杂性，但通常可以进行辨别。例如，在最近的一次研讨会上，参与者认为本书作者之一所描述的情况"非常真实"、"完全准确——正是我们行业的情况"。类似地，一篇文章简明扼要地概述了主题及其背后潜在的矛盾，某联盟的管理者们将其奉为"迄今为止帮助合作实践的最佳工具"（Huxham and Vangen，1996a）。显然，如何描述合作的复杂情况十分重要，但是利用实践者们提出的主题形成一个划分机制，将合作这个整体分为可管理的却又明显相互关联的组块，也是关键所在。在这一框架内，如何指出那些微妙但源于实际的困境同样至关重要。有趣的是，对于那些没有亲身经历合作过程中艰辛的实践者们，我们很少能获得有用的信息。

对于那些历经合作艰辛的实践者来说，这个基于主题的理论带来的启发往往令他们振奋。这似乎并不是因为他们立刻就明白了如何去做，而是因为该理论剖析了他们所参与的活动，让他们明白合作中遇到的艰辛在情理之中，他们的情况并不孤立。合作是特殊的组织形式，与日常活动相比本就更加难以管理。但我们的数据表明，许多参与合作的人并不知道这一点，因此无法理解为什么合作任务如此令人受挫，难以取得进展。概念标签的使用在这方面会有帮助，例如上文提到的联盟负责人最近评论道：

"合作惰性是一个说起来大家就知道的术语。"

……

在合作中学以致用：从描述问题到指导意见

从实践者的反应中，我们可以相当清楚地看到，这个基于主题的理论是有价值的，至少对一些实践者来说，他们提高了对合作的认识，减轻了痛苦和孤立感。然而，该理论要想变得真正实用，还需要对实践有指导意义。作为一个描述性理论，合作优势理论本质上不会提出高度规范性的建议，但它确实对管理行为产生了影响。相反，它可以指出一些合作中应该注意的方面，这些方面需要合作者认真进行管理，仔细权衡张力，以推进行动方案的执行。从基本原理上讲，该理论使合作者可以自行设计行动方案，他们也意识到设计方案可能需要一些帮助。当需要用更加规范性的文字来表述以及向我们征求意见建议时，我们致力于通过可以反映主题的复杂性和矛盾性的方式来表达。为进一步说明这一点，以下部分节选自志愿者部门管理者手册的一个章节：

> 如果你觉得自己比较弱势，那么请记住，如果你不能提供对方没有的东西，那么这些强大的机构可能不会愿意与你合作。但反之，如果你可以提供，那么你将获得一个有利的协商位置。另一方面，如果你和那些规模比你小的组织合作，那么请记住，他们自己的感觉可能比你想象的要弱势得多。如果你希望这一伙伴关系可以基本平等，你可能需要想办法让他们觉得没那么弱势。注意沟通，特别是用语要谨慎，这至关重要。

> （Huxham and Vangen，1996b：212）

原文中记载："为回应最近一个无法回避的请求，我们根据基于主题的理论衍生出以下'给合作者的十个建议'。现在我们结合最新研究成果稍作更新，详情见专栏3.1。

我们对合作优势理论的看法可以概括为两个图。第一个（图3.1，具体在下一节中描述）涉及理论的结构，第二个（图3.2，具体在本章

后面描述）则关于理论的目的，也就是指导管理实践。在阅读专栏 3.1
的"十个建议"所传达的大量实践信息之前，依次对上述两方面再进行
一些讨论将有助于加深理解。

合作优势理论的结构

合作优势理论的最初概念源自那些由实践者反复提及的、给他们
带来挫折和回报的问题。不过如前文所示，我们的数据还表明，虽然
与成员结构有关的问题并非由实践者明确提出，但似乎与大多数提出
的问题交叉出现。因此我们认为成员结构也可能成为合作优势理论中
的一个主题。

自撰写上面引用的这篇文章以来，可以清晰地看到，主题的其他来
源可能也符合合作优势理论背后的基本原理。其中的一个来源是决策者，
他们与那些更直接参与合作的人在描述问题的方式上可能不同。例如，
我们在收集实践者的研究数据时，并没有得到太多关于领导力（在第十
二、十三章中讨论）的反馈——事实上这个词几乎没有出现过——但它
被认为与研究政策问题的同事有很大联系。由于政策可能对实践有很强
的影响，因此在我们的研究议程中列入以政策为基础的主题似乎很重要。

第四类主题与上述三种截然不同，因为它来源于研究人员，而非直
接来自政策或实践。许多这样的概念，诸如身份、社会资本、透明度等，
它们可以潜在地应用于合作而经常被研究人员用来分析。鉴于我们强调
要确保该理论能够被潜在使用者立即识别，我们对这些主题持有一定程
度的谨慎态度。然而，很难否认其中一些概念与合作实践的相关性，因
此我们选择了谨慎地将其包括在内。

图 3.1 总结了这四类主题的摘要。需要再次强调的是，图 3.1 中使
用的主题和特定标签都不是固定的或不可更改的。它们仅代表了目前我
们正在使用的一组主题。但随着新问题或新概念的产生，或其他研究人
员的新的补充，该图还将得到进一步发展。同样需要强调的是，尽管我
们将这些类别进行了清晰的划分，但其实每个主题背后存在的问题、矛
盾、张力和两难困境都相互重叠，它们之间并没有明确的界限。然而，
主题结构的意义在于使材料可研究化，将其分成可管理的组块，每个组
块都可以单独研究，同时涵盖了与其他组块重叠的那些部分。

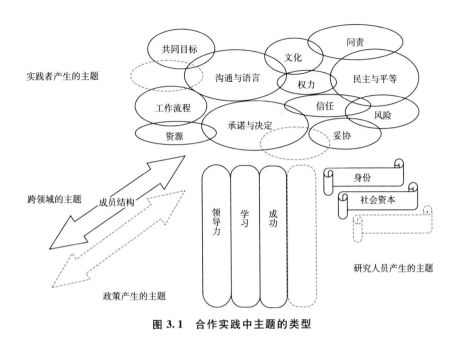

实践者产生的主题

跨领域的主题　成员结构

政策产生的主题

研究人员产生的主题

图 3.1　合作实践中主题的类型

图 3.1 是一个总体框架，具体描述了合作优势理论。各种问题、矛盾、张力和两难困境是合作实践所固有的，该理论提供了丰富的相关理论概念。合作优势理论本质上是描述性的，它试图抓住那些实践者们真正所处环境的本质要点。关于主题概念的各个方面都来源于从合作实践中真实提取的数据，我们希望通过对真实情境（就像第二章描述的那样）的简要说明来为这些主题概念注入活力。在本书第二部分，我们详细论述了关于共同目标、成员结构、信任、权力、领导力和身份等主题概念。虽然我们没有专门讨论其他主题的章节，但由于上述主题的重叠性，它们也必然会被经常提及。

合作优势理论的目的

图 3.2 总结了我们的研究意图。我们希望合作优势理论可以为那些在实践中寻求合作优势的人提供支持与帮助。从前文中不难看出，我们尤其致力于理解和描述合作实践的复杂性，并向有过实践经历的合作者 38 传达这一观点，直切他们的痛点，让他们感受到真实。除此以外，图 3.2 也总结了合作优势理论可以提供指导周密行动的双重基础。

寻找合作优势

理解复杂性

通过看似真实的方式表达复杂性

让痛苦合法化，解决孤立问题

通过概念切入点赋权了解反思性实践切入点的本质

通过各种方法帮助实践者找到方向

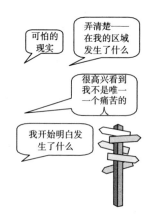

图 3.2　合作优势理论的研究意图

毫无疑问，自撰写这篇文章以来，关于伙伴关系、联盟、网络和其他形式的合作安排的认识在不断提高，更多的管理者和其他专业人员现在都应该意识到合作是特殊的组织形式。也有很多人意识到，在合作过程中总是有很多挫折，人们经常会觉得非常倦怠疲惫，也就是人们经常提到的"伙伴关系疲劳"。然而，许多人似乎仍然不了解面临困难的内在性质。因此，合作优势理论指导实践的首要基础是，让人们明白合作的艰辛在情理之中，他们在陷入合作惰性时感受到的孤独是可以理解的。正如这篇文章所建议的那样，不需要多么复杂，仅仅通过明白合作的挫折不可避免，就可以增强自信心，使人振作起来。但是，随着理解的加深，对于问题的不同处理层次的需要就凸显出来。例如，在第十三章中，我们提出在合作中进行一定程度的操控和政治行为是合理的（我们将其称为"合作暴行"，这里主要强调"合作"，我们发现推动合作发挥作用的管理者们似乎常常将这种方式与促进行为相结合使用）。

> 有趣的是，我们认识到（合作）只是一种效率低下的工作形式。
>
> ——地产开发联盟首席执行官

看到其他伙伴关系中也存在着"痛苦和磨难"，而不仅仅只是

39

我的情况，这让我松了口气，感到放心。

——医疗促进伙伴关系高级医疗促进经理

知道"这不是我的错"对于消除导致不作为的无助感很重要，但这本身并不能帮助管理者知道该做什么。这就是合作优势理论指导实践的第二个基础要开始发挥作用了。如上所述，该理论本质上是描述性的，因此，它没有为管理行动提供精确建议。如果我们这样做，将否认合作情境的复杂性和特殊性，还将否定解决问题的可行方法的利弊之间的矛盾关系。然而，该理论有明确的规范性含义，因为主题概念描述的是必须加以管理的问题，这些问题可以作为理解实际情境的切入点。因此，它们的指导价值在于，如果要解决合作惰性问题，管理者可能从这些主题中受到启发，发现需要积极关注和精心经营的合作挑战。从这个角度来说，每一个主题都提供了一个特定视角，尤其是可以激发对这一视角的深入思考。

这种试图以理论为基础以寻求实践支持的做法，实际上将合作行动视作管理判断的产物。它主要通过提供理性思考和方案选择的结构，来引出"反思性实践"的切入点。因此，反思性实践的概念是我们构建合作优势理论的核心。然而，我们需要强调的是，反思是一种加速和改进行动的方法，我们将对这一点做进一步的阐述。

实践来源于经历，经历具有整体性，无法分解。然而，理论可以有效地剖析实践。因此，尽管不同方面的实践不可能分别发生，但如果假设它们可以分别发生，则可能会有助于理解。也就是说，合作优势理论中的每一个主题及其背后的问题和张力都是整体的一部分。孤立地研究这些主题是不可能的，但如果管理者可以暂时将其孤立起来，有助于对如何采取行动的反思变得可控。

在任何时候，特定的问题或者张力都是处于反思过程的首位，而其他则排到后面。管理者经常需要在某一瞬间立刻做出反应，对首位和后续的反思排列要根据当时的实际需要进行调整。如果不希望管理者盲目做出选择的话，那么他们必须很好地了解假如在该领域采取了某项行动，可能会带来的张力。因此，持续管理"可能性的知识储备"对反思性的实践过程起核心作用。增加和发展"知识储备"可能需要通过理论激发对过去经验的反思，还可能涉及对解决问题的行为、过程和结构进行持 40

续的试错。本书第二部分已经表明，理论概念可以直接转化为促进反思过程的有形工具。

因此，我们认为合作优势理论是实践、反思、反思性实践的不断试错的循环。该理论提供了概念切入点，帮助使用者暂时从日常生活的复杂性中抽离，以进行反思行动。它提供了一种"我要摆脱这个世界"的精神，合作优势理论为管理者们提供了一种信念支持，让他们得以在回归现实实践中面对不可避免的复杂情况时，可以坚持下去。关于反思性实践的概念将在第十四章中充分讨论。

关于"十个建议"

我们的目标是传达一种合作是一门不完美的艺术的感觉。那么专栏3.1中有较强规范性的"十个建议"又是怎么与这种概念相切合的呢？我们一直以来就在强调"没有简单答案"的观点，因此当我们被请求者要求总结这些经验时表达了强烈抗拒的情绪，对此你也应该不会感到惊讶。然而，请求者一再坚持，所以我们只好找到一种不会太过违背自己立场的方式来提出这些建议。根据当时正在处理的一组主题，以及当时对每一个主题背后问题的理解，我们提出了第2条至第10条建议。我们以当时可能尽的最大努力，试图使这些"建议"读起来发人深省，而不是为了提出具体的实践建议。

专栏 3.1　给合作者的十个建议

请小心使用！

以下建议仅供借鉴。

只有第一条和最后一条绝对正确。

1. 只有必须合作的时候再合作！与其他组织进行合作，本质上就很困难，需要资源的投入。除非你能看到合作优势的真正潜力（例如，可以实现一些独自无法办到但真正有价值的事情），那么靠自己来做是最有效的。但如果你真的决定要继续，那么……

2. 为合作活动预留出比你通常预期需要的更多时间。

3. 请记住，其他参与者很有可能与你的目标不完全一致，并对此留有余地。你需要坚持自己的议程，但也要做好妥协的准备。

4. 在可能的情况下，尝试先从小的、可实现的任务开始，通过实现相互小赢，逐步建立互信。如果风险很大，你可能需要找到一种更全面的建立信任的方法。

5. 注意沟通。了解你自己公司的公司术语和专业术语，并努力找到恰当的沟通方式，让业外人士也能听懂你想要表达的东西。如果你不明白合作伙伴在说什么，要勇于继续提问，直到弄清楚为止。

6. 不要期望其他组织也像你一样做事。例如，在你的组织中很容易就完成的事情，在另一家组织可能需要进行重大的高层决策。

7. 确保那些必须管理联盟的人能够获得适当程度的自主权。在任何可能的情况下，他们都需要能够快速地对不同情况做出反应，而不需要向"发起联盟的组织"寻求意见。

8. 要认识到权力游戏往往是协商过程的一部分。了解你的权力来源，并避免让合作伙伴感觉低人一等，这对建立信任非常重要。

9. 要明白，任务的推动需要同时对他人采取促进性和指导性的行动。

……总而言之……

10. 如果你已经知道不可能万事尽在掌握之中，并且合作伙伴和环境将不断发生变化，那么，有了精力、承诺、技能和持续的培育，你就能获得合作优势。

尽管最初比较勉强，但这些年来，我们对于这十个建议所传递的信息已经非常自信，经常在管理发展会议和合作者会议上通过演讲把它们和其他材料一起向与会者分享。我们甚至认为应该在网页上把这些建议公布出来。然而，我们也插入了一条忠告，告诫大家谨慎地采纳这些建议，只有第一条和最后一条可以绝对照办。我们经常收到参与伙伴关系和联盟的人主动提出的关于其有用性的评论。大概是因为它们抓住了一些关键问题，直击痛点。鉴于此，经过多次讨论后，我们决定在书中加入一个更新的版本。

给合作者的十个建议

请小心使用！

以下建议仅供借鉴。

41 只有第一条和最后一条绝对正确。

第一条和最后一条建议确实有特殊意义。在我们研究合作的 15 年里，没有看到过任何可以推翻"只有必须合作的时候再合作……除非你能看到合作优势的真正潜力"的案例。然而，如第一章所述，本书关注的是那些怀着严肃的目的走上合作这条道路的人。对这些人来说，我们的研究传达的普适性观点在于合作中的精力、承诺、技能和持续的培育，或许也可以将谨慎和对细节的关注包括进来。我们的合作副标题已经变为培育，培育，继续培育。

把合作计划当作娇弱的植物精心培育，直到它们发展出组织的根。

——Wistow and Hardy（1991：43）

成功的以任务为导向的网络不需要经营，这是一种误解。网络的存在和繁荣同样需要精心的培育和维护。

42 ——Carley and Christie（1992：200）

第四章　合作的行动研究

在本章中，我们将关注点从合作优势理论的性质转移到合作优势理论的构建方式上。下面转载的文章提供了行动研究方法的详细描述，因为它被用来在领导力主题领域中提炼理论概念。我们在所有的主题领域中都使用了不同的理论概念化过程，我们将在本章中对此予以讨论。

如第三章所述，我们理论产出的性质与其构建方法息息相关，无法将二者截然分开。无论如何，本章可以视作后续各章的方法论基础。本章主要关注研究方法的有效性和严谨性问题，以及方法的解释。本章以我们关于合作中的领导力的研究为例，来展示行动研究如何得出可归纳学习的方法。具体研究的成果见第十二章。本章围绕行动研究设计提出许多问题，因此具有超越合作领域的相关性。

行动研究的起源主要归功于科特·勒温（Kurt Lewin）在 20 世纪 40 年代的研究成果，他认为社会实践研究应当是一种寻求普遍规律的研究，是对特定情境的"诊断"（Lewin，1946；1947）。自勒温以来，涌现出了大量有关文献。最近几年，有关行动研究性质及其应用的文章似乎更是呈指数级增长。然而，行动研究可以有多种形式，而与它主要作为一种研究方法的应用直接相关的文章并不多。许多研究者将行动研究看作一种自我/组织发展的一种形式，将参与、赋权和学习看作是这一方法的意识形态基础（Reason and Bradbury，2000）。然而，虽然我们对行动研究作为管理发展的方法有诸多共鸣，但并不会根据这样的理解来使用"行动研究"这一名词。

43

用行动研究做研究：一些原则

对我们而言，行动研究是一种研究管理和组织的方法论。我们在《组织研究手册》（Eden and Huxham，1996；2005）一书中用一个章节详细阐述了其原则，在这里加以总结。该研究方法属于现象学范式的范畴，在许多方面与民族志有类似之处。特别是，理论见解来自归纳、来自自然产生的数据，而非访谈或问卷。其作为一种研究方法论的本质特征是，行动研究要求研究者对其所研究的组织实施干预行为，与组织成员共同就他们真正关心的问题开展工作。研究者通常会以咨询顾问或协作者的身份进入组织，也可能是将组织情境视作数据来源的其他组织成员。因此，行动研究有别于许多社会研究。在行动研究中，研究者是研究情境的中心，期待情境会因他们的卷入而发生变化。因此，他们并不是中立的观察者。

所以，那种认为严谨性部分源自中立性的观念就不适用于行动研究。同样地，行动研究也不能采取重复实验和控制实验。从这种意义上说，行动研究具有案例研究的一些特征。因此，行动研究并不适用于某些研究目的。然而，由于我们对理解和改进管理过程和实践的兴趣源于真实复杂情境中的密切参与，以及即时收集数据而非通过事后再收集和进行数据合理化过滤。有关在人们面临真实需求而采取行动时的所做所说，其中使用了何种理论、又有何种理论可用，能够收集到丰富的数据用于深度概念化，来解释实践中的事实及其合理性。新观点以及意想不到的观点也常常随之出现。研究者的每次参与，都使他们有机会重新审视和提炼理论，来进一步设计和实施干预，从而不断地检验干预成果对实践的相关性。当然，这并不意味着管理者所需要知道的有关合作的一切都能够通过这种方式加以研究，但确实提供了一个有用的理论基础，得以与通过其他研究方式形成的成果进行整合。

行动研究的实施方式取决于研究目标、干预情境和研究者的干预方式及分析偏好。由于无法提前预知哪些干预机会将会出现，或过去的哪些干预方式会突然值得重新审视，行动研究方法论及其理论产出几乎总是突然出现的。同样地，由于突现理论的构建需要研究者与数据"互动"并"处理"数据（有时在长期的研究过程中需要采取多种不同的方式），也无法提前预知将会采取哪种分析过程。

开展这样的研究已经成为我们的生活方式。我们定期与"从事合作"的人们互动，时常会发现我们也在"为自己而开展合作"。诚然，本书的写作因发起一个与学术机构有关的全国网络相关的筹备活动而严重中断。我们将这些研究机构都视作构建和检验合作优势理论的绝佳机会。有关行动研究严谨性的许多问题，与任何基于就单一或少量案例情境进行深度研究的任何研究方法所面临的问题都如出一辙（Stake，1995）。系统地收集、记录和反思数据是我们生活方式的一部分，多年来我们已经汇总了许多文件柜的数据和分析成果。我们认为，清楚地了解干预的性质以及为构建理论而收集数据的方式和过程，对行动研究的有效性而言至关重要。反思自身在研究环境中的角色，显然也必须慎重考虑。

通过下面这篇重刊的文章，我们旨在详细描述行动研究过程，并探讨有效性和严谨性问题。我们描述了干预设定、数据收集方式、理论构建过程，并大致总结了理论产出。其中也穿插了行动研究的评论。为了帮助读者更好地理解，该文首先就针对合作领导力的特定研究进行了背景描述。我们在文章中所使用的"伙伴关系"一词，与任何特定形式的合作关系无关。在该文发表时，我们已经从事合作研究 12 年之久。

本篇文章引自 C. Huxham（2003）Action Research as a Methodology for Theory Development. *Policy and Politics*，31：2，pp. 239-248. © 2003 The Policy Press. 转载获得授权。

案例研究：合作领导力研究

背景和方法论

……我们并不经常开展有关领导力的研究，这并不在我们之前有关理解合作伙伴关系的研究日程上。政策分析领域其他同行们对领导力在影响决策者中的重要性的论述，启发我们开始了这项研究。

这个强加给我们的研究主题使我们陷入行动研究常常面临的两难境地。也就是说，我们并不清楚自己将会如何认识研究的对象。这样的行动研究要求理论要源自数据（Eden and Huxham，1996）。就实践而言，就是要防止"先见"（Gummesson，1991），才能鼓励新的、创造性的观点出现。这就意味着，就理性而言，预定义的概念化不应用于指导数据收集。我们之前的研究已经表明，实践者很少明确提到领导力，所以我们如何在干预过程中识别领导力就成为一个重要的方法论问题。显然，完全采取新兴的哲学进行数据收集是不可行的，我们需要一些"规则"来定义领导力，从而在海量的潜在数据中找到领导力数据。然而，就行动研究哲学的精神而言，我们认为方法论对各种可能的理论观点的开放性（而非封闭性）十分重要，这样才不至于被一种预定义的框架所左右。

虽然行动研究强调数据收集和理论构建的开放观点，但在一个已有大量成熟理论的领域开展研究时，免不了会产生冲突。一方面，过于依赖预定义理论会蒙蔽研究者，削弱他们超越理论去思考和观察的能力。另一方面，预定义理论也会开阔视野，将研究关注点引到一个可能会被忽略的情境的各个方面。因此，在应用理论和压制理论之间找到合适的平衡点，就显得十分重要。

在这个案例中，我们一开始就清楚地知道，对我们先前所做的研究中有关合作环境的要求进行理论解释，将会是引导我们关注推动伙伴关系向前发展的情境要素的核心所在。然而，为了创造这样的机会，我们不能错过其他的可能性。我们试图通过与来自其他背景的研究者讨论伙伴关系中领导力的含义，来拓宽自己的视野。我们也对相关的文献进行了粗略的梳理和分类，将其中理论观点的多样性用于指导数据收集。这些文献包括：强调领导力特征、风格等主流的领导力理论（Bryman，1996）；合作情境中的领导力研究，强调领导力使命、技巧和行为（Bryson and Crosby，1992；Feyerherm，1994）；以及一些有关合作研究中的领导力的研究文献。

我们最终采取的方法论是与其他研究者进行大量讨论的结果。为了维持这样所需的开放性理论观点，我们决定要记录在行动研究过程中所观察到和听到的，可能会与"领导力"有关的全部数据。在数据收集阶段，观点是否成立并不重要，重要的是确保各种可能性都得以记录。

数据来源和数据收集

与其他关心个人和组织发展的行动研究不同，我们的行动研究并不局限于单一的干预情境。这种行动研究既拓展了数据收集的可能性，又便于形成一般性的研究成果，从而可以应用到多情境下的理论构建中。

46

　　行动研究并没有明确规定，为了进行干预以获得有效的研究数据，必须最少或最大限度地与实践者一起度过多少时间。长期和短期干预的数据都同样有价值。然而，长期干预的数据可能足以用于创建理论，而短期数据则必须与其他数据共同使用，才能用于理论构建。每种干预都为理论发展贡献了新的视角和观点。

　　然而，采取行动研究的特征之一即是，如果在长时间内开展干预，干预情境就会相互影响。我们很少能够主动地实施不同的干预，反而总是在回应各种机会，这些机会大多是回应实践者的请求而来的。结果，我们发现自己陷入合作情境的巨网，常常惊奇地发现一个个"小世界"之间的联系。个体实践者通常会带着老情境中的历史出现在新情境中。

　　这就意味着，从老情境中收集的数据会成为后续的事件或评论的重要背景。同时也意味着，从新情境中收集的数据能够验证先前条件下的数据解释，或为其提供新的视角。例如，一个个人或组织在后续的伙伴关系中所承担的角色，可能会有助于解释他们在先前伙伴关系中的角色，反之亦然。这种数据可能来自正式的干预要素之外，人们对此前与我们互动"事后诸葛亮"般的评论也会非常有启发性。在行动研究中，重要的数据总在最出乎意料的时机出现，研究者必须时刻警惕，确保这些数据得以记录并用于理论发展过程。多年来，逐渐生成的理论观点已被逐步提炼和丰富，其可靠性和应用范围也逐渐完善。虽然单个的研究情境可能是短期的，这种操作模式具有纵向研究的一些特点（Pettigrew，1990）。

　　在许多情况下，具体的数据收集方法可能是个选择题。在某些方面，理想的情境是干预工具能够同时用于收集数据。例如，电脑存储的问题成因图记录了参与其中的实践者不同的观点和视角，可以在战略思维工作坊中用做协调工具（Eden and Ackermann，1998）。这提供了丰富的数据来源，其储存形式也易于处理分析。然而，只有特定形式的数据可以这样处理，我们的研究目标却通常需要记录更多的数据。行动研究者有很多可用的机会，例如公开的视频录制、补充访谈和偷偷做笔记。数据收集设计的选择显然会影响结果的解释，这方面已有详细论述（Huxham and Vangen，2003）。

向伙伴关系项目的领导力进行干预的措施在上述所有方面都极为不同。四个相互关联的伙伴关系，其中每个伙伴关系都与健康促进相关，这些伙伴关系是该项目的重要数据来源。而来自其他一些伙伴关系的工作数据，则用于支撑和丰富上述数据来源。这些伙伴关系包括欧盟资助的三个环保组织的伙伴关系、一个农村重建的伙伴关系和一个在乡村伙伴关系所涵盖地区内的小镇社区重建的伙伴关系……同时还有与推动伙伴关系发展相关的个人互动而产生的纷繁复杂的伙伴关系。每种伙伴关系都提供了补充视角。

举例来说，在这里简单描述一种伙伴关系。项目中为期最长的干预是一个世界卫生组织（WHO）认可的城市医疗推广伙伴关系。我们得以进入这一伙伴关系，是通过一位在当地工作过的、从事政策分析的同事的介绍。对我们而言，进入该伙伴关系的合法性源自研究资助，是一种不寻常的经历。伙伴关系管理者貌似看中了我们作为伙伴关系实践专家而建立联系的潜在价值。

就这一伙伴关系而言，数据的主要来源是在项目开展过程中设计和开展的一系列工作坊，来自伙伴关系中各个工作组的代表都会参加。我们的干预包括与伙伴关系管理者和行政人员召开的规划会议，一个真正得以开展的工作坊及几次后续会议。我们中的一位主持了工作坊，我们也都曾在小组会议中充当协调人。在后来的分析中我们扫描录入的主要数据就是在这些会议和工作坊进行中和结束后所做的笔记，包括设计工作坊的过程，也包括一些（为研究目的所做的）有关事件进展的评论，其中一些直接引用自实践者。另外一些形式的数据包括正式的伙伴关系文件，例如发展规划、工作坊中参与者形成的活页挂图记录，以及伙伴关系行政人员撰写的后续报告等。

我们也就其他可能介入伙伴关系并开展工作的方式进行了讨论，同样也做了记录。本文作者之一曾受邀成为伙伴关系管理委员会的一员，因此委员会的书面文件、委员会会议和电话记录，以及其他与伙伴关系有关的互动也都能够成为可用的数据。当然其中大多发生在本文所需的分析已经完成之后。

从干预到概念化

行动研究面临的最大挑战，就是将收集的数据转化为理论概念。如上文所述，没有现成的可用的方法论。从批判民族志的角度，Thomas 曾对这一挑战进行过详尽的描述：

> 数据解释就是陌生化的过程。我们修正自己所见，将其解释成为一种新的东西，使我们自己疏离于所见的理所当然之外……我们将看似极其无聊、常见的观察、轶事、感受、文件和其他符号表征 48 重塑为一种新的东西。
>
> （Thomas，1993：43）

在伙伴关系领导力项目中分析数据时，我们就意义建构、数据处理、代表性和关联等问题开展了大量的讨论。显然，不止一位研究者认为参与行动研究项目是有益的，而与数据"互动"的过程也更具创造性、更严谨、更有趣。

事后来看，我们能够明确分析所经历的几个阶段……我们总结了这些阶段，来展示理论构建的一种路径。

首先，我们分别独自回顾了来自医疗推广伙伴关系的数据，找出任何可能会支持与领导力有关的论点的条目。跟以前一样，这一过程部分地（而不限于）受到上文讨论过的有关领导力含义的不同观点的启发。一些数据条目如：

> 怎样动员成员才能积极地贡献于合作？

或

> 珍妮创造的健康框架作为让参与伙伴们开始行动的基础（在第一个例子中）。

是直接引用或解释干预中发生的事件。其他一些数据条目如：

设计/使用文件/框架能成为有效的领导力工具

或

设计怎样的过程才能使代表们带来自己机构的资源？

是对特定案例的解释或概括。

第二阶段是我们之间就这些数据条目是否应当以及怎样能够用于分析的长期磋商。这些讨论对确保"理论敏感性"（Glaser，1992；Stauss and Corbin，1998）至关重要，我们厘清了：（a）条目的含义；（b）原始评论、行动或事件的描述措辞，以及其阐述方式为何与领导力有关的原因；（c）每个新数据条目与已接受的数据条目之间的联系。

慢慢地，开始形成一系列数据聚类及其解释。我们也加入了来自文献的其他概念。在这里，我们使用了制图软件"决策浏览器"（Decision Explorer），用于协助定型数据分析，储存和组织数据聚类（Banxia，1996；Eden and Ackermann，1998）。"决策浏览器"是一种便捷的工具，能够灵活处理大量数据。当然，也可以使用任何能够与之"互动"的数据记录方式。例如，我们也在其他情况下使用过报事贴（Post-it）笔记来记录数据条目。

在建立每个数据聚类时，我们都通过进一步讨论和磋商来选择一种解释概念作为数据标签。这些标签与扎根理论中的主轴编码相似（Strauss and Corbin，1998）。在新的数据纳入考虑范围时，有时也会改变聚类边界和标签。（两个聚类部分举例在专栏 4.1 和图 4.1 中。）

专栏 4.1

本篇文章和图 4.1 引自 C. Huxman and S. Vangen（2000a）Leadership in the Shaping and Implementation of Collaboration Agendas：How Things Happen in a（Not Quite）Joined Up World. *Academy of Management Journal*（*Special Forum on Managing in the New Millennium*），43：6，pp. 1159 – 1175. ⓒ Academy of Management Journal. 转载获得授权。

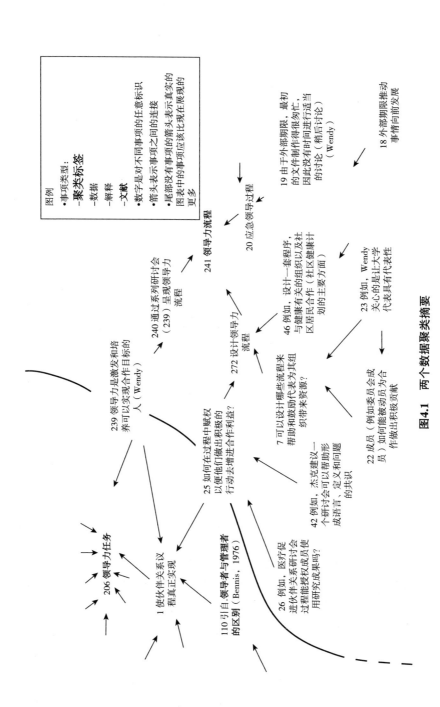

图4.1 两个数据聚类摘要

图例
- 事项类型：
  - 聚类标签
  - 数据
  - 解释
  - 文献
- 数字是对不同事项的任意标识
- 箭头表示事项之间的连接
- 底部没有事项的箭头表示比现在展现的图表中事项应该比现在展现的更多

239 领导力是激发和培养可以实现合作目标的人（Wendy）

240 通过系列研讨会呈现（239）领导力流程

241 领导力流程

206 领导力任务

1 使伙伴关系议程真正实现

110 引自《领导者与管理者的区别》（Bennis, 1976）

25 如何在过程中赋权以便他们做出积极的行动去增进合作利益？

272 设计领导力流程

20 应急领导过程

19 由于外部期限，最初的文件制作得很匆忙，因此没有时间进行适当的讨论（稍后讨论）（Wendy）

18 外部期限推动事情向前发展

46 例如，设计一套程序，与健康有关的组织以及社区居民合作（社区健康计划的主要方面）

23 例如，Wendy关心的是让大学代表具有代表性

7 可以设计哪些流程来帮助和鼓励成员为其组织带来资源？

22 成员（例如委员会成员）如何能被激励成员为合作做出积极贡献

42 例如，杰克建议一个研讨会可以帮助形成语言、定义和问题的共识

26 例如，医疗促进伙伴关系研讨会过程能授权成员使用而研究成果吗？

51

为举例说明，两个聚类部分在图4.1中表示。从图4.1中可见，一些数据条目，例如239号和23号是对干预过程中所发生事件的直接引用或描述，而另一些数据条目，例如25号，则是对特定例子的解释或总结。110号代表了领导力文献中的概念。25号和239号出现在两个聚类中，因此代表着二者之间的联系。数据条目的编号由计算机软件自动分配，与分析无关。然而，在两个聚类的标签中，数字越大，则说明其出现得越晚。这些数据条目只是大致的切入点，并不代表原始数据的全貌。因此，在后面的分析阶段中，总会不可避免地回到原始数据上来。使用这种绘图软件是为了帮助我们将数据重新界定到与扎根理论的主轴编码（Strauss and Corbin，1998）相似的"组织主题"（Thomas，1993）中。

50　分析的第三阶段是采用建立概念框架的视角，回顾数据聚类及它们之间的联系。这一阶段从目标上与扎根理论的"选择性编码"一致，从形式上则不然。如第一阶段和第二阶段一样，我们首先分别进行回顾，再加以讨论和辩论。这一阶段，一些数据聚类因数据量太小而被排除，另一些则因数据量太大进行了细分，但仍从理论框架的角度进行综合考虑。在这个阶段，因当时所撰写的文章篇幅所限，我们不情愿地排除了其中一个数据聚类。最终，有五个数据聚类形成了理论框架的基础。我们将其标签设定为"领导力流程""领导力结构""领导者""领导力任务""形成伙伴关系议程"。

第四阶段是回顾从上文提到的其他干预中收集的数据，将成型的理论框架作为解释领导力相关性的新的、重要的指引。这一过程有助于为理论框架增加额外支撑，并从其他伙伴关系（除用于建立理论框架的伙伴关系之外）的视角对理论框架的可靠性进行初步检验。这一过程并未排除建立新的数据聚类的可能性。虽然在这一阶段并未出现新的数据聚类，但也证实了原有数据聚类的可靠性（Marshall and Rossman，1989）。

最后，为了将这些数据聚类整合到一个一致的理论框架中（第五阶段），我们草拟并修订了理论观点，广泛征求了意见，在学术会议上进行了展示，并在下一步的行动研究干预与实践中一同加以应用。"形成领导力议程"聚类最终成为整个理论框架的基础。而"领导力流程""领导力结构"和"领导者"聚类则共同被概念化为"领导力媒介"。我们最终认为，相比"领导力任务"，"领导力活动"更能代表最后一个聚类反映的议题。

因此，领导力文献（见第十二章）中最终呈现的理论观点都经过了认真审视和提炼。无论如何，我们将其视作一个发展故事的临时声明。

新的概念框架

（伙伴关系中的领导力项目的理论产出见第十二章。）然而，有必要在这里对概念化的核心要素加以总结，来反映能够通过行动研究进行构建理论的类型，以及为何该理论能够通过这种方式得以构建。

在项目开始之初，我们对理论产出的类型没有任何预期。尽管如此，通过这一过程产出的关于领导力的观点让我们感到惊讶。总体而言，这个理论包括五个要素。

第一个理论要素是定义性。（在本案例中，有关伙伴关系中的领导力的）研究现象的描述决定着理论的视角。在本案例中，虽然我们有意寻找能够尽可能呈现更多视角的数据用于定义合作情境中的"领导力"，52　但事后来看，显然我们的关注点是实践导向的理论发展，使我们能够聚焦于在伙伴关系中能够"成事"的领导力。用专业术语来说，我们将这种视角定义为关注"引导伙伴关系的政策和活动议程到一个方向而非另一个方向的机制"。这样的定义会严重影响其他要素的出现方式。

第二个理论要素是概念性：解释研究现象的一个理论框架和一些概念（即本段中加粗部分）。在本案例中，出现了一个具有两个可以分别确认的组成部分的概念框架。我们的数据清晰地说明，在伙伴关系中发生的事件受到系统中参与者之外其他要素的影响。因此，我们在将合作领导力概念化时，不仅仅将其视作关键参与者发挥的作用，也受到伙伴关系所处的结构和沟通过程的影响。概念框架的第一个组成部分是**三个领导力媒介：结构、流程和参与者**。数据也表明，三个媒介通常在很大程度上不受伙伴关系成员当前有意识的控制。这三个领导力媒介被归类为情境领导力，影响个体领导力动议的成果。概念框架的第二个组成部分就关注个体领导力。数据表明个人会参与到非正式的**领导力活动**中，从而推动伙伴关系的发展。

第三个理论要素是阐述性，即概念框架下的细节的扩展。在框架的第二个组成部分中，只有三种活动出现在最初的文章中：管理权和控制议程，代表性和动员成员组织，以及热情地赋权于能够达成伙伴关系目标的人［我们后面的工作会集中在数据扫描以进一步揭示和阐述这一点（见第十三章）］。在每个案例中，都会探索和讨论每个活动背后的议题及针对每个活动的不同视角，以及个体试图应对领导力挑战的不同方式。

第四个理论要素是总结性，即从细节中总结出一般规律。在本案例中，通过个体推动伙伴关系发展的探索而得出的总体结论是：个体的活动显然会影响伙伴关系的产出，他们会经常受到两难境地和重重困难的阻碍，从而导致并非预期的产出。当数据表明"领导者"能够达成其目标产出时，也同样表明他们对捍卫其事业投入了显著的个人关注。这凸显了一个悖论，即"领导者"的全心投入似乎是合作成功的关键所在。

第五个理论要素是实践性，即强调理论能够为实践者提供支持的程度。在本案例中，从最广泛的意义上来说，从概念化过程中得到的实践启示是领导并完成任何形式的"领导力活动"都需要投入大量的资源，包括精力、承诺、技能和对"领导者"的持续支持。领导各种活动、解决各种流程性问题，推动伙伴关系整体向前发展，资源需求将会更高。这一结论与我们伙伴关系研究项目的其他部分得出的结论相一致。然而，这里的概念化过程强调伙伴关系的参与者能够尽力解决的一系列新的一般性活动，并进一步厘清实践约束因素无法排除的原因所在。

这五个理论要素，定义性、概念性、阐述性、总结性和实践性，与本章的特定研究相关。在其他情境中，即使采用相似的分析方法，也不一定完全适用。然而，它们能够说明理论产出的可能形式。

主题变化

如上文所述，上述方法可以加以调整，用于构建在本书第二部分中展示的所有材料。诚然，虽然我们并没有在所有案例中都使用"决策浏览器"这一工具，但用于成员结构（第八章）、权力（第十章）和领导力（第十三章）等主题领域的数据收集和分析方式与上述方法非常相似。权力概念化几乎完全来自一个长期干预所获得的数据，而成员结构和领导力的概念化则来自许多不同的干预情境。

我们针对共同目标、信任和身份主题领域的研究方法则各自略有不同。就身份主题而言（第十一章），我们整合了话语分析［与 Alvesson 和 Karreman（2000）所述类似］和行动研究。除了行动研究数据收集的方式与上文所述相似，概念框架也源自在行动研究干预过程中开展的访谈记录、视频录制（它们有时也是行动研究干预的一部分）所获得的数据。有关行动者身份和接触过程的特定问题，则来自叙事分析（Beech，2000）和身份理论（Deetz，1994），用于补充其他可能与身份相关的一般性数据。这种构建和回顾概念"解释"的过程与本章所引文章非常类似。然而，该理论部分源于数据聚类，部分源于我们就身份理论观点和数据呈现观点二者关系漫无边际的辩论过程。

作为共同目标主题的一部分的关于目标磋商的框架源于类似的论述过程。在本案例中，我们在三年中建立了一系列框架，又不断加以排除。最终在第七章中呈现的框架能够体现磋商过程的精华所在。第六章中的　54管理目标框架也源自早期一个类似的框架，但更多关注合作目标的性质，而非磋商合作目标的过程。在本案例中，十年间我们在许多干预中都正式或非正式地采用了早期框架，所以从目前使用的框架中收集的数据就能够推动理论发展。

由于已有许多研究者在信任主题中有所（并持续）产出，我们在该主题中采取了完全不同的方式。我们从文献回顾开始，寻找与合作情境下管理信任（或缺乏信任）的实践有关的观点。我们最初的概念化就是通过这种方式整合了不同的观点。随后，我们从行动研究获得的有关信任的数据和其他主题领域理论构建两个方面进行了审视。

继续前进

在前两章中，我们试图阐述选择用于构建和关注合作优势理论的方法的根本原因。我们希望能够展示构建实践导向理论的方法也能够用于管理合作这一特定领域之外。现在是时候继续前进了。本书第二部分完全是关于合作优势理论本身的详尽阐释。　55

关于合作实践的主题

第五章 理解合作优势与合作惰性

在本书第二部分将深入阐述合作优势理论，正如第三章所述，将详细讨论合作实践中的六个主题（参见图 3.1）。然而在此之前，我们将首先在本章中对这些主题进行概述，并指出它们是如何结合在一起的。为此，我们全文收录了一篇涵盖许多主题的文章，而对于那些没有被涉及的主题，我们则节选了一些本书未包括的其他文章以作补充。因此，当您完成其他章节的阅读后，可以通过本章回顾合作优势理论的重点内容，同时本章还是全书的有效总结。它简要概述了那些既出现在第一部分又将在第三部分被提及的问题。

在下面转载的这篇文章中，我们没有使用"主题"一词，而是采用了"观点"进行指代，旨在使读者对后续几章所涉及的内容形成大概的了解。该文指出在如何使合作发挥作用方面，一些出于共识或被认为理所应当的做法与实际的实践情境存在着许多矛盾，并从各个方面提出如何在实践中达成合作。

本篇文章引自 C. Huxham and S. Vangen （2004） Doing Things Collaboratively：Realizing the Advantage or Succumbing to Inertia? *Organizational Dynamics*，33：2，pp. 190-201. ⓒ 2004 Elsevier Inc. 转载获得授权。

项目完成了，但是天哪，太折磨人了。

——医疗促进伙伴关系高级官员　　59

联盟高管们负责制定决策，但他们经常在重大决策上拖拖拉拉……100 万英镑的项目可经不起这样的拖延。

> ——商业房地产开发联盟咨询部经理

跨机构的工作进展非常缓慢……试图让人们集体行动总是比单独行动要困难。

> ——青少年罪犯社区机构项目干事

我的同事们正在对我进行伙伴关系轰炸。

> ——工程供应链运营经理

长长的合资企业失败案例名录——例如阿尔卡特和夏普、索尼和高通、朗讯和菲利普——都表明了像这样将公司整合在一起是极其困难的。

> ——高德纳咨询公司的分析师，援引自《金融时报》2002 年 12 月 10 日，第 8 版

并非每一个在合作联盟、伙伴关系或关系网络中工作的人都有与上述情况类似的不愉快体验，一位诺基亚的高管在《金融时报》（2003 年 6 月 24 日，第 14 版）上表示，他们获益于与其他企业的合作。还有一些人也同样热情地谈起他们的合作经历：

合作进展顺利的时候……你可以感受到它产生的能量。

然而，确实有许多人感到沮丧。虽然关于战略联盟、行业网络、公共服务合作供给模式以及其他合作形式的价值有不少溢美之词，但失败案例并不在少数。本文将探讨合作实践的本质，并特别关注合作行动往往具有挑战性的原因。在此过程中，两个概念占核心地位。第一个是合作优势，它与协同效应的观点相呼应，即为了从合作中获得真正的优势，这一优势是无法通过任何合作成员的单一行动获得的。该概念可以为合作目的提供一部分有用的借鉴意义。第二个概念是合作惰性，反映了实践中经常发生的情况，即合作行动的成果可以忽略不计，且速度极其缓

慢，又或者成功案例的背后离不开痛苦的挣扎和艰难的磨炼。

优势和惰性间显然存在着两难境地，其关键问题似乎是：

> 如果人们发起合作是为了达成合作优势，那为什么最后总是以
> 合作惰性告终？

为了解决上述问题，同时为管理者提供工作建议，我们从合作优势理论中提炼出一套关于合作管理的 7 个观点，这些观点互有重合，均基于理论背后 15 年来的行动研究结果。我们以促进者、顾问和培训师等身份，与合作实践者一起共事，探索了多种多样的合作情境。我们详细记录了管理人员所面临的挑战和困境，以及他们在付诸合作努力过程中所做的评论，其中许多评论被本文引为示例。

观点一：我们必须设立共同目标，但我们很难就此达成一致

合作关系从设立共同目标开始，这没什么问题，毕竟共同目标一直以来都是一个争论的焦点。根据共识，如果合作伙伴准备共同努力执行政策，那么一定要明确合作的目标。通常在合作初始阶段，个人会主张形成共同的（或者至少并存的）、一致同意的、清晰明确的目标。然而按照惯例，在合作的情况下，多种多样的机构和个人议程使他们很难就共同目标达成一致。例如，某联盟的理事会由 120 家慈善机构组成，其中一位成员对协调成员利益所面临的困难深有感触，总有人打电话说："我们不希望你这样做。"

共同目标难以设立，其背后的原因可能并不明显。各组织达成合作，汇集不同的资源和专业技术，带来了实现合作优势的可能性。然而，它们的合作意图各不相同，其代表力求通过合作促成各自的预期成果。有时，这些不同的组织目标还会导致利益冲突。此外，对于一些组织而言，共同目标对于实现其组织目标至关重要。但其他组织可能兴趣不大，仅仅是迫于外界压力而（勉强）参与。因此，合作伙伴间的矛盾并不少见，因为一些组织非常想影响和把控合作议程，另一些则不愿意对此投入资源。同样，个人对于合作成果也怀有不同的期待、愿望和理解。也

60

就是说，虽然乍一看合作伙伴似乎只需要关注合作的共同目标，但实际上组织和个人的不同目标错综复杂，引起一系列混乱、误解以及利益冲突，使合作伙伴很难就共同目标达成一致。同时，这些不同的目标中，有的可能很明确，但很多目标可能存在被某合作伙伴归为理所当然（假设）要实现的，但不被其他合作伙伴所承认的情况，还有许多目标则会被故意隐藏：

> 我们公司非常希望接触和体验中国的商业环境，但对于联盟官方宣称的目标不太关心。

61　　反思一下，你会发现设立共同目标所遇到的挑战是情理之中的。

实践中的目标管理

图 5.1 展示了合作情境中目标框架的简化版本，旨在促进两方面的理解：一是合作参与者的动机，二是各种各样的、（有时甚至）相互冲突的目标对共同目标的设立和合作关系的发展起到的阻碍作用。同时，这两方面的理解反过来有助于解决各合作参与方遇到的问题。该框架对上文提到的各类目标进行了区分，并着重强调了一些目标没有被明确承认但却被假设要实现，还有许多目标则被故意隐藏。

该框架可以有效帮助你深入理解合作成员乃至你自己的动机。显然，你不可能知道他人的秘密议程，但可以分析得出他们是否有秘密议程，甚至对于这些议程的内容形成一些猜想。不管是通过快速填写、粗略估计或者正式调查，你可以在尝试针对各合作伙伴"填写"框架单元格的过程中受到启发。对合作伙伴的期待和愿望的深入了解，有助于理解和判断如何最优地与他们合作。

总体上来看，从框架中可以得出一个明显结论，那就是共识很难完全在实践中适用。因为两难境地无法避免——目标的明确性起到了迫切需要的指示作用，但公开讨论则会挖掘出不可调和的分歧！跨越不同专业和自然语言以及不同组织和专业文化进行交流中存在的困难阻碍了协商的进程。同样，关于合作伙伴对其所在的机构或其他成员的责任担当方面的顾虑也使个人无法轻易做出让步。（关于主题交流、语言、文化、责任担当和妥协的简要概述请分别参考专栏5.3、5.1、5.4和5.2）。通常，唯一可行方案是在没有完全同意目标的情况下开始一些合作行动。借用一位城市重建伙伴关系的管理者在起草投标书时的评论，管理者的任务可能是：

想办法用一种不会招致各方分歧的方式阐明目标。

（某参与者的观点）	清楚明确	假设的	隐藏的
合作目标		合作的目标	定义上指代那些共同目标，因此无法隐藏
组织目标		每一个组织希望通过合作为自身谋得的东西	
个人目标		个人希望通过合作为自己谋得的东西	

图 5.1　用以理解合作中目标的框架

62

专栏 5.1　语言与文化

本篇文章引自 C. Huxham（1996）Advantage or Inertia：Making Collaboration Work. In：R. Paton，G. Clark，G. Jones and P. Quintas（eds.）*The Management Reader*，London：Routledge，pp. 238－254. © 1996 The Open University. 转载获得 Thomson Learning（EMEA）Ltd. 的授权。

除了不同的目标以外，合作各方还带来了多种工作文化、意识形态和工作程序，因此他们处理任务的方式也不尽相同。看似琐碎或日常的事务，例如对于为合作指派的借调人员，什么薪酬水平或服务条件是合适的，往往需要花费大量的时间才能令各相关方感到满意。

除了在实际操作中需要符合多个组织的制度规范，因为对"事实"的解读无法统一，合作中还可能遇到由于文化和意识形态的不同而导致的重大沟通问题。语言上的困难将会恶化这个问题。

在跨国合作中，一个明显的问题是，即使合作参与者们可以熟练使用对方的语言，他们还是会经常使用各自的母语。这背后潜藏着风险，即丧失了敏锐察觉他人，例如关于目标和文化的暗示，而必不可少的表达和理解的微妙性。更重要的是（因为它普遍存在于各种合作，并且不那么明显），我们发现一般来说合作参与者的专业背景各不相同，他们很有可能使用不同的专业语言（或术语）来描述相同的情况。

举例来说，警方、社工和教育界人士经常被劝谕互相配合，但他们的专业语言大不相同。除此以外，他们的目标、文化和工作程序也存在差异。跨行业的合作可能也会遇到类似的障碍。实际上，这类问题往往是推进产业并购过程中遇到的核心困难，对于公共部门、私营企业和志愿组织之间的合作尤其是个问题。各合作方对彼此干预方式的看法显然将受到上述因素的影响。因此如果合作终止了，那么最好的情况是在经历了长期的澄清过程后结束了，最坏的情况则是在混乱和停滞中解散，这没什么好惊讶的。

观点二：权力共享很重要，但人们似乎过分关注了财务方面的权力

正如在上一个观点中提到的，合作参与者往往会提到由权力问题引起的"痛苦"。共识是"权力不外乎财政大权"，也就是说，无法管控财政资源的人将自动被夺权。平心静气来看，这些观念似乎与"现实"并不相符，大多数合作方至少保有最低限度的"退出权力"。一位汽车合资企业的经理说过：

> 权力的天平似乎偏向英国公司——他们占有多数股权，但实际上是美国公司占主导地位——他们可以知道投资分析师对合资企业的关注程度。（美国方面的）合资解除一直是一个潜在的威胁。

然而毫不意外，按惯例，人们通常认为他们的观点是真实的，并经常表现出防御性和敌对性。

更细致地观察权力实际上在什么地方被用来影响合作活动的协商与执行方式，就有可能确定不同的权力点。它们经常发生在微观层面的合作活动中，不太容易被参与者察觉。例如合作关系的命名，因为这可能影响到合作体的工作内容，所以那些参与命名的人当时是有权力的。再比如邀请加入合作关系的时候，那些可以选择参与者的明显很有权力，但那些决定选择参与者流程的则权力更大。（决定参与者的权力是民主与平等主题的核心问题，相关概述请参考专栏 5.5。）

许多权力点与传播媒介及流程有关。例如会议设置中，会议的主持人或协调人显然在会议准备就绪时占据权力地位，但那些任命主持人的人虽然低调却可能掌握着更大的权力。决定开会地点的人也具有权力，尤其是涉及是否需要占用参与者场地的时候。确定开会时间的人也同样具有权力。在合作活动的一般活动中还可以找到更多这样的权力点。

权力点的重要特征是其动态性，合作中的权力总在流动。例如从宏观角度来说，在筹划阶段，权力掌握在合同起草者、负责竞标者或有直接客户资源的人手上。然而在启动阶段，一旦资金就位，行政负责人就有可能大权在握。因为他们将就许多涉及工作方式方向的问题做出决策。可能直到之后的阶段，合作体的实际成员才会活跃起来，有机会行使权力。 64

专栏 5.2　妥协与让步

本篇文章引自 C. Huxham and S. Vangen （1996a） Working Together: Key Themes in the Management of Relationships Between Public and Non Profit Organizations. *Internatonal Journal of Public Sector Management*, 9: 7, pp. 5-17. © 1996 MCB. 转载获得授权。

刚才有观点指出，推动合作取得进展的一个关键点在于可以在不同的议程上作出妥协。此外，合作参与者也经常提到需要在不同的工作方法、组织文化和个人工作风格上进行妥协。

之所以需要妥协，在于组织之间存在差异。除了目标不同，不同的组织有不同的文化规范和文化价值。例如，在与我们一起工作的一个团队中，因为该团队中存在有强烈宗教信仰的种族群体，所以需要作出妥协。组织之间的管理方式、决策流程和办事速度也会差异很大，特别是大型官僚做派的机构和小型社区团队之间的合作。可能对于单个组织是非常琐碎日常的小事，但在合作中却要耗费大量的时间和让步才能使合作相关方都感到满意。

例如……一位员工被委派担任合作体的项目人员，那么该员工应该被正式委任给哪个组织、应该按什么级别支付薪酬、应向谁负责等等都需要大量的时间去解决。只有在对这个岗位进行面试时，许多成员组织代表才意识到投资机构不允许加入工会并且不打算就此作出妥协（虽然这个岗位并不设立在投资机构中）。而对于其他机构，工会会员资格被视为员工的基本权利。也许是因为直到最后一秒才发现这个问题，那些鼓励工会会员机制的组织在这个原则性的问题上妥协得更快。

因为合作往往将一群不同专业背景的人聚集在一起做事，所以难题也层出不穷。例如，儿童保育慈善机构经常会与警方、卫生服务机构、当地政府和学校等一起合作，但他们的价值观、目标和工作方式很有可能与这些合作方大不相同。事实上在我们的一个研讨会上，一位来自当地经济发展机构的儿童保育专家曾谈起他们与当地政府在价值观上的差异极大。其他研讨会上也有人提到，为了推动合作的发展，必须经常"忘记自己的专业作风"，"对他人作出妥协"。还有一些人认为打破相互间的固有观念也很重要。

合作在所有阶段的微观层面上一直存在权力的转移，这虽然不太明显但至关重要。例如，关系网的管理者经常组织参加各种会议，在这过程中，他们总是掌握各种权力。其原因在于他们是关系网正式雇用的唯一群体，因此只有他们会将关系网的议程作为主要关注事项提上日程，他们同时还可以使用关系网的资金。然而在会议期间，会员可以在很大程度上流转权力点，常见的有对新成员准入、会议的时间地点以及行动协议做出决策。相较而言，比较边缘的参与者，如协调人或顾问在较短时间内也可以掌握权力。外部影响，例如来自政府的影响，有时在短期内可能非常强大，因为它们要求提交报告或者对倡议作出回应。

实践中的权力管理

财政问题固然重要，但在合作实践中有许多存在权力的点，每一位参与者都会经常地或者在某一时刻被赋予权力。理解并探索权力点可以帮助判断他人在何时何地有意识地或不知情地行使权力，以及何时何地认为自己可能在行使权力，还可以帮助研究如何及何时有意地行使权力。然而，为对这些疑问做出解答，需要承认操控行为是合理的，对此一些人可能会认为是违背合作工作精神的体现，我们将稍后就此进行讨论。

观点三：信任对于成功的合作必不可少，但我们之间互有猜疑

合作参与者经常提到信任相关的问题。一般共识似乎认为信任是合作成功的先决条件。然而，虽然理想状态下伙伴间应该存在信任关系，但是按惯例，合作始于怀疑而非信任，通常参与者无法享受选择合作伙伴的特权。无论是被（政府）强行政策规定合作伙伴的人选，还是如下文引用的一位来自大型石油生产商的远东业务发展经理所述，这段话的语境隐含表明伙伴关系正是在信任薄弱时搭建的：

> 为了阻止竞争者进入市场，你没有选择，只能和陌生人同床而眠。

这就是说应该重视合作伙伴之间的信任建立。   66

专栏5.3　沟通交流

本篇文章引自 C. Huxham and S. Vangen（1996a）Working Together：Key Themes in the Management of Relationships Between Public and Non Profit Organizations. *Internatonal Journal of Public Sector Management*，9：7，pp. 5–17. © 1996 MCB. 转载获得授权。

沟通与妥协是两个密切相关的问题。经常可以看到有过合作经历的人大概是由于承受了沟通不畅带来的挫折，从而表现出对良好沟通的热切向往。我们的参与者对三种不同的沟通渠道进行了区分：核心小组成员之间的沟通，核心小组与相关机构的沟通，以及合作

体与更大范围社区的沟通。

关于在核心小组成员间建立良好的沟通，很多人都认为语言是个问题。不同职业的日常用语千差万别，对某人来说看似普通的英语在其他人看来可能非常专业（且高深莫测）。语言问题在所有合作中都至关重要。例如，在专栏 5.2 中提到的来自当地经济发展组织的儿童保育专家指出，她与当地政府合作时遇到了关于语言使用的各种麻烦。然而，社区团队的志愿者们经常对那些被他们视为专业人士使用的行话表示非常受挫，甚至感到真切的恼火。在他们眼中，"专业人士"的一部分通常来自大型慈善机构，甚至规模较小但有资金支持的自治社区组织，以及更显然地，是那些公共机构。当涉及社区团队时，语言和行话的问题会更加突出，因为核心小组中总有人说得清楚，有人说不明白。如果合作参与方来自使用不同自然语言的族裔群体，那么这个问题会更加严重。

即使术语或自然语言没有带来严重问题，个人间的交流可能也会产生误解，因为不同的观点会导致对同一个词有不同解释。参与者强调，需要认真确认对彼此表达的含义和使用的语言是否理解正确，宽容也是必要的。

因此，核心小组成员间的沟通无小事。参与者还提到，确保核心小组与各机构间的良好沟通也很重要，虽然保持二者间的沟通可能会花费大量时间，但在此过程中可以尽早发现分歧的端倪，同时获得各机构的信任、责任、支持和资源。从这个意义上来说，核心小组与各机构间的沟通必不可少。

最后，如果合作关系的初衷在于解决社区层面的社会问题，参与者认为合作体与整个社区的沟通至关重要。这样的沟通有助于使（合作体的）团队信息得到及时更新，以及保持与社区的良好关系。例如，为成功应对诸如族群冲突和嗜毒的问题，争取大范围的社区理解具有关键意义。

图 5.2 描述了一种建立信任的思路（第九章也会就此讨论），在这个循环模型中，两个因素在建立信任的初始阶段占重要地位。一是基于对方的信誉或历史行为或正式的合同协议等形成对于未来合作的预期。鉴于前

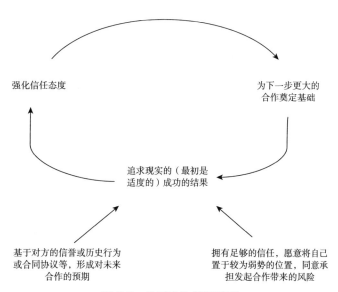

图 5.2　信任建构循环模型

文提到，在合作条件下很难就目标达成一致，因此这个因素本身就不是一个容易的起点。第二个因素涉及风险承担，即合作伙伴需要对彼此足够信任，才能承担发起合作的风险。如果以上两点均满足，那么根据循环模型，信任可以从一些适度的、可实现的、易于成功的目标开始逐步建立起来。同时这些目标的实现又可以强化合作伙伴间的信任态度，为下一步更大的合作奠定基础。

实践中的信任管理

信任建构循环模型的实践结论与目标管理的结论非常相似：有时最好是从一些小而具体的行动开始，使信任可以慢慢发展。但这种循序渐进的发展方式明显不适用于那些必须立刻实现主要目标的合作案例。在这种情况下，必须同时管理预期形成和风险承担这两个因素以及其他建立信任的活动。然而，在其他情况下，循序渐进建立信任的方法原则是更具吸引力的，我们稍后讨论这个问题。　　　　　　　　　　　　68

观点四：我们产生了伙伴关系疲劳，我们也受够了被四面八方拉来扯去

这个被质疑的观点与其说出于一般共识，不如说是一个被认为理所

应当的假设。在合作情境的研究中，最令人惊讶的发现之一就是合作伙伴构成不明晰是个普遍现象。每个成员列出的合作伙伴名单可能互不相同，负责合作体管理的主要工作人员如果不参照正式文件的话，可能无法说出合作伙伴的名字。两方面原因可以解释这个现象，一是合作参与者或参与组织的身份或责任不同：

> 他们只负责提供财政支持……（而不是作为正式成员）。

二是关于参与者是以个人身份参加还是代表其所属组织参加，总是有些模糊不清：

> 邀请这些成员加入，是因为他们的种族背景，但他们所服务的组织（并不特别涉及种族问题）也自然而然成了合作伙伴。

在实践中，合作安排的复杂性往往使伙伴构成不明晰这个问题变得更加复杂。社交活动的巨大规模正是这其中一方面。许多组织都参与了多个联盟，例如，据说一家主要的电子产品制造商参与了大约400个战略联盟。显然，即使联盟管理措施再有条理，任何一个管理人员也不可能清楚哪些伙伴组织参与其中。同时，多个联盟必然会将组织引向不同的方向，正如一个跨国电脑硬件制造商分部的高级经理所说：

> 我们与两家具有直接竞争关系的公司（同为全球操作系统供应商）分别结成了联盟……我们公司内部围绕这些联盟时有分歧……参加不同联盟的人总是试图强调他们的重要性。

随着地方伙伴关系和跨机构项目越来越多，同样的问题也出现在公共部门的合作中。然而，在这种情况下，最常听到的问题是"伙伴关系疲劳"，个人经常定期出席五六个合作计划的会议。甚至还有更极端的案例，正如一位来自社区职业指导机构的管理者评论道：

69

> 当我听别人说起参加了五个合作伙伴会议，我心想："就这么点

儿?"……我所在的机构参加了 56 个伙伴关系。

专栏 5.4：问责性

本篇文章引自 C. Huxham（1996）Advantage or Inertia：Making Collaboration Work. In：R. Paton，G. Clark，G. Jones and P. Quintas（eds.）*The Management Reader*，London：Routledge，pp. 238 - 254. ⓒ 1996 The Open University. 转载获得 Thomson Learning（EMEA）Ltd. 的授权。

　　……行动的自主性……会影响合作行动的发生速度，与之相对的是问责性，这两个概念合在一起成为造成合作惰性的核心。

　　Friend（1990）认为，核心小组成员需要对自己所在的机构负责，这往往会对他们参与特定合作行动的意愿产生实质性影响。在执行合作体的决定前，他们总会先向自己的组织请示一遍。与此形成对比的是，有人认为参加合作就意味着每个组织失去了他们对合作主题自主行动的自由（Batsleer and Randall，1911）。除非他们对基本原则非常了解，否则在认为可以采取行动之前，需要与合作体的其他成员进行确认。

　　这两个概念就是同一枚硬币的不同面。核心小组成员同时对他们所在的机构与合作体（也就是其他机构）负责，这也就限制了其所在机构与合作体的自主权。

　　这显然造成了一个两难局面。如果核心小组成员或其机构的其他成员没有严肃对待问责性的规定，那么合作体很可能会遇到问题。合作体中的某个人或者某个机构迟早会因为其他机构的行为或核心小组所做的事而受到冒犯。另一方面，如果不是所有合作参与者都很清楚其他机构可以退让的程度，那么对问责性的重视就几乎是对合作体的削弱，因为这意味着需要不断地双向确认。一个可能发生的情境是，某机构的某人向他们的核心小组成员提议了一项于合作体有益的行动，于是该核心小组成员与其他小组成员就此进行讨论，那么其他小组成员又需要征求他们所在组织的意见，然后再通过系统将结果反馈回去。通常在此过程的每一个阶段，会议记录或电话联系都会遇到困难，尤其是当第一个人的提议并非其他机构的重要优先考虑事项的时候（这种情况很常见，毕竟每个参与合作的机构都怀着不同的目标）。仅仅是通过这个确认流程就会造成严重的时间延迟，但如果系统中哪怕只出现一个否定的回复，时间的延滞将呈几何级数增长，因为需要重复整个流程。

因此，即使只是试图发起很小的行动，即使这些行动可以完全在某机构内或由核心小组迅速自发地完成，在合作的背景下也将是一段令人泄气的经历。除非这个行动是系统内至少一个成员的重要优先事项，否则它会被一拖再拖。哪怕实际上没有上文所述的确认过程，对所在机构或合作体的容忍程度的考虑也可能影响到核心小组采取的行动。

为了克服由于沟通过程过于烦琐而造成的挫折，一个普遍做法就是绕过核心小组，即一个机构的成员直接与另一个机构的成员进行沟通。例如，在参与过的团体中，我们曾见到过类似的情况，某核心小组成员直接向上与来自另一家机构的一位小组成员的负责行动批准的上司进行沟通，侧面与可以提供特定技术或其他资源的核心小组同事进行沟通，向下与能够代表核心小组采取行动的支持人员进行沟通。

在良好沟通和适度信任的基础上，这些直接交流可以成为有效的促进手段，同时为其他问题提供了充分的空间。例如，如果核心小组成员对组外达成的协议毫不知情，他们可能无法妥善应对。反过来，如果在没有充分了解合作目标或所在机构与合作体联系背后的权力关系，非核心小组成员可能也无法采取合适的行动。也就是说，一些成员的自主行动权建立在问责性的基础上，他们需要对其他成员负责。因此，即使这些活动带着世上最大的善意，希望推动合作体向前发展，也可能损害到合作体中的其他关系。问题在于是否值得为了推动合作而承担受损害的风险，这也许需要更加深思熟虑的判断。

参与多个伙伴计划除了造成参与者的身心疲惫外，还造成了许多其他后果：其一体现在某些合作参与者试图将各个参与的计划议程联系起来，但那些他们认为可以按特定组合串联起来的计划一般来说并非准确地重叠，还涉及了其他的合作参与者；其二是当其他人引入所在机构的意见或其他伙伴关系的议程时，任何人都很难做出判断。 71

除了数量巨大的合作关系，机构间的关系网络往往也很复杂。例如，互动式供应链关系网就非常复杂，具体来说，每个供应商有多个客户，每个客户有多个供应商，而供应商背后还有供应商，客户背后还有客户，可以说这样的关系网可以无限延伸。此外，许多合作网络具有层级性，即某合作休是其他合作关系的成员。例如，一个当地政府机构可能是某重建伙伴关系的成员，但同时也是多个社区合作关系的成员，而这些社区合作关系又是一个社区"联合团体"的成员，这个"联合团体"又是之前提到的重建伙伴关系的成员。同样，合资企业可能参加了一些战略联盟，行业协会也可能代表其成员参加了政策网络，等等。

实践中的模糊性与复杂性管理

显然，如果管理者们不清楚他们的合作伙伴是谁，那么目标达成一致、建立相互理解和信任管理都会成为空谈。同样，在复杂的合作系统中，不同元素都在相互影响，如果无法明确这些相互关系的本质内涵，那么对合作工作的管理也很难进行。

图表技术有助于绘制伙伴关系的结构图，图 5.3 展示了两种可能的形式。虽然无法完全消除模糊性与不确定性，但结构图从构造的角度来看是有启发性的，而且可以作为一个长期的提示。与目标框架一样，图 5.3 在展示的细节程度上可以自行把握。

总体来说，学会如何发现并接受合作中的模糊性与复杂性，同时做到尽管存在模糊性与复杂性的情况下实现进展，这大概是本节观点指出的关键挑战，而对关系的认真培育则是其中一个必要方面。

观点五：一切都在变化

一般谈起合作结构，普遍认为至少在一段具体时间内成员构成应当是稳定的。如果情况确实如此，前一节所提到的模糊性与复杂性对于合作参与者来说已经很难应付了。然而在实践中，可能是内部的但往往是外部施加的政策影响，导致成员机构的重组。企业的合并与解散、初创

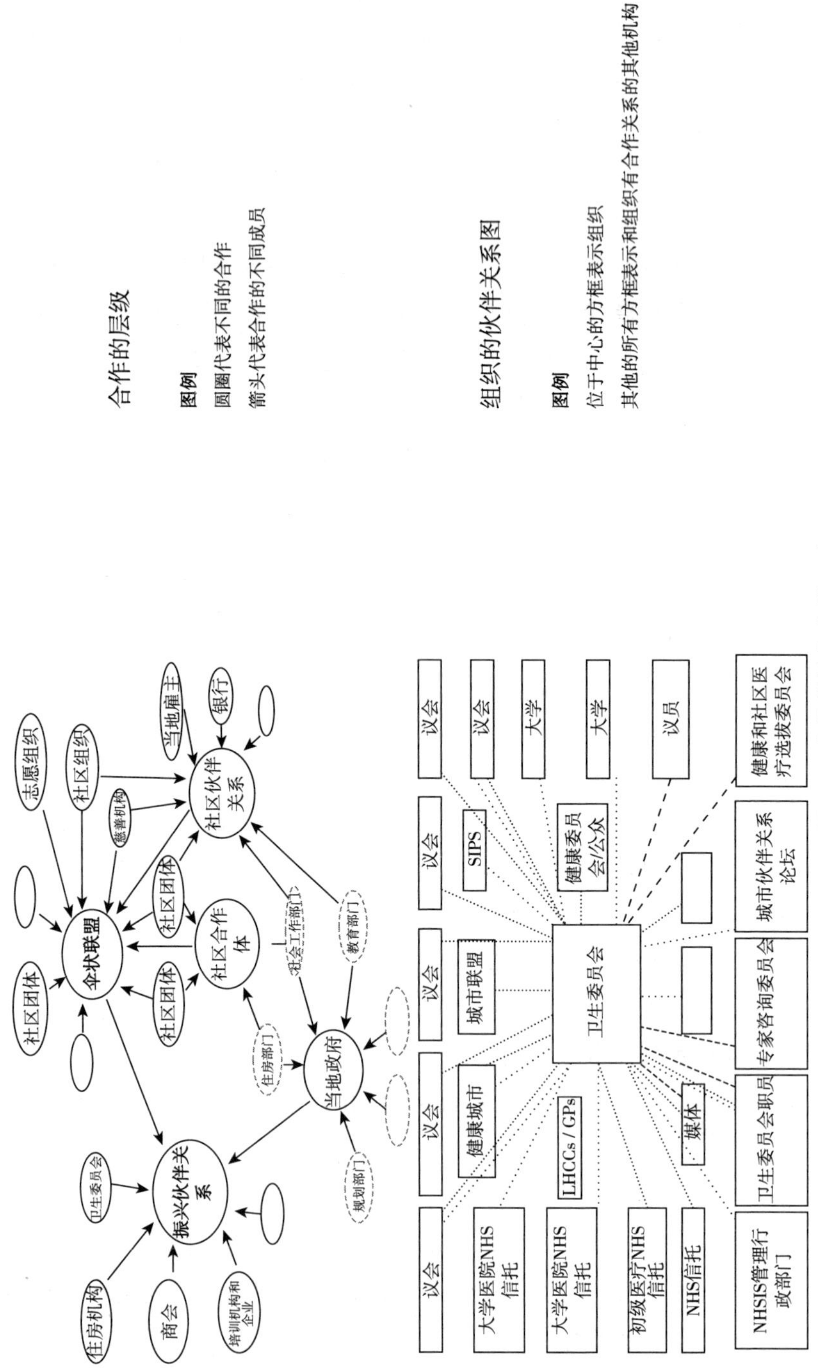

合作的层级

图例

圆圈代表不同的合作

箭头代表合作的不同成员

组织的伙伴关系图

图例

位于中心的方框表示组织

其他的所有方框表示和组织有合作关系的其他机构

图5.3 合作结构复杂性示意

与倒闭、收购与抛售以及重组都已司空见惯，而这些同时也意味着他们
参与的合作必须进行重组。

72

同样，个别机构或合作体的政策变化也会影响合作目标。这些政策
变化可能是内部产生的，例如战略方向的改变，也可能是外部造成的，
例如政府的政策影响或者重大的市场动荡。无论哪一种都意味着合作与
其成员的相关性发生了变化，新成员可能加入，老成员可能离开，有时
还会产生这样的改变：

> 问题不在于他们的合作不起作用了，而是因为根据新政策，我
> 们要求他们改变工作方式，这需要他们打破那些成功有效的已经建
> 立好的工作关系，去建立新的工作关系。

动态变化的另一个来源是个人的变动。例如，一位为某联盟伙伴提
供主要服务的公司的管理人员谈到他们与伙伴机构的关系，认为既得到
了帮助，又受到了阻碍，因为：

> ……这家伙伴机构的首席执行官直到最近都是我所在公司的
> 老板。

在合作中，个人参与者之间的联系通常是完成工作的基础。这使合
作体对于个人的工作变动高度敏感，哪怕仅仅是参与机构内部的角色变
换。最后，即使上述因素都保持不变，但往往存在着内在的动态：当合
作体的初始目标得以实现，就需要发展新的合作议程，因此很有可能产
生不同的成员要求。

所有的机构都是动态的，它们会逐渐发生变化。然而，合作体对于
每一个伙伴机构的变化都非常敏感，因此可能会相应发生很快的变化。
例如，一个合作团体初期结构模糊，在三年中经历了三次明确的转型后，
最终成为被两家机构强有力地控制的伙伴关系，其最后声明的目标虽然
与最初的有关，但肯定是不相同的。可以说最终形成的伙伴关系与最初
的合作小组完全不同，但可以从两者之间追寻到明确的联系。

实践中的合作动态管理

从关于合作动态本质的认识中可以得出一个明显的结论，那就是信任建构循环模型（见图 5.2）虽然很吸引人，但具有内在的极端脆弱性。例如，面对一个关键机构的组织变化，或者一位关键人员的工作变动，为建立相互了解、发展信任而做出的努力将会付诸东流。因此，对于那些想要使合作发挥作用的人来说，信任的培养过程必须是持续且持久的。你刚获得一些成功，合作伙伴之一出现了变动，之前的进展随之就毁了大半。

观点六：领导力并不总是由成员掌握

考虑到目前所讨论的合作形式所固有的困难，领导力似乎也是一个非常相关的问题。由于合作环境中不存在传统的等级制度，因此不应认为领导力只局限于高级管理层或知名公众人物，而应当从一般意义上进行考虑。在这里，我们认为领导力是指合作中可以引导至实际成果的机制。简单地说，就是在合作中是什么"促使了事情的发生"。更正式地说，我们关注的是合作体的政策和活动议程的制定与执行。

有趣的是，从这个角度来看，领导力的主体并非仅仅只是合作的参与者，其结构与流程对于议程的引导也同样重要。例如，在一个只有两家机构参加的伙伴关系中，两家机构在此合作结构中应均可对议程产生影响，但这显然不包括其他机构。与此形成对比的一个极端案例是，在一个合作关系中，任何想加入的机构都可以委派一位代表人，原则上所有机构都可以影响议程，但实际上每个人的影响力有大有小，有些人的影响力可能微不足道。同样，在合作过程中，某合作体的主要沟通方式为公开会议，但由于其中一位成员主要是通过电子邮件和/或电话通信，那么该合作体就需要将此纳为沟通方式之一，以使该成员得以参与合作议程的商定。因此，议程受现行结构与使用的流程种类引导，这再次挑战了关于领导力本质的想当然的假设。参与者当然也可以引导合作议程，不过这些人大多是临时受命的非正式领导人，而非身处权威地位的领导。

结构、流程和参与者可以被视为合作实践中领导力的实施媒介。关于这三个媒介，一个很重要的观点在于它们很大程度上不受合作体成员的控制。结构和流程有时受外界影响，例如来自政府、公司总部或资助机构的要求等。即使不是这种情况，它们也往往是基于之前的行动经验而形成，并不是成员明确设计的产物。甚至在以"参与者"为媒介的情况下，领导力也不仅仅关于合作成员，诸如客户、当地公众人物等外部利益相关者也对伙伴关系或联盟的事务有很强的影响力。支持人员虽然不是严格意义上的正式成员，也可以产生有力的影响，例如某商业房地产开发联盟的咨询部经理谈到他在推动联盟成员达成行动协议时发挥的作用：

　　我发现人员缩减是有用的……我是一个顽固的老魔鬼。

> ## 专栏5.5　民主与平等

　　本篇文章引自 C. Huxham and S. Vangen（1996a）Working Together：Key Themes in the Management of Relationships Between Public and Non Profit Organizations. *Internatonal Journal of Public Sector Management*，9：7，pp. 5-17. © 1996 MCB. 转载获得授权。

　　对于民主的思考至少有三个方面。一是谁应该参与合作？有些人希望确保合作体不要排外，更多人进一步主张每一位相关人员都应参与到合作中（Mattersich and Monsey，1992）。然而，虽然这听起来是个不错的民主做法，但我们的参与者提出反对意见，认为这不是在实践中可以推行的做法。例如，应该积极阻止那些无法投入足够时间的机构参与进来。他们还提到，过多的机构数量会增加沟通问题，加剧达成行动协议的困难，从而减少实现价值的机会。他们认为，保持合作体规模以降低排他性非常重要，但同时还需确保与所有成员的关联性。

　　实际上，社区合作似乎很少是在经过深思熟虑后召集起来的。相反，成员大多是从已有的联系人中发展出来。当新问题出现，需要新的合作伙伴或新的联系人加入，合作体才会逐步壮大。然而，该领域的大多数研究认为，对任何具体合作的参与人选都应该进行明确的思考，尤其需要确定哪些机构（甚至是关键人物）可以为实现合作目标提供重要帮助，哪些机构将受到合作工作的影响，以及哪些机构可能会破坏合作努力（Eden，1996）。在一个真正民主的世界里，所有这些"利益相关者"都应该参与到合作中来。在现实世界中，民主通常不得不为实用主义而牺牲一些方面。

关于利益相关者，可以将他们分为两类，一类是内部利益相关者，即那些成为合作体一部分的机构或个人；另一类是外部利益相关者，即置身于合作体外部的机构或个人（Finn，1996）。内部利益相关者是被说服而加入合作体的，他们当然希望重新商定合作目标。每一个新加入的内部利益相关者都会增加一层由于工作做法、文化和语言方面的差异而造成的新困难。外部利益相关者在某种程度上需要被管理，如果是出于民主原因，那么就要和他们不时地探讨协商。如果是出于对他们可能进行破坏的顾虑，那么就意味着要采取规避手段！

民主的第二个方面涉及合作的过程本身。社区组织的成员往往希望确保合作决议是通过"适当的民主讨论"而实现的。从这个角度来说，有效的沟通显然很重要，但同时意味着需要定期参加合作会议。但实际上，除了少数主要参与机构的关键人员外，其他人的会议参与总是断断续续的。就讨论本身而言，参与者认为，确保会议不被任何人"接管"非常重要，而强有力的领导对于帮助合作体取得进展也很重要。但这两个要求在实际情况中明显经常相互对立。实现共同掌控并非易事，确保民主的过程可能最终会造成没有人承担对合作体的责任。

人们还关注平等与认可。从这个观点来看，承认每个人的贡献、确保每个人因联合行动而获得认可是至关重要的。有时为了民主的利益，必须牺牲一些本应给予某个机构的认可。虽然从理论上讲，"是要目标达成"，这些似乎都无关紧要。但在关键时刻，对于行动的认可可能尤为重要，主要出于两个原因：一是明确的、对于完成某事的认可对于将来的资助申请具有关键作用，二是只有获得应得的认可才能保持员工高昂的士气。

民主的第三个方面涉及问责性与代表性。显然，那些在合作中代表机构的个人，由于他们需要对机构负责，有时甚至要对更大范围的选民负责，这就限制了他们所能接受的条件。例如，民选议员既要向选民交代，也要向议会负责。同理，慈善机构的代表人普遍觉得要对捐助方和同事负有一定的责任（Batsleer and Randall，1991）。因此，合作体必须使每一位选民都满意，这就严重削弱了它的自主性，使其无法在认为适当的时候采取行动。如前所述（见专栏 5.3），核心小组与各机构之间的良好沟通有重要意义，然而这样做的必要性会大大减缓合作的产出速度。

问责性的另一个方面是明确代表人的代表方式。例如，社区代表经常发表一些观点，这些观点超出了他们所代表的特定社区团体范围。鉴于这些代表发表的观点不对任何人负责，其他合作者很难判断这些观点是否真的代表了社区的真实情况（Barr and Huxham，1996）。 77

领导力媒介的管理

本节观点表明，合作体可以轻易摆脱其成员的控制，这在一定程度上是不可避免的。认识到这一点，并围绕它开展工作，这正是本节观点对于实践活动的启发之一。如图 5.3 展示的图表技术可能有助于探索结构的本质，也可以作为理解其领导作用的第一步。

如果管理人员希望更加积极地发挥领导力，那么他们工作的一部分就需要涉及对特定目标而有效的结构和流程的设计，监测这些结构和流程的表现和演变情况。我们将在接下来第七个观点中进一步探讨积极的领导力。

观点七：领导力活动不断地遇到困境和问题

尽管从结构与流程中形成了强有力背景下的领导力，但是参与者（无论他们是否真正是合作体的成员）确实也会开展领导力活动，以便通过他们认为有益的方式推进合作。在开展这些活动时，他们确实会对合作项目的成果产生影响。然而，由于经常受到重重阻挠，他们总是无法得到想要的结果。例如，尽管上文提到的咨询部经理发动了减员大战，但他在开展工作的时候仍然遇到了很多难题。具体来说，他试图组织研讨会，以便伙伴机构的关键成员能够共同反思他们的思维和工作方式，但为研讨会预留的几天最终被其他会议所占用，以讨论一些需要紧急处理的事情。

在实践中，那些带头推动合作的人所做的许多工作可以说完全出于合作精神。这类领导力活动具有很强的促进性，涉及对合作成员的接纳、赋权、动员，并让他们参与进来。然而，也是这群人参与了一些表面上不那么有合作性的活动。他们中的许多人擅长操控议程，玩弄政治。我们认为这类活动近似于"合作暴行"，在这之前，一位城市伙伴关系的成员曾和我们谈起之前参与过的一个成功的伙伴关系：

> 因为召集人心狠手辣……如果人们不做好自己的工作，他就把他们踢出去。

他似乎认为这是一种积极且有效的领导方式。

领导力活动的管理

那么这是否意味着，要想把事办成就必须面对合作工作中的意识形态与实用主义之间的两难局面呢？答案是并不一定。关于这个问题，一方面可以考虑培育的本质。提到培育，往往指娇弱植物的温和照料。然而，如果旨在对一个过度生长的花园进行培育，使其恢复健康，就必须采取更加果断的策略。主要任务包括伐倒过度生长的树木，拔掉丛生的野草，同时呵护个别被其他植物压制的植物，让它们重焕生机。虽然没有确凿的证据，但那些比较成功的领导人似乎同时从两个方面——合作精神和近似于"合作暴行"——开展工作，并不断在二者间转换，并在同一行动中贯彻这两种领导风格。

实现合作优势

我们希望能通过一种使合作参与者有真实感受的方式，传达一些合作情境背后的复杂性。显然，这七个观点本身并没有为管理实践提供任何精确的指导，但它为深思熟虑的行动提供了双重基础。

第一个基础是让人们明白合作的艰辛在情理之中，并解决他们在陷入合作惰性时感受到的孤独感：

> 　　我在一个健康教育的伙伴关系中工作了大概一年……看到其他伙伴关系中也存在着'痛苦和磨难'，而不仅仅只是我的情况。

　　与此人经历类似，很多管理者仅仅是知道了他们所经历的问题不可避免就大受鼓舞。其原因在于一方面这一认知增强了自信心；另一方面它直接强调了对问题的处理需要从不同层面进行。从这个角度来说，通过"合作暴行"的概念使人们接受一定程度的操控和政治行为也是有益的。

　　第二个基础也许更加重要，通过本章的七个观点为行动提供了概念的切入点。正如此处总结所说，这些观点组合在一起，可以使人们了解到需要管理哪些问题（对于每个观点的详细说明请参考第六至十三章）。与总结相似，这些详细的观点也不会为优秀的管理实践提供指导，因为这会产生过度简化的问题。相反，它们的目的在于提醒管理者注意合作实践中的挑战。如果想要尽量减轻合作惰性的问题，就需要积极地关注和培育合作。每个观点都就此给出了一个独特的视角，并且可以单独使用以激发相关的思考。不过观点中提到的问题互有重叠。因此，即使在某一刻关注的是其中一个观点，但也需将这些观点组合起来，放在背景中进行考虑。许多挑战是固有的，关于如何解决这些挑战总有争议。这一实践支持的做法将行动视为需要管理层面判断的事项，包括在对情况有着清晰了解的基础上，对支持培育活动所需的资源作出判断。

只有必须合作的时候再合作

　　然而，我们可以得出一个明确的结论，合作的有效开展需要极大的资源投入，并且总是充满挫折，令人痛苦。因此，从以上观点出发，我们对管理者（以及政策制定者）最有力的建议就是"只有必须合作的时候再合作"。更正式地说，该论点指出除非可以看到潜在的真正的合作优势，那么一般来说，如果有其他选择的话，最好是避免合作。然而，有时合作优势并不明显，有可能在合作的过程中显现出来——例如从伙伴关系的发展中获益——而非体现在实际成果上。

　　这篇转载文章的最终结论并不会让人感到意外，因为我们已经在第一部分将它们列了出来。然而，这里或许有必要对培育的概念做一些探讨。我们在第三章将培育、培育、继续培育作为合作优势的副标题，并在这篇文章中指出培育并不一定等同于动作的轻柔。我们所说的培育就是持续不断地专注于对合作的积极管理。在这背后隐含着一种期待，即尽管合作无法自我维持，那么就需要对它持续地关注以避免其逐渐消失不见，必须时刻专注，谨慎小心。我们的培育概念还意味着对活动是什么以及怎样进行活动作出精明的、本能的判断和选择。

　　这篇转载文章的七个观点概括了维持合作所要面临的一些威胁，并开始就如何消除这些威胁提出了一些需要持续关注的领域。接下来的几章详细描述了这些威胁以及在实践中探索它们的可能性，同时指出了可

80 能采取的行动。材料的划分与七个观点稍有不同。第六章与观点一（管理目标）密切相关，第七章则从一个略微不同的角度扩展了对目标的思考。第八章与观点四（管理模糊性与复杂性）和观点五（管理合作动态）相关。第九章和第十章与观点三（管理信任）和观点二（管理权力）相关。第十一章涉及的"认同"主题并未在本文提及。第十二章和

81 第十三章都与观点六和观点七（管理领导力媒介和活动）相关。

第六章　管理目标

无论你怎么称呼目标、目的、愿景、意图，它们总是会出现在有关合作管理的讨论当中，不管是一般性的讨论，还是针对具体情境的讨论。因此，当目标、目的、愿景或意图的字样不断出现在有关合作的研究报告中并不令人惊讶（Hudson et al., 1999；Nooteboom，2004）。通常，人们认为已达成的清晰的共同目标是合作取得任何进展的必要前提（Cardell，2002）。然而，正如我们在第五章中所建议的那样，人们的共识和惯例之间存在差距。在实践中，合作各方难以对未来的发展方向长期保持一致。这是因为合作的实质存在着一个根本性的悖论。在大多数情况下，合作的优势建立在组织间差异、资源差异、专业知识差异的协同作用上。这种差异源自不同的组织目标，而这也意味着不同的组织在合作中往往试图寻求不同的组织利益（Dacin et al., 1997）。

> 我如何让联盟对1300多家中小型企业保持吸引力？
>
> ——汽车行业联盟合作关系伙伴经理

> 三十多年来，我们在动物福利方面的共同目标仍然是通过合作伙伴关系来实现的，这种合作构成了将整个安排结合在一起的黏合剂。
>
> ——动物福利伙伴关系家庭宠物经理

> 我们需要一个清晰的愿景来确定员工方面的贡献。
>
> ——当地健康合作社医疗人员

82   对一个达成清晰方向的期望与实践中经常遇到的挫折之间形成的反差是可以理解的。没有清晰的目的，合作很难明确前进的方向。然而，正如我们将在本章中讨论的，目标的设定在任何情境下都是很棘手的。这不仅是因为参与的各方价值观不同，更是因为这些价值在实践中具有不可避免的不确定性（Friend and Hickling，1987）。在合作的环境中，合作情境变得更加棘手。例如，大量的参与方（包括个人和组织）参与合作，彼此之间往往缺少组织层级和与之相关的权威关系，另外，还存在文化的差异和合作时间表的不确定性。此外，使合作变得有价值的目标类型（尽管并非总是如此）与组织或社会面临的各种重大问题有关。这些问题往往是由大量不明确的相互关联的因素组成，因此它们常常被描述为混乱的（Ackoff，1979）或"邪恶的"（Rittel and Webber，1973）。由于这种性质，解决这些问题的路径往往是难以确定的。

     由于共同的目标似乎对于在实践中促进合作至关重要，我们非常重视理解合作情境中目标的性质和协商。在本章中，我们将探讨目标的本质及其与不同维度下的动机之间的关系。我们提出了一个对目标的分类方法，以便为在实际合作情境中探讨与目标相关的问题提供基础。基于这些维度，第七章侧重于目标协商的过程，特别是与合作伙伴面对面讨论的场合。

     正如第四章所述，我们对合作中目标的理解源于一个多年来在实践中使用早期版本的分类方法。我们观察到，如果有真正的合作目标的话，它们也常常存在于真实的和想象的目标的相互纠葛中。这些目标之间的相互影响是导致难以就合作目的达成持续共识的主要原因。因此，在具体的情境中理解这些目标的本质对于如何管理它们至关重要。因此，以下的章节介绍了一些有助于管理的重要维度。表6.1总结了这些维度。

表 6.1　合作目标的维度

维度	要素		
所有权（内部）	合作目标	组织目标	个人目标
所有权（外部）	外部合作目标	非成员的个人目标	
真实性	真实目标	伪目标	
目标实现路径	通过合作可以实现的目标	通过个人、组织或者其他合作实现的目标	

续表

维度	要素		
重点	合作中的流程目标	实质目标	
明确性	明确的目标	未说明的目标	隐藏的目标

目标的纠葛：合作目标、组织目标和个人目标

我们对目标的早期关注源于开发一套合作评估方法。我们特别强调它应该是一种形成性方法，允许成员根据他们希望实现的目标判断合作的表现。从这种角度来看，根据谁的目标完成情况来评估合作成为一个具有重大意义的问题。

当然，合作是由多个人制定的。在本书中，我们主要关注组织间合作，这些个体通常与发起合作的各种组织有关联。一般情况下，他们都是这些发起组织的代表。在合作过程中，这些个体会在三个层面含蓄地（经常是不经意地）谈论他们组织的目标，合作伙伴的目标：合作的层面、参与组织的层面、参与个人的层面。对此正式化的表述是，我们分类系统的第一个维度是区分合作目标、组织目标和个人目标。

合作目标是关于合作组织希望共同实现的完整陈述。它们可以被看作是合作伙伴的共同目的的公开表述，或者追求合作优势的声明。因此，合作目标原则上存在于组织间领域，超越了个体或者组织单独行动所实现的结果。

示例：合作目标

确定并解决导致我们地区健康不平等的问题。

组织目标是参与合作的每个组织追求愿望有关的陈述。它们是组织谋求为自己实现的目标的陈述，并且与组织的功能、责任和活动领域密切相关。在大多数情况下，任何组织只有部分目标会与特定的合作相关。在自愿合作的情况下，能实现这部分目标也正是组织愿意参与其中的原因。

合作目标和组织目标之间存在细微的区别。前者主要关注联合行动，而后者是组织希望通过参与合作获得何种收获。在某些情况下，合作目

83

84

标主要是叠加每个成员组织的目标并稍加扩展。例如，关于一个用于推广汽车和各种高档巧克力的广告合作活动，可能仅仅是为了分担两家公司彼此的成本。同样，外包服务协议仅反映了一个组织旨在销售其服务，而另一个组织想要获取这样服务的重叠之处，尽管需要某种程度上的合作用于指引执行。对于其他情况，比如当一个合资公司成立时，合作目标显然与组织目标存在根本差异。

不同的目标之间存在着层级关系并且是易变的。在某些情况下，合作目标高于成员组织的目标，从这个意义上来说，它规定了成员组织在相关领域的期望。因此，比如一个地方性的医疗政策联合体可以很容易地影响这些参与机构的组织目标。在其他情境下，组织目标高于合作目标，从而决定了这些成员组织参与合作的活动内容。比如，联合营销协议就是典型的这种情况。

区别合作目标和组织目标的原因之一是，成员组织的代表常常会将与正式合作目的有关的组织目标嵌入到合作议程中，但是这毕竟不同于合作目标。这不一定是一种有意图的行动，这可能仅仅是根深蒂固的想当然的行为。同样地，它也可能是通过参与合作为成员组织获得额外利益的有意识的努力。因此，组织目标有时对组织参与合作的承诺力度产生重要的影响。

示例：组织目标

再次强调一下我的组织关于放学后的照料是有必要的观点。

个人目标是参与合作的个人相关的期望陈述。有代表性的是它们与职业发展或者个人事业有关。个人承担合作中的角色很可能是领导指派的。或者，他们由于组织的需要而参与其中。个人完全是基于自身利益而参与合作的情境很少见。

因此，不同于组织目标，个人目标并不必然是个人参与合作的原因。但是，一旦个人参与，他们有时会将与正式合作目的有关的各种个人目标嵌入合作议程中。与组织目标一样，这种行为带有程度不一的有意性。因此，个人目标对于个人参与合作的承诺力度产生了重要影响。

85

示例：个人目标

去欧洲工厂旅行。

概括而言，我们在分类的第一个维度中确定了三个要素：（1）合作目标，（2）组织目标，（3）个人目标。我们用所有权这个维度来表示这些要素与"关心"它们的一方以及描述符（内部）有关，以便将它们与下一维度区分开（见表6.1）。

外部维度：外界的目标

合作目标、组织目标和个人目标与合作中的成员组织的期待直接相关。但是，另外两个层面的目标经常也会出现在合作者的对话当中。这些目标与合作之外的各方有关。对此正式化的表述是，我们增加了外部合作目标和非成员的个人目标两个类别。

外部合作目标是指合作的推动力量来自外部的压力，而不是来自成员组织。外部合作目标在大多数情况下是政府政策的推动，但是有时也来自其他包括压力团体或者客户等外部利益主体的推动。合作中的成员组织可以被邀请来支持这些目标，但在很多情境下这些合作目标是强加给合作的参与方。比如，吸引资金的机会经常取决于成员组织是否具有跨越国界的一起工作的意愿和能力。以这种方式吸引资金对于参与方的生存很重要。因此，生存而不是其他实质性的目的，才是真正的合作目标。然而，缺乏一个共同的实质性合作目标在很大程度上是无法公开声明的。

示例：外部合作目标

提供完美无缺的医疗服务。

有推动这个计划的政治意愿。

——社区关怀规划组经理

非成员的个人目标是指那些不是正式合作成员代表的个体在合作当中寻求重要的利益或者其他好处。不同于外部合作目标，那些有非成员

86

目标的个体通常没有足够的权力将其强加到合作中。但是，合作成员有时会选择予以考虑。当个体能够承诺有助于合作成功的重要资源或者有帮助的资源投入时，这样的情况就会发生。

非成员的个人目标大多数产生于合作伙伴或者联盟经理，他们的工作就是支持成员组织。在很多情况下，这些经理并不是严格意义上的合作成员组织的成员。即使他们受雇于其中一家成员组织，但这样的身份要求他们以中立的方式开展工作。由于他们的工作重心以合作为主，因此他们对于合作有着很高的利益诉求。这些利益诉求包括对合作的目标以及在其中他们个人的发展前景。然而，我们已经看到一个健康服务组织的首席执行官有足够的意愿提供组织的资源给伙伴关系以实现合作成果，尽管他的机构并不是伙伴关系的成员组织。这种资源支持的行为并不是任何的组织期待，而是个人价值的激发。

示例：非成员的个人目标

说服健康委员会通过转移资源的方式支持社区保健计划。

在这个人离开之前，你能帮助他吗？
——关于社会工作、住房和教育的联合社区关怀计划召集人

因此，我们分类的第二个维度，所有权（外部）包括以下这两个要
87 素：外部合作目标和非成员的个人目标（见表6.1）。

它们有多真实？

合作中的成员组织无论是在交流中，还是在正式的文件中，它们表达的许多目标都是它们急切地想要实现的真实表述。但是，有很多原因解释了为什么不是所有的目标都是这样表述的。比如，在一些情境下，合作目标被重新组合以满足资助方的具体要求。这样的合作目标纯粹是为了合作存在的合法化，而不是合作目的的真实表达。同样，个人也会为自身参与合作合法化而提出一个组织目标。我们将这样的目标称为"伪目标"。如果一个合作目标是一个很难实现的，即使参与者承认这一

目标可以部分地解决，它也仅具有纯粹象征意义。

　　　　以确保资金安全的文件可能会导致对目标的过度杀伤和为了获得资金而偏离目标。

——非营利组织经理

　　因此，伪合作目标通常是为了应对外部合作目标而产生的，并且与成员组织推动合作行动的真实目标相互影响。伪目标也可以存在于组织目标或者个人目标层面。但是，这样的伪目标是为了掩饰对合作不乐意参与的原因或者对合作议程漠不关心。我们将第三个维度称为真实性，其中包括两个要素：真实目标和伪目标（见表 6.1）

目标实现路径的困惑

　　到目前为止，我们已经知道促使参与者进入合作的目标既可以来自内部，也可以来自外部。同时，这样的目标可以来自不同层次。此外，我们也明白，成员组织真正关心的也只是一部分目标。纠缠中的另一个维度涉及与合作完全无关的目标。

　　之前介绍组织目标和个人目标的概念，我们已经提到它们中只有一小部分目标是与合作利益有关的。在实践中，参与者可能仅仅试图通过合作来追求这一小部分目标之中的更小部分。剩下的目标由组织单独地或者以个人的私人身份去实现。这类目标的问题是，如果在合作对话过程中提及这些目标（这是不可避免的），就很难将那些应该或打算与合作议程密切相关的目标和这些相关但并不想被纳入的目标区分开。

　　随着人们参与的合作数量激增，将与特定合作相关的目标和不相关的目标分离开来变得越发困难。在实践中，如果个体成员看到他们参与的各种组织或者组织间的活动之间有关联，他们往往会将这些活动议程结合在一起。然而，其他没有参与这些同类活动中的个体成员并不认为这些看似相关的议程确实相关。

　　这一分类的维度包括两个要素：通过合作可以实现的目标；通过个人、组织或者其他合作实现的目标。这被称为目标实现的路径（见表 6.1）。

88

"怎么做"和"做什么"：区分流程目标和实质目标

到目前为止，我们还没有提及合作目标的内容。在第一章，我们指出合作的原因经常与合作优势的共同特征有关，比如资源共享、风险分担、效率、协调和衔接、学习或者解决社会问题的道德使命。显然，在任何情境下，合作的原因要比上述提到的这些更加具体，并且可能融合了几个共同特征。

这种目标本质上就是合作目标。它们涉及实质性成果，这对于任何一个合作都是非常重要的。但是，参与者通常（含蓄地）表达那些与合作方式有关的目标，也就是流程目标。

流程目标通常被看作实现实质目标的途径。从这个角度来讲，流程目标可以理解为从属于实质目标。流程目标可以涉及合作流程的方方面面，比如沟通的方式、成员之间的关系类型以及其他无数可能性。不同的参与者对于这些流程中的方方面面有着不同甚至相反的看法。实际上，他们愿意在处理流程目标方面投入的努力程度可能根据他们的操作风格以及他们在实质性成果中所占的份额而有所不同。

示例：合作中的流程目标（从属）

89 作为一个团队一起工作，而不仅仅是一群人一起工作。

但是，在某些情境下，部分参与方认为一起工作的流程是寻求合作优势的组成部分。在一个个体发起的项目例子中，这个个体独立地承担着在不同的参与组织之间以及个体代表之间构建信任的重担。这个项目的目标并没有给其他的参与者明确表述，相反，一个伪实质目标告知了这些参与者，以吸引他们加入。很多的商业联盟都是这样的做法。实践这样做法的人们一个重要的目标就是在成员之间建立关系，在实质机会或者需求产生时能够有效合作。"无形产品"这个术语已经被用来描述这种合作成果（Friend and Hickling，1987）。

在外部合作目标的类型中，这类流程目标比实质目标更重要或者至少同等重要。比如，明确要求社区参与的政府政策，显然提高了与社区合作的流程重要性，并将这一重要性视为与该合作要解决的问题同等重要。同样，合作作为投标条件的资助制度意味着对合作本身的关注，而且经常都没有说明这种限制的实质原因。

示例：合作中的流程目标（上位）

让这些参与方交流，以产生长期的相互理解。

流程目标并不总是能够对于合作的意图产生积极作用。那些因政策而被动员进入合作的人可能会将合作流程最简化以满足最低要求，甚至会想方设法绕过去。在某些情境下，这种意图是极其消极的。比如，当一个合作的行动威胁到了成员组织的市场，这个组织的目标就是破坏这个合作。并不仅限于外部的利益相关者才会将破坏合作作为一个目标。成员组织对于由与其有区域竞争的其他机构发起的合作有时也会迫不得已产生激烈的反应。在这些情况下，它们很可能会产生防御目标，以维持它们在地区的主导地位（或至少是存在）。下一节将会讨论这种情境下的一些后果。

总而言之，在我们称之为焦点（Focus）的分类维度中，我们试图强调合作的目标可以分为：合作中的流程目标以及更明显的实质目标（见表 6.1）。

90

这些目标有多明确？

在上一节中，我们指出，有时个人使用伪实质目标去伪装他建立关系的真实目标。之所以这样做，是因为这些合作的过程目标是不能被其他参与方接受的，不会直接告知这些参与方。关于破坏合作的目标同样也不可能在公开的论坛上讨论。实质目标经常也被认为不可接受。比如，合作伙伴可能会认为披露阻止某些事情发生的不太正面的合作原因是不恰当的，反而会强调合作的积极效果。实际上，这些效果并不是他们看中的。同样，他们可能会判断，合作伙伴会觉得这些目标分散了他们的注意力，或者会适得其反，影响了主要的合作目标，不利于合作伙伴其他的组织目标，甚至是不道德的。

这次合作可能为我们与诺基亚或爱立信今后的合作打开了大门。

——IT 供应商关系部门经理

在实践中，即使合作伙伴之间和睦相处，也还是有很多原因使合作中的流程目标和实质目标不能向其他的合作伙伴公开。关于合作的组织目标在组织内部甚至也是保密的。我们已经意识到有些情境下组织的目标仅向高级经理公开，连那些在谈判桌上代表组织的人都不知道上述目标。

因此，隐藏议程是合作中的通病。然而，故意隐瞒目标并不是不能清楚说明这些目标的唯一原因。比较典型的是，虽然有时可以将伙伴关系的主要目的巧妙地封装在一个声音片段中，但始终存在着一个复杂的子目标层级结构（Eden and Ackerman，1998）。在合作的情境下，这些子目标来自每个个体或者每个成员组织。在大多数情况下，将这些子目标讲清楚的机会是非常有限的。

因此，事实上，许多目标在没有意图隐藏的情况下却未被阐明。代表们错误地认为别人理解他们的目标（和限制），并对别人的目标做出假设的可能性非常大。即使目标被明确地表述出来，不同的个人也不太可能赋予它们完全相同的含义。正式合同是合作伙伴寻求解释和约束合作目标的一种方式。然而，管理经理经常认为，无论合作合同起草得多么完备，还是存在合同没有涉及的方方面面的合作挑战。

因此，我们最后一个分类的维度是关于目标的明确性。明确的目标和非明确的目标之间存在根本性的差异。非明确的目标内部还存在另外一种区别：有意未说明的目标和无意或无意未说明的目标。第二个区别对目标的管理具有重要的影响，因为讨论旨在公开的目标的过程可能不适用于管理隐藏的议程。因此，我们在这一类别中区分了三个要素：明确的目标，未说明的目标，隐藏的目标（见表6.1）。

概念上的厘清

六个维度以及其中的要素构成了我们分类的核心，具体总结请见表6.1。在这种结构中，任何实际目标都被看作是与每个维度中的一个要素相关的特征组合。比如，一个组织目标可以是真实的、聚焦于未说明的实质目标，但是很难通过合作实现。同样，一个伪目标，但它是聚焦于流程的明确目标，可以通过合作实现。在任何合作中，很多内部和外部的目标可以相互影响。有些目标是真实的，有些目标是虚假的。有些目标是明确的，有些目标是未说明的或者隐藏的。有些目标是实质目标，有些目标是流程目标。有些合作目标是直接与合作业务有关的，有些则不然。

以这种分类方式来描述合作目标时，我们并不是说维度代表了"切蛋糕"的一种独特方式，也不是说它们代表了目标的每个方面。然而，它们确实具有很多显著的特征。这些维度经受住了时间的考验，并且在描述实际合作中的目标和提供有用的观点以指导管理方面似乎相当可信。

我们将在本章结尾处，讨论这种分类的实际应用。然而，在此之前，我们需要在更一般的层次上做进一步探讨，以便增强它作为一种描述机制的能力，从而能够从概念上厘清不同的合作目标。我们在三个层面上做到这一点：首先关注不同类别的边界，其次是类别的结合，最后是合作目标本质变化。

模糊的目标

多数情况下，在展示上述维度的描述时，从描述要素之间的相互关系的角度来看，可以帮助将它们描述得截然不同。然而，一个类别与另外一个类别的界限经常是非常模糊的。

在"所有权"维度下，如上所述，我们讨论了合作目标和组织目标之间的细微区别。合作目标有时只是所有成员组织目标的交集。我们同时认为，两个层次的目标构成的层级关系可以是任何一个方向。实践中，它很可能是双向的。个人目标和组织目标之间的区别也常常是模糊的。比如，如果首席执行官围绕一个联盟形成个人议程，这实际上可能成为一个组织目标。内部目标和外部目标之间的区别通常也不明确，这一方面是因为成员组织没有正式确定，另一方面是因为组成合作的边界是由不同的成员以不同的方式定义的（这点我们将在第八章详述）。即使在成员关系相对明确的合作中，也可能存在这样的问题，即合作伙伴经理等正式的中立方是否应该被看作内部或者外部。

对于其他每个维度中的要素也可以提出类似的论点。举几个例子，在"真实性"维度中，大多数情况下参与者有义务接受强加目标的某些方面，所以伪目标往往是部分真实的。在"目标实现路径"维度中，通

92

过合作能或者不能（或者应该和不应该）实现什么很少是明确的。在"重点"维度中，以合作流程表述的目标通常都有一个潜在的实质理由，即使这可能没有被说明或者完全理解。例如，有人可能会假定，资助机构将合作作为投标条件的一般假设，这将提供一些实质的并未明确说明的利益。在"明确性"维度中，有可能设想出一些原因，为什么类别之间的界限可能是模糊的。比如，目标对有些人隐藏而对其他人则不然。目标可能已经明确说明但没有写出来，等等。

因此，分类的目的不是在任何特定的合作中提供精确的目标分类，而是这些类别可以被看作合作情境中目标典型特征的宽泛指标。

组合、不可能性和多重视角

图 6.1 表示不同维度组合形成不同特定目标特征的方式。纵轴为"所有权"和"真实性"维度，横轴为"明确性"维度，矩阵单位内为"重点"要素的不同选项。图 6.1 主要是描述通过合作可以实现的目标，但其他"实现路径"在矩阵底部显示。在主矩阵中，每个单元格代表一种类型的目标。例如，左上角的单元格表示与实质目标或者流程目标相关的明确、真实的合作目标。单元格之间的边界用虚线表示，以说明类别之间的模糊边界。图 6.1 是在第五章介绍的目标框架之上的更复杂的版本（见图 5.1）。

在这个相当复杂的图中解释组合的部分原因在于提出三个与它们的逻辑相关的特征：第一，尽管分类表明任何目标都可以被视为维度之间的要素组合，但事实并非如此。根据定义，某些要素的组合是不可能的。最明显的是，内部所有权和外部所有权的维度在形式上相互排斥，尽管在实践中它们之间存在模糊的区别。此外，合作目标不能隐藏，因为它们与共同努力的标签相关。但是，各方之间可能仍未说明某些方面。伪目标不能不说明或者隐藏，也不能被外部玩家掌控。这是因为它们的目的就是让其他利益主体了解所有参与者参与合作的原因。最后，外部目标通常需要明确表述，以便让成员组织认可。考虑到这些排除，在图 6.1 的上半部分，仅仅有 13 个空白单元格以及 2 个带有点状的单元格来代表可能的组合。

第二，原则上每个成员组织都有一套组织目标，同时来自成员组织的任何个人都有一套个人目标，无论是把合作看作与他们的组织角色（积

93

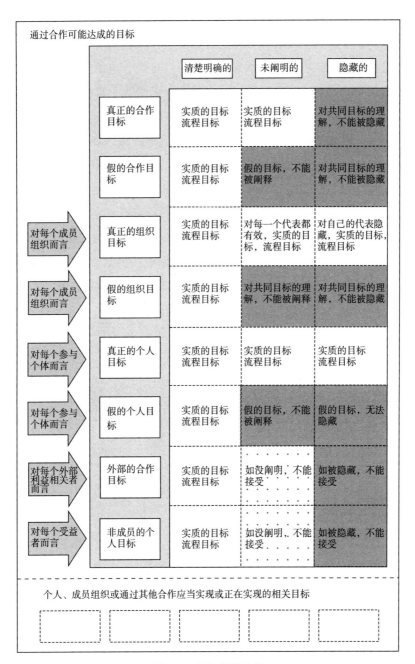

图 6.1　目标分类总结

极或消极）是否相关。显然，在实践中，其中一些目标会比其他的更重要，这取决于它们在合作业务中的权力和兴趣。对合作有兴趣的外部利益主体或者非成员个人也有类似的目标集合。在任何特定的情境下，不可能笼统地定义这些集合的数量。相关的一点是，组织的边界并不总是清晰的。有时在适当的情况下，可以将大型组织的子部门看作是其他子部门的合作伙伴，甚至将整个大型组织看作是外部利益主体。

第三，到目前为止，图 6.1 给出了关于合作的统一观点。为了反映所涉及的各方视角关于合作目标的多种解释，合作目标的概念需要进一步扩展。因此，图 6.2 表明从不同参与者的角度来看，单元格的内容看起来要有所不同。他们每个人对于自己和其他人的目标都有特定的理解（或缺乏理解）。这些感知非常重要，原因在于它们影响的是参与者相互之间的行为方式，而不是任何目标的现实性。我们可以进一步论证，并为感知的感知建模，而且在现实中这种移除水平上，能对行为产生深远影响。

95

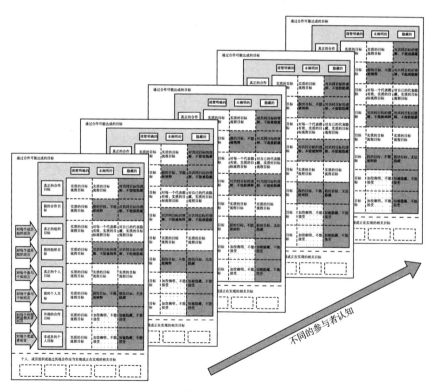

图 6.2 对目标分类的多重理解

演变：目标的出现、变化和发展

我们希望讨论合作的最后一个方面是随着时间推移合作目标是如何发展的。图6.1和图6.2实际上代表了特定时间点上的瞬间目标。随着时间的推移，合作目标反反复复地变化与发展。

在第五章强调了其中一个原因，更为详细的讨论在第八章。随着时间的推移，成员组织的变动使合作大幅频繁变动（Ebers and Grandori, 1997）。成员组织中的个人进进出出，或者他们在组织中的职位变动，与合作相关的个人目标集合也随之改变。同样，合并或解除合并、新联盟、破产或重组等这些都会影响到组织，从而组织目标的集合也随之改变。成员组织的任何结果配置也会影响正式的合作目标。成员组织也可能因为这种结构变动或其他原因而改变它们的政策，以及不同时期的环境问题得到关注，这会影响到组织目标和合作目标。外部合作目标和非成员个人目标同样也受到类似影响。从这个意义上来说，许多合作情境中的目标都处于不断变化的状态。

96

> 我们的合作伙伴已经在其业务的其他方面采纳了我们做事的方式。这带来了新的机会。
>
> ——国际呼叫中心联盟经理

然而，即使在各方及其广泛目标在较长时间内保持相对稳定的情境下，合作目标也可能改变。因为临时结果——有时完全无法预料——导致新的做事方式。有时这会产生新的有效合作或者组织目标。这种目标从非预期结果中产生的过程类似于紧急战略的概念（Mintzberg and Waters, 1985）。尽管这并不需要发生在一个大的战略规模上。有时它会导致目标之间的层次结构发生变化。比如，联盟可能是作为合作伙伴组织目标运作而形成的，但是他们可能随后发现不得不调整他们的优先序，以回应联盟的需要或者希望这样做从而获得联盟带来的额外利益。一个有趣的推论是，参与多个合作的组织常感到一个合作的需求开始推动另一个合作的目标。中期的结果也可能导致目标的消极改变，因为人们对缺乏进展感到失望，对意外的结果感到不悦，甚至对其他人的行为感到心烦。这种类型随着时间的变化如图6.3所示。

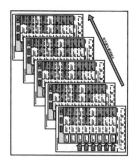

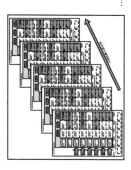

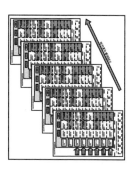

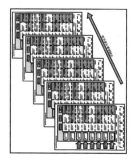

图 6.3　目标的时间变化

98

合作目标：一个混乱的网络

前面部分的概念化的目标可以很简洁地概括如下：

■ 合作是由个人建立的，但他们通常代表组织。这些人经常
  谈论合作，似乎他们可以制定目标。

■ 合作目标原则上可以在合作、组织和个人层面加以区分，
  并来自合作的内部或者外部各方。这些层面的差别在实践
  中是非常模糊的。

■ 目标可以涉及实质目的和合作流程，两者之间的区别也是
  非常模糊的。

■ 目标可以是真实的或虚假的。虽然这些目标有时被明确说
  明，但它们经常无意未被说明或者有意隐瞒。这些区别在
  实践中同样也是模糊的。

■ 从定义上来讲，上述的一些组合是不可能的。

■ 个人经常提出与合作业务密切相关的但不属于合作业务的
  目标方面的问题。

■ 每个对合作感兴趣的组织和个人都会带来一系列目标。

■ 每个对合作感兴趣的组织和个人对于自己和他人的目标有
  独特的看法，同时也有感知的认知等。

■ 各个层面的目标经常变动，在很多情况下，非常频繁。

■ 在每一个合作中，很多目标能够相互影响。

97

我们想要描绘的是一个由相互作用的一系列目标构成的网络——真
实的目标和虚假的目标，明确的目标、未说明的目标和隐藏的目标，实
质的目标和流程的目标——产生于合作内部及外部的不同参与者。这些
目标交织在一起形成了一个复杂的变化的目标层级系统（Eden and
Akermann，1998）。层级系统包括高级的整体目标和细节层面的具体目
标。这个层级系统明确了在个人、组织与合作三者目标之间的变动关系。
与这个层级结构产生互动关系是代表着人们对目标感知的网络。这些感
知来自合作内部与外部的不同参与者。目标和感知的目标影响着合作的

动机与行为。多种目标和感知目标之间的相互作用影响着行动和反应。我们将在第七章具体讨论这方面的内容。

与其他主题相比，我们发现这个主题非常难以确定。图 6.3 既不完整也不完美，但它确实开始以一种有形的方式捕捉到某些复杂性。在这章接下来的部分，我们将重点转向运用概念化作为一个框架，从而了解合作的管理过程。接下来的两节，重点讨论概念化目标的实际价值以及概念化作为反思性实践处理的可能用途。

目标的相关性和价值

对合作伙伴关系富有管理经验的经理通常认为目标纠葛的概念是合作情境的生动反映。然而，对框架中所描述的复杂性的一个偶然反应是，他们评论说，他们合作的情况要相对简单，而且合作伙伴清楚他们共同努力的目的。通常，他们认为他们的联盟、合资企业或合作伙伴关系建立在明确的商业逻辑基础之上，同时各方都明白合作目标。我们也从警察或军队等公共组织的成员那里听到类似的观点，尽管他们长期工作在相对严格的权力等级制度中。

在某些情境下可能会出现这种情况，特别是当只有少数合作伙伴并且是与限定性强项目相关的合作目标。然而，这样的观点有时是建立在自我为中心（或者严格地说，以自身的组织为中心）的视角之上。从一个合作伙伴的角度来看是积极的商业逻辑，在另外一个合作伙伴看来，是碰上了霉运。有可能是这样的情况，虽然主要的合作目标是清晰的并且有共识的，但是不同的合作伙伴对次要目标或更为详细规定的主要目标的看法可能不大一样。我们认为在这方面自满是不明智的。在关键时刻，即使非常明确的合作协议也可能因为次要的或者详尽的合作伙伴目标受到威胁而失效。

99

一个合作伙伴想要建立一个有商铺的方形建筑，而另外一个合作伙伴想要建一座世界地标性建筑。

——购物综合体开发经理、信息经理

　　我们有一份联合营销合作协议，但他们拒绝给我们任何信息。

——制药公司联盟经理

　　概念化的另一方面是某些人很难与隐藏目标的概念联系起来。不同的人对此看法不一。有些人甚至认为，合作情境完全不需要隐藏的目标。虽然这可以被看作合作的基本特征，但它似乎不太可能代表人们认为具有合作意图的绝大多数情境。另外一些人则更乐于接受隐藏目标的概念，认为这是合作的一个基本方面。对一些人来说，这种不适取决于谁对谁隐藏了什么。比如，如果合作成员认为在使用资金方面的意图是正当的，他们可以理直气壮地共同确定伪目标来满足筹资要求。文化因素、合作的本质都会对隐藏目标是合作的一部分的接受程度产生影响。通常由管理经理提出的国家刻板印象往往会支持这种观点。

　　日本人的工作方式是建立在"让我们先把需要的工作完成，合作的细节可以之后再谈。当我有需要的时候，你一定会伸出援手"的推定上。

——跨国公司商务拓展经理　　100

　　认识到目标之间总是存在着动态的纠缠，其中还包括很多隐藏的目标，这对于激励和限制他人，同时把握自己的动机和约束都是至关重要的。这个框架是用来帮助解开目标纠缠。从表 6.2 的例子可以看出，图 6.3 的每个方面在打开目标纠缠上都具有实际意义。它引导人们去挑战理所当然的事情，更为重要的是从其他参与者的角度来看待这个世界。有时候，这些视角非常令人吃惊。事实上，人们经常会意识到，那些被他们看作合作伙伴的人可能不会意识到以另外一种方式看待合作关系。

　　我们发现，我们所看到的是一种伙伴关系，而另一个组织可能并不这么认为……它把我们惊醒了。

——慈善组织经理

表 6.2　目标框架实际意义的展示

方面	实际相关性
内部所有权	理解动机和约束，解决困惑
外部所有权	管理外部利益相关者
真实性	明确你真正想要的目标，以及为了让别人满意你需要达到的目标
实现路径	问"这个目标是否真的与这个合作有关吗？或者还是应该有？"
重点	考虑流程目标和实质目标如何关联并且如何平衡；确定任何一方是否有消极的流程目标
明确性	找到想当然的，以及不能在公共领域公开的目标
多方看法	探究其他人如何看待事物以及解释他们的行动
转换时间	监测目标在过去如何改变，预测目标未来如何改变

　　该目标框架在强调是否有足够的真正承诺以实现合作目标方面特别有用。如果合作伙伴之间的需求不能完全平衡好，就会对合作目标持冷漠态度。在大多数情况下，某些合作伙伴在任何时候都比其他合作伙伴更需要合作。然而，组织目标和个人目标可以为迟缓的合作伙伴提供参与的激励。了解它们是什么并给予理解，有助于实现合作目标。在一个案例中，石油行业的商务发展经理应用目标框架进行反思分析，从而更好地理解合作伙伴参与联盟的目标是如何随着时间而变化的。他的目标是为他的组织确定一个适当的战略回应，可以借此加强其在伙伴关系中的权力。在另一个例子中，一个面临重重困难的石油产业并购经理运用目标框架来了解如何激励个人。

　　　　关注个人目标，帮助我理解如何在人们担忧他们工作的情况下获取他们的支持。

　　　　　　　　　　　　　　　　　　——石油产业并购经理

　　目标框架还可以通过许多其他方式提供有关管理合作问题的有用视角。例如，它可以用来评估合作伙伴之间的共识与分歧之处。除了提供管理现有合作的指导之外，还可以帮助决策哪些组织可以参与以及如何让它们参与。

我该如何从 1300 家中小型企业中挑选合作成员？

　　　　　　　　　　——汽车业联盟合作伙伴关系管理者

　　同样，该框架还提供了两个视角：向组织内部观察，了解同一组织内的同事在多大程度上全力支持组织参与的合作；向组织外部观察，是否有机会利用非成员目标推动合作目标的实现。向组织内部观察不同的合作安排是如何影响组织目标的。最后，该框架可以处理组织参与的合作类型中面临的一般问题，从而提高组织参与合作的能力。

102

在实践中解开纠葛：从分类方式到管理目标的框架

　　该框架可以作为一个工具，管理不同层次的目标。在基础的实践层面，它可以成为与管理目标相关问题（如前一节所讨论的问题）的意识提升者。在这个层次上，重要的信息是合作有多个目标，而积极管理这些目标会对理想结果的可能性产生影响，无论是从哪个参与者的角度来看都是如此。这个层面使用的框架核心可以概括为一个基本问题：合作伙伴是否具有与我相似的背景？

　　以这种方式应用该框架意味着放弃其形式，更看重其基本原则。这是一种重要的应用模式，可以随时应用。然而，该框架也可以更明确地用于从信封背面的简要记录到全面分析的一系列规范性。它可以构成一个使所有合作伙伴参与目标共同分享的研讨会，也可以成为一个关于思考他人目标及其对他人目标的看法的组织内部研讨会。角色思维意味着设身处地为他人着想，以他们可能看到的世界为中心进行思考。无论实际执行的具体程度如何，无论谁参与到分析中，正式地应用此框架意味着用关于（感知到的）目标的真实信息填充图 6.1 矩阵中的单元格，同时考虑到提出的多种感知（见图 6.2），以及随着时间而产生的合作变动（见图 6.3）。

　　考虑到以这种方式在实践中使用该框架，有三个中肯的观察：第一，你无法知道完整的目标是什么。最明显的是，你无法确切地知道别人隐藏的目标是什么。在实践中，你也不可能知道确定的完整的利益合作伙伴名单，或者确定所有未说明目标的性质。第二，即使你能够了解它们，你也没有时间完成任务。第三，图 6.1 的矩阵太麻烦，在实践中用处不大。因此，将框架看作一种实用的工具，既可以将其分解为管理模块，也可以决定关注重点。

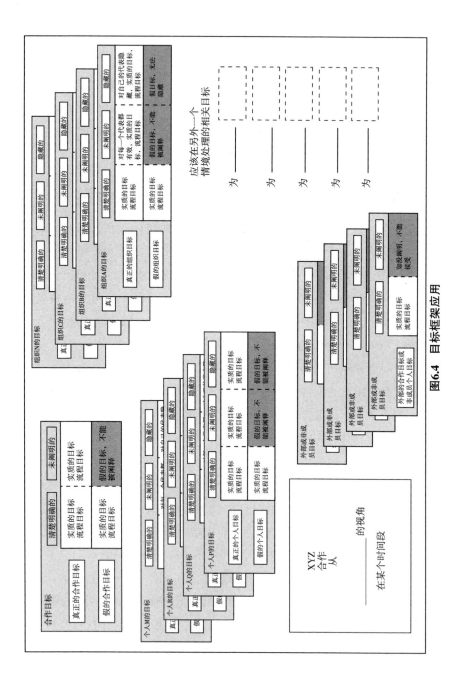

图6.4 目标框架应用

图 6.4 展示了使用框架的一种方法。它将内部和外部所有权维度作为主要维度，然后使用其他维度作为触发机制来阐明这些维度。图 6.4 中的每个矩阵可能都会产生一张单独的纸。一组松散的指导有助于运作：

（1）使用标有"合作目标"的表格，考虑您对所有合作目标的理解。在此过程中，澄清真实目标和伪目标的区别，尝试发现你和其他人没有明确阐明的真实目标，并同时考虑流程目标和实质目标。尝试制定出宽泛的详细目标。

（2）使用标有"组织目标"的表格，重复（1）你自己组织的一系列目标。这次，要考虑隐藏的真正目标。现在对合作中每个其他组织重复此操作，使用角色思维来发现任何未说明或隐藏的目标。

（3）使用标有"个人目标"的表格，对每个成员组织中的每个关键人物重复（2），包括你自己。

（4）使用标有"外部或非成员目标"的表格，考虑任何可能影响合作的目标，特别要考虑，是否要在此类别中纳入子单元（例如分支或部门）或超级单元（例如总部）。

（5）使用标有"应/正在另一个情境中处理的相关目标"的表格，考虑已经确定的参与方是否有任何类型的目标属于这一类别。

（6）从已经确定的各方的角度重复（1）至（5），用角色思维他们如何看待合作目标、他们自己的目标以及其他人的目标。

（7）定期回顾这些已经完成的表格，以评估是否对任何一方的目标有重要的改变。

请注意，执行（1）至（6）的顺序可能会更改。例如，在考虑组织目标和个人目标之前，你可以了解各方对合作目标的看法。

在大多数情况下，除了最简单的合作结构之外，对所有的合作进行全面分析是难以做到的。尽管风险很高，但在这方面投入时间是值得的。很多时候，找到正确的方法去选择值得花时间的领域是重要的。例如，关注有问题（对你来说）的组织或个人的目标和看法可能很重要，特别是那些你看到并没有与合作目标保持一致的组织和个人。同样重要的是，要集中精力澄清你自己的组织目标，或者探究利用或管理外部利益相关主体目标的可能性，如前一节所建议的那样。了解哪些关键的隐藏目标或（错误）看法可能会影响他人的行为，或者可能形成的着力点是非常重要的。

> 这很有趣，因为我从来没有从这个角度观察过我的组织。
>
> ——非营利组织经理

以上使用说明展示了同一合作伙伴的成员或个人的使用模式。原则上调整这些要求以容纳所有参与合作的组织代表参与研讨会，相对是容易的。但是，我们对建议使用这种模式持谨慎态度，除非在管理过程上予以重点关注。明确地分享对目标的理解，试图限制合作目标，有时会发现难以调和的差异，这些都会导致更大的合作惰性，而不是更好地集中行动。同样，我们也对劝说合作伙伴开诚布公坦白所有隐藏目标持谨慎态度。这不是一个绝对的观点。有时这可能是一个正确的事情。但有时只要能够达成合作目标开展合作行动，这也是非常不错的。

在本章结尾之处，我们应该回到第三章关于合作优势理论目的的讨论。如前所述，目标框架并没有为合作经理提供行动的精确指导。相反，它提升了对各种合作情境管理的意识。然而，即使是使用该框架进行最基础的分析的合作经理通常也会发现，思考他人动机的行为可以激发管理动机的想法，并为考虑可能在合作中见效提供支持。

第七章　协商目标

　　我们在本章继续探讨组织和个人可能带入合作领域的目标。第六章的意图是探讨这些目标的性质。然而，本章的重点是在合作团体会议期间协商目标的过程。因此，在下面重刊的文章中，我们开始探讨不同类型的目标之间的相互作用。

　　本章所涉及的理论是根据协商过程中的事件来构建的。它主要关注目标框架的所有权（内部）维度。其他维度虽然没有明确提及，但可以在理论概念和示例方面找到：伪目标和真实目标，隐藏的目标、未说明的目标和明确的目标，流程目标和实质目标，外部利益相关主体目标以及与合作无关的目标。尽管它们都有迹可循，但在现实世界中，它们并不总是被明确地标识出来。

　　组织目标和个人目标在协商中占有重要地位，但由于本章关注的焦点在团体会议的微观层面上，而不是更广泛的合作，因此，这里引入了与团体作为一个可识别的整体相关联的目标概念。这三组目标（个人目标、团体目标和组织目标）构成了整个协商过程的基础。

　　这一概念起源于我们与一个合作团体在两年半时间的工作。该团体最初向我们宣布其广泛目标是解决（较大）区域的儿童贫困问题。当我们第一次遇到这个合作团体时，它表现出典型的合作惰性症状。尽管已经在纸面上存在了几年，但它在任何方面都没有取得什么进展。因此，下面引用的这篇文章对目标协商的重点是来自一个团体协调人的观点，并且反映了我们需要快速描述我们正在干预的局势。然而，这种局势与这一情境下的任何参与者都有相关性。

　　由于该解决儿童贫困问题团体构成了分析的初步基础，文章中的一些例子直接与之相关，有些还涉及了贫困问题。他们偶尔提到作为协调过程一部分的访谈。然而，许多其他合作情境也有助于形成最终的概念。

大多数例子虽然源自实际情境，以一般术语表达，可以而且确实涉及各种各样的合作形式和目的。我们将在本章末尾简要讨论其中的一些内容。概念是根据多方合作提出的，但并不需要太多想象就可以将其调整至适应双边合作的情境。

本篇文章引自 C. Eden and C. Huxham（2001）The Negotiation of Purpose in Multi-Organizational Collaborative Groups. *Journal of Management Studies*，38：3，pp. 373-391. © 2001 Blackwell Publishing Ltd. 转载获得授权。

注：原文使用术语"目的"（goal）而不是"目标"（aim）。为了本书的一致性，当我们的意图是传达与第六章中相同的含义时，我们在此次重印中将"目的"替换为"目标"。

设置场景：协商目标的现象

本文概述的概念框架着重关注合作工作目标的协商，它往往通过成员组织的代表在管理合作的定期会议上通过讨论和辩论进行。目标讨论（通常被称为"目标设定"、"目的设定"或"阐明目标"）有时是会议的主要议程内容，甚至是"休假日"的焦点。然而，通常情况下，目标讨论可能会在很长一段时间内隐秘地发生，这是该过程寻求就目标达成共识的必然结果。在这种情况下，是否采取特定行动的理由暗示了一种隐含的"使用中的理论"（Argyris and Schon，1974）关于合作广泛目标的观点。

这个概念框架从"目标所有权"和"事件"两个分析视角描述了协商的过程。

目标所有权

在协商过程中，团体的每个成员都利用他们的知识以及对他们所属组织目标的理解来指导他们对合作新目标可接受程度的立场。除了团体成员自己推定的内容之外，这并不意味着组织的任何具体化。由于合作是由代表组织的个人（至少在概念上）发起的，因此，从表面上看，他们所属组织的目标可能与合作目标的协商紧密相关。团体成员可能会（或可能不会）假定自己完全了解这些目标。组织目标可能会（或可能 108 不会）与初始或正式声明的合作目标相关。因此，尽管这些问题有时可能会公开讨论，但它们往往是"隐藏议程"的一部分。有时，组织目标无意中被隐藏起来。也许是因为合作团体中的代表认为其他人已经熟知这些目标，或者可能因为从未找到时间来解释它们。目标可能会随着时间的推移而发生变化，也可能受到合作活动的影响。

每个团体成员在合作目标的协商过程中带入了个人的价值观和约束以及由此而来的目标。与组织目标一样，这些个人的目标将与团体内任何有关目标的讨论产生相互影响。有些个人目标只能通过合作实现，而与合作最初或正式的目标没有直接关系。与组织目标一样，这些个人目标可能会向合作团体的其他成员隐瞒。协商和合作的过程往往会产生团体认同感。因此，可能会出现该合作团体中大多数成员认同并归属于该合作团体目标的情况。这些也可能（或可能不）与合作的官方目标相关，官方目标可能会（或可能不会）对外公开。

协商中的事件

在由这三组合作目标构成的目标所有权的前提下，第二个分析部分关注的是协商过程中的动态性。如上文所述，目标的协商被描述为通过合作团体成员之间的讨论和辩论进行，既可以是会议的主要议程内容，也可以是讨论合作所要执行任务的必然结果。无论这一过程的性质如何，对话都将包括关于合作目标应该是什么样的观点，这些观点综合了对组织目标、个人目标和合作目标的看法。表达出来的目标将得到其他团体成员的支持或反对。一些极具影响力的回应将是非言语的。提议和反馈的过程将被裹挟在社会相互作用和政治操控中。

合作团体通常至少先就附加着至少一个合作目标的标签（不一定有具体的含义）达成一个广泛的共识，才可以召开第一次团体会议。这个标签也就是公开宣布的合作原因。随着关于其他相关目标协商的展开，合作团体对于最初给定的合作目标产生争议。参与各方往往提出其他目标，并赋予最初宣布的目标新的含义或试图澄清其原始含义。随着团体讨论的进行，提出和协商目标的流程得到了发展。许多潜在的目标被置入讨论空间，这些目标常常陷入一轮又一轮的协商过程。这通常表明个人对初始合作目标的意义的理解存在显著差异。不同的潜在目标不一定109是竞争性的，反而可能是互补的。

第二个分析单元将此过程概念化为一系列事件。一个事件可能会持续几分钟（就像视频剪辑片段），并可能包含一系列复杂的行为。在一个事件中，团体成员需要处理由于个人目标、组织目标和合作团体的目标之间的不兼容性而导致的团体内部的紧张关系。有时紧张关系可以通过明确的协议解决。其他时候，一个事件的结束是因为团体把关注点转向其他紧张关系。有时，从一个事件到另一个事件的转变发生在一个人或合作团体一致同意做（或不做）某事的时候。事件之间的中断或暂停标志着新事件的开始和旧事件的结束。有时中断是模糊的，多个事件相互重叠。每一个事件都反映了在合作中协商目标时可能遇到的问题（如误解、"浪费"时间，等等）。每一个这样的问题都可能发生在"正常"团队中，在多组织合作中尤为明显。

> **注意**
> 本章与本书的其余部分对术语"张力"的使用方式不同。这里指的是由参与者希望实现目标之间的冲突所引起的人际关系紧张。在本书的其余部分，它指的是合作实践中不同的问题解决方案之间的紧张对立关系。

事件可能会关注与该团体发起的活动完全无关的提议。个人的立场（即所给予的支持程度）将根据提议的不同而有所不同。这具体取决于他对组织目标、他自己的目标以及他所看到的合作目标的看法。这些多重目标以及对它们的不同反应导致多种事件类型的出现。根据组织目标、个人目标和合作目标为区分的事件类型分类构成了这个概念框架的基础。这将在下一节中介绍。

在共同目标协商中进行事件描述

下面的事件分类既没有包含全部分类，也不是对这种分类方式的完整表述。相反，这一分类旨在强调那些看起来对协商目标过程至关重要的事件类型。每个描述和相关的例子旨在阐明可能发生的事件类型。它不应被视为对所有可能发生的事件类型的概括性描述。

事件类型

有凝聚力的团体事件

在团体成员知道他们所属组织缺乏兴趣的时候，他们仍然同意采取某种集体行动是这类事件的特征。一些成员可能担心如果他们的组织知道这个集体行动的话，这个行动可能会被否决，因为它会被视为浪费时间。成员可能不得不与他们的同伴争辩，以摆脱因为从事不合规的事情而产生的内疚感。一种"俱乐部"行为的"小圈子"感逐渐生成，一个"我们一起做这件事"的态度慢慢形成。

> 示例：这类事件围绕一个个人代表的立场展开。该代表建议，随着更多实质性行动的开展，合作团体应该"制定成功合作的模式"。这意味着该模式也可以运用到其他合作情境，甚至可能为更广泛的社区提供关于合作实践的建议。大多数参与者不愿意向他们所属组织中的其他成员承认这一目标。

缺乏兴致的组织事件

合作团体成员关注的主题与一个组织的意图相悖的情境也是这类事件中固有的，但是往往表现为不同的方式。在这个事件中，所有人都清楚地看到只有一个组织与该合作团体目标不一致。该组织被视为对所提议的活动不感兴趣，并且其他人预计该组织也不会给予活动支持。

有时，来自缺乏兴致的组织的代表也可能会积极地建议合作应该将注意力集中在某些活动上，虽然他知道这些活动不是他所属组织所关注的。这种行为可能仅仅是因为他认为他所属组织应该对建议感兴趣。这种个人的目标是计划把与其他合作团体成员达成的共识（有着他们背后的组织支持）作为改变自己组织观点的杠杆。个人可能会（或可能不会）向合作团体内的其他成员宣布此策略。在推进这些行动时，他假设团体的其他成员（以及他们背后的组织）都认为这些行动是好事。对于害怕遭到其所属组织报复的个人而言，这是一种高风险策略。

示例：在一个合作团体中，一个成员重复发起此类事件。该成员在合作中总是非常活跃，但这与他的组织对合作缺乏兴趣的立场不一致。在后来的阶段，他的组织从一个与他不同的角度出发，变得对合作更感兴趣。由于他一直忽视了对所属组织的问责问题，当他所属的组织要求他退出合作团体时，充分证明了这种行为的风险。

外围个人事件

个别代表有时也可能出于个人原因试图推动合作团体的活动，尽管可能任何有关组织（包括他所属的组织在内）对这些活动都不感兴趣。有时这种活动可能与个人职业发展有关。例如，一个人可能会试图借助团体获得可以添加到他的履历中的特定经验，以使自己在就业市场更具竞争力。或者，他可以通过提出一个他个人强烈关注的问题来促进个人事业的发展，而不考虑这一事业与他的组织的相关性。

该团体的其他个人成员可能（也可能不）对他人推动的个人事业感兴趣。推动个人事业的这个人可能会积极地与持相左意见的人争论。这是因为当一个人的个人议程被视为对该合作团体所要达成的目标起反作用时，团体成员会试图通过激烈的讨论给团体的议程划出清晰的边界，标记出他们认为合乎情理的议题。

示例：在其中一个合作团体中，几个成员在不同时间发起了这种类型的事件。一位成员告诉我们，她最初对成为该团体的一员感兴趣是因为她希望获得在合作背景下工作的经验。因此，她经常倡议发起合作活动以满足她对获得合作经验的需要。但是，鉴于她所属组织以及其他团体成员对她所属组织的目标的理解，这样的合作活动对团体其他成员没有实际意义。尽管该合作团体通常能够满足她获得经验的需求，团体成员对她这种行为感到困惑，但是这一事件还是持续了很长时间。该团体的另一名成员则希望了解儿童贫困问题，以满足他自己的个人兴趣。

在另一次会议上，一位成员就贫困原因进行了复杂的分析，并提出了关于整个团体应该采取措施的建议。就合作团体其他成员而言，他的建议需要该团体在远远超出解决儿童贫困问题之外的其他领域采取行动。该团体的其他成员不同意他的分析，并认为该建议不能代表提议者所属组织的利益。因此，在该团体克服了对"正在发生的事情"的困惑之后，该建议被忽略了。该建议者再也没有提起了。　112

"间谍组织"事件

有些组织选择加入合作是为了通过榨取合作团体进而实现自己的目的，而并不是真正认同合作目标。显然，合作中的所有组织通常都会在合作团体会议期间的某些时候扮演"间谍"的角色。这种特殊类型的事件与一般的情况不同，因为"间谍"组织除了将参与合作视为"间谍"机会之外，对参与合作并没有真正的兴趣。因此，当"间谍组织"事件发生时，组织的个人代表会积极扮演一个数据收集的角色，专注于采集与其组织目标相关的信息。他们对合作的介入（如果有的话）往往仅参与边缘讨论。对这种情况其他成员往往也可以察觉得到。

成功的"间谍"组织代表不会引起其他代表的注意，因此其他代表也不会采取对应的措施。考虑到"间谍"组织对团体活动漠不关心（而不是积极地反对它们），它的代表可以表现得像其他人一样，假装与其他人的目标相同。"间谍"通常不会在团体活动中扮演一个积极的角色，因此也就很少被其他人注意到。因为"间谍"采取一种"索取而不贡献"的立场，如果其他人意识到发生了什么，"间谍"行为可能会导致他人的反感。这一事件讨论了一个隐藏的"间谍"议程。这一议程只有在它引起他人采取应对措施的时候，才成为合作中的一个重要的议程（对于合作研究者除外）。

示例：在初次访谈中，一位代表认为她的主要目的是"扩展（她所属组织）对贫困问题的理解和了解"，而不是提供资源来帮助实现合作目标。在这类事件中，往往可以清楚地看到，"间谍"组织的代表会回避自己或所属组织对合作目标的承诺和责任。

在另一个合作团体中，一名成员显然已进入数据收集模式，他常常沉浸在自己的私人笔记中。这种行为会激起其他人明显的情绪反应。在某些情况下，该团体的其他成员就该成员是否应被排除在团体之外进行了非确定的私下交流。这些事件通常对合作的过程和成功具有重要影响。在合作结束后，许多成员反映这个人对团体的成功没有任何贡献，只是榨取了其他成员。

否决个人或组织事件

顾名思义，当一个人或多个人回应其他人提出的建议时，就会发生这一事件。这一事件通常是情绪化的，而且引起的相关反应对建议非常不利。这样的反应有可能通过非语言的形式来表达，并可能严重破坏合作团体的团结。

这种类型的事件可能持续很长时间，并且在合作团体的多次会议中穿插其他事件。这种消极行为可能会伤害合作团体积极工作的氛围，进而影响团体内其他成员的士气。在极端情况下，这可能导致部分成员缺席团体会议或者退出团体，更有甚者导致合作团体的解散。团体该如何应对这种情况，在很大程度上取决于其他团体成员是否认为这个人能代表其所属组织的观点。

> 示例：在一个团体中，一个人在研讨会前的采访中表达了对该团体的极端冷嘲热讽。在一次合作团体会议期间，他坐在远离团体其他成员的地方，并在整个研讨会期间几乎完全保持沉默。他个人甚至反对其他人已经达成一致的程序性的协议。例如，虽然该团体普遍认为"解决合作团体与成员组织之间的冲突很重要"，但在访谈期间，他表达了一个观点，即合作团体应该"抛弃充满繁文缛节的民主程序"。

> 这个人声称他和他所属的组织都没有看到合作主要目标的价值所在，并认为该团体应该"接受该项目不可能成功的事实"。由于这个人对团体其他成员的观点持消极态度，他试图否决其他人所提出的每一个目标。这个人声称他的观点与他所属组织的观点一致，但其他人没有办法证实。当然，因为该组织参与合作的时间比这个代表的参与时间长得多，这可能表明他所属的组织对合作目标存在着一定程度的承诺。

受威胁的组织事件

这种类型的事件也可以被描述为某个组织试图否决合作团体中他人提出的建议。然而，这种否决是该组织的代表在观察到一系列对其所属组织具有威胁性的建议之后的回应。因此，它源于战略动机，而不是对其他人提出的具体建议的回应，因此更倾向于理性而非情感驱动。当该组织认为合作活动与其自身的运作领域高度相关时，就会出现这种事件。这个组织虽然参与合作，但是它其实希望合作及其预期的活动最好不要启动。该组织的参与是因为察觉到合作活动很有可能对它构成一个严重的威胁。这些事件的特点是该组织的代表尝试（以公开或以其他方式）劝阻或转移合作的目标以及合作团体在特定领域的行事方式。如果该组织未能阻止合作团体的意图，那么它将希望成为团体的一部分，而不是成为被迫接受改变的一方。

受威胁的组织事件也可以被描述为"间谍组织事件"的延伸，这里 114
的间谍活动旨在改变合作的结果："这是我们的领域，你们需要远离它。"例如，当一个组织发现它的资金被合作活动逐渐消耗时，就会发生这种情况。对于慈善机构而言，这是一个特殊的两难困境。合作的所有潜在成员都可能认识到，合作比单独行动获得更多，但随着合作的推进，可能一个或多个组织会面临着关闭的风险。

> 示例：一个团体成立的目标是推出一项新服务。团体的大多数成员认为只有通过合作才能提供这项服务。但是，有个团体成员在多个场合声明"这项服务将不会起作用，现实情况也对这项服务没有需求。无论如何，这项服务已经以另一种形式由我的组织提供"。他所在的组织无法避免参与合作（实际上这个代表从未错过任何会议），因为合作的成功将极大地威胁到这个组织的一些活动。该组织虽然参与到合作中来，但看起来并不希望合作成功。然而，当这项服务看起来无可避免将被启动时，该组织及其代表希望得到保证，他们将成为这项具有潜力的服务的一部分。当然，这个组织可能还有意在日后破坏这项服务。

外围组织事件

同样，这类事件描述的是一个组织及其代表与其他成员（其他组织和对应的个人代表）不一致的情况。在这一事件中，个人代表追求的通常是一个隐藏的议程。这一议程与他自己的组织目标一致，而与其他成员的目标或合作的共同目标无关。鉴于该代表通常不会公开地承认他正在谋求他所属组织的目标，该事件可能具有类似于"间谍组织事件"的特征。然而，这种行为随着时间的推移，可能会消耗团体其他成员的精力，更加分散注意力。因为这种组织可能会要求其他成员采取实际行动以推动自己的隐藏议程。

这类事件的处理方式类似于"个别事件"。如果合作团体的其他成员认为该组织对于合作很重要，或者该组织比较有权势，那么团体可能准备在这个事件中容忍这种行为，确保在其他阶段建立平稳的关系。否则，团体成员试图将议程拉回到他们认为可接受的范围内，而这可能会引发激烈的讨论。

这种情节类型描述的是一个组织通过团体来追求自己的目标，而其他成员组织最多只能容忍这种行为。

> 示例：尽管现在的团体内只有一个人是合作团体的前身组织的一员，她仍然顽固地推行一个由前身组织制定的议程。她一再试图提出这个议程的行为给那些没有掌握议程的其他人带来持续的挫折感和困惑。渐渐地，经过许多次会议，她的议程所涉及的问题被逐渐撤销。她也慢慢地开始接受新的合作议程。

强大的组织和务实的团体事件

如果一个组织足够强大，可以为合作团体提供大量的资源，它可能会引发一个成功改变合作议程的事件。虽然这意味着其他团体成员可能不得不就他们对合作议程应该是什么的看法作出妥协，但他们务实（也许有时并不情愿）的应对方法是接受强大组织的干预以获得资源。因此，在这一事件中的协商可能聚焦在应该在多大程度上保留该合作团体原有的目标，以及调整后的合作目标应该至少与这些目标相容。

该事件的发生是因为强大组织的代表认识到，他们的地位使他们能够领导合作团体的方向。这种具体化的状态还允许个人（如果他愿意的话）推动个人议程，因为合作团体会想当然地认为这些建议反映了强大组织的考虑。然而，该代表以及合作团体其他成员均受强大组织的权力制约。可能发生的情况是，为了使合作团体使用资源，个人代表必须代表其所属组织并接受其组织的需求，即使他个人认为这些需求与合作无关。

以这种方式获得其他合作伙伴的承诺是一种胁迫的形式，意味着提议的组织有很大的权力。最后，实用主义引导合作团体接受这种情况。这里强大组织的要求对团体来说是一种约束，而不是一种理想目标。

> 示例：一个组织为这种合作提供了大量资金，并且要求合作团体遵循一系列规定，特别是要求以一种符合其组织正常程序的特殊形式来评估团体工作。虽然团体中的所有人，包括资助组织的代表，都认为评估的形式不符合实际，但他们都意识到这种评估方式可以实现资助组织的一个目标。因此，他们承诺日后会完成评估工作，作为收到资助的一个必要条件。该组织的代表同意团体其他成员的意见，认为评估的形式是不适当的，但认为团体必须遵守以获得资助。

多疑的团体或个人事件

当团体成员普遍缺乏对合作的承诺时，这些事件就会发生。当由相关组织的高级管理人员发起合作时，这种情况会经常出现。合作团体的成员作为组织代表被"派遣"，但是对其组织的合作目标缺乏个人承诺。在最糟糕的情况下，这种安排可能是高级管理人员出于一时的善意而做出的，"当时这似乎是个好主意"，但他们对合作缺乏真正的承诺。当高级管理人员没有很好地向代表介绍情况时，也会发生这种情境，导致整个合作团体无法理解合作目标与他们各自组织目标之间的联系。在某些合作中，少数个人（和他们的组织）可能会致力于给定的团体目标，并且可能会对团体大多数人缺乏承诺和支持感到非常困惑。

> 示例：在一个合作团体中，大多数代表对他们个人或他们的组织在合作中的角色感到困惑。每隔一段时间，团体中就会有一名成员试图找出他们出席会议的原因。随着他逐渐失去弄清楚原因的动

116

力，标志着这个事件将会结束。另一个成员很快就会开始尝试同样的方法，但也注定会失败。整个会议中相同的事件不断重复，直到最终全部失败为止。

强加于组织或团体事件

这种情况通常出现在由政府等外部机构强制要求进行合作的情况下。外部机构一般是通过威胁撤出资源或取消参与未来行动或资源来强制要求各组织参加。这是近年来世界各国政府非常普遍的做法。在这些情况下，合作团体不太可能通过所有权或承诺来确定合作目标。

> 示例：建立一个合作的基础是，除非他们成功地合作，否则将从每个组织中撤出资源。有一次，因为出席会议的代表人数不足，参加会议的成员无法达成任何协议。出席会议的人似乎缺乏达成任何合作目标的热情。与会者之间的讨论显示，他们认为所有成员都希望避免定期参加合作团体会议。所有人似乎都有这样一种假设，即足够多的其他成员将经常出现，以确保资源永远不会被撤出。因此，代表们认为合作的目标只是为了避免消极的结果。这个事件支配了整场会议。

对合作的更广泛影响

我们现在将考虑上述事件对较长生命周期的合作的一些重要影响。事件的分类来源于对合作团体内短期行为的思考。然而，它们也预示着一个团体可能面临的长期问题。这里我们思考一些具有指示性的例子。

有些事件可以描述合作团体的特征，同时可以被团体中的大多数成员观察到。例如，当"多疑的团体或个体事件"和"强加于组织或团体事件"开始影响到团体的整体运作时，这些重复的事件可能会让每个成员逐渐意识到"没有人想要待在这里"。事实上，大多数人都是出于日常工作或责任（他们认为其他人的态度和他们一样）而参与的，他们可能会逐渐发现只有少数人是真正地热爱这个合作项目的，反之亦然。除非有什么能改变大多数人的怀疑态度，否则这些事件很可能成为一个永

117

久的背景，所有其他事件都将在这个背景下发生。合作团体可能会做出一些努力，找出当前情境下最好的解决方案。一种方法是专门设计一个"有凝聚力的团体事件"。

经历过合作团体中"强加于组织或团体事件"的实践者认为，试图增加凝聚力的努力注定要失败，不太可能产生任何成果。事实上，由于一些成员组织不愿费心去证明这种努力的可行性，其他成员往往也不愿意投入精力。有时，少部分成员组织能够继续得到来自所有成员组织公开声明的支持。在这些情况下，因为较小的团体出现"有凝聚力的团体事件"的可能性更高，并且可以集中团体全部的资源（例如资金），较小的团体有可能获得成功。

然而，对合作的承诺和出席会议通常很重要。"有凝聚力的团体事件"有助于增加成员对合作的承诺，但它们也可能过度消耗资源，或实际上与组织的利益相违背。然而，如果它们实际上没有构成功能障碍，一些组织可能在认识到团体凝聚力的必要性的情况下，选择对这些弊端视而不见。作为团体建设规划的一部分，一些组织甚至鼓励团体形成"私人的"目标，以确保成员会定期参加会议。积极鼓励他们的代表，在团体中有意地引入这样一个事件将是实现这个规划的途径。然而，需要指出的是，如果出现任何一位成员由新的代表替代的情况，该团体的凝聚力将受到威胁。同样，在"外围个人事件"中，追求个人价值的机会可以增加处于边缘的个人保持热情、精力充沛和定期参加团体会议的可能性。因此，在某种程度上，如果个人目标不违背团体目标，那么团体对吸收个人议程持开放态度是一种明智的行为。然而，这种行为需要团体成员之间存在深厚的互信关系，这种信任需要花费大量的时间来形成（参见第九章）。如果一 118 个团体的成员发生了变化，这就会增加很大的难度（参见第八章）。

值得指出的是，在一个有凝聚力的团体中通过加强观点和知识的分享促进互信，可能会增加"间谍组织事件"出现的可能性。随着团体成员之间相互交流学习程度的加深，他们可能会更加怀疑团体中其他组织可以凭借获得的知识采取"单独行动"的可能性。

在若干事件之后，将有力量改变成员资格，并由此造成无法这样做的紧张关系。当重复出现"外围个人事件"或"否决个人事件"时，团体的其他成员的一种反应可能是设法说服这个人所在的组织向该合作团体派出一名替代代表。除非在极端情况下，团体通常不愿意这样做，因为这可能被视为一种不可接受的社会行为。无论是就与组织进行协商所需的努力而言，还是从给新人进行介绍和重建关系所需的努力而言，它也可以被看作是一种投入精力的反应。无论出于何种原因，如果这个人是不能被取代的，或者他所代表的组织的参与合作被认为是必不可少的，那么这个人就可以处于能够将其议程强加于团体的核心地位。如果个人拥有重要的技能、专业知识、人脉或其他资源，类似的情况也可能出现。

在"间谍组织事件"或"否决组织事件"或"外围组织事件"中，长期的反应可能是该团体的其他成员希望通过将这个组织排除在外，以改变该合作的成员资格。在实践中，团体成员对于采取这样的行动非常犹豫，而且很少知道具体该如何实施。

需要注意的是，在"否决事件"中，合作团体的其他成员很难确定否决的态度是否来自组织。如果其他成员认为持否决态度的个人不能代表其组织的观点，那么，就像"外围个人事件"一样，他们的长期反应可能是试图寻找一个新的代表，并愿意承担所有由此引起的麻烦。另一方面，如果该团体认为否决的态度源于代表所属的组织，那么可能会在这个事件中引发一场关于该组织对于合作首要目标的作用和影响力的私下讨论（可能发生在会议之外）。如果该组织在这方面被认为是强大的，并且如果被否决的提议对团体来说不是很重要，合作团体可以选择撤回该提议或通过协商达成妥协。否则，他们必须设法说服该组织（也许是通过说服个人代表）撤回其否决权，或者从合作中退出。后一种行动方式可能对其余成员的合作规范造成很大的破坏。

当然，在其他情况下，改变成员结构会引发一个新的事件。例如，当一个新组织试图将"介入"合作作为一种防御行为，那么"受到威胁的组织事件"可能会随之而来。合作行动可能会影响到一个组织的持续关注领域，因此对该组织构成了"威胁"。为此，该组织加入合作团体，希望能够说服合作各方开展工作时要考虑到对该组织的影响。他们的目标也可能是要求分享部分的合作成果。

表 7.1 列出了各事件的摘要，举例说明了"团体内的行为"和"组织环境"之间的区别。

119

120

表 7.1 对各类事件的总结

有凝聚力的团体事件

■ 组织代表发起集体行动

■ "俱乐部"行为

■ 组织对于追求目标不感兴趣……

■ ……所以组织可能会否决

缺乏兴致的组织事件

■ 代表在了解他们所属组织缺乏兴致的情况下，仍然可能会就自己认为应该做的事情

提议

■ ……由此来推动自身所属的组织

■ 可能受到所属组织的报复

■ 一个组织对合作缺乏兴致，和其他成员组织意见相左……

■ ……因此与所有个人代表意见相左

外围个人事件

■ 个人原因……

■ 个人事业或个人职业生涯目标……

■ ……如果提议被接受了，可以提供一个出席会议的理由

间谍组织事件

■ 组织试图为了自己的目的榨取团体

■ 个体进入到主动的数据收集状态

■ 经常处于争论的边缘

■ 没有引起注意即意味着成功

■ 组织的代表不积极参与（不引人注意地融入团体中）

否决个人或组织事件

■ 由他人发起的倡议

■ 情绪性

■ 对团体的凝聚力极具破坏性

■ 让其他人产生失望情绪或对合作失去兴趣

■ 回应取决于是从组织的角度还是从个人的角度来看

受威胁的组织事件

■ 威胁到所属组织的专有领域

■ 战略动机

■ 理性（而非情绪性的）

■ 组织需要参与合作，但是更希望合作尚未开始

■ 试图劝阻合作的开始或转移合作的关注点

外围组织事件

■ 组织和代表与其他成员不一致

■ 外围组织要求采取行动

■ 消耗精力
■ 如果该组织很强大，那么这种行为常常会被容忍
■ 该组织的成员资格会遭到质疑

强大的组织和务实的团体事件
■ 可以提供重要的资源
■ 引起共同目标的转移
■ 其他成员不得不妥协
■ 尝试保留部分合作目标
■ 允许强大组织的个人代表来推动个人议程

多疑的团体或个人事件
■ 团体成员普遍对合作缺乏承诺
■ 由高级管理者建立
■ 组织的代表被派出
■ 高级管理者提供低质量的汇报
■ 少数代表可能对其他人缺乏承诺感到困惑

强加于组织或团体事件
■ 外部强制
■ 团体的资助者威胁撤出资源
■ 代表或组织对目标没有所有权
■ 团体的失败

120

　　尽管上面所引文章中的大多数例子都来自公共和非营利组织，但可以清楚地看出在商业联盟中也会出现类似的情况。例如，只要来自不同组织的个体为了完成一个合作项目而紧密地一起工作，在任何合作中都可能出现有凝聚力的团体事件和缺乏兴致的组织事件。随着研究人员花时间在一起讨论想法，并被讨论所激发的可能性所吸引，研究和开发合作可能更容易出现。然而，如果以政府资助形式存在的外部利益相关者将合作作为合同或补贴的一种条件，研发合作也可能受到强加于团体事件的影响。

　　在合作中，如果企业间的知识转移是其中一个合作伙伴的关键隐藏目标，间谍组织事件可能会很突出。在任何情况下，如果合作的核心目标与不需要合作就可以实现的组织目标在细节上重叠，就可能出现受威胁的组织事件。这可能发生在两个竞争对手组成一个联盟意图侵占第三家公司的市场，而第三家公司也被邀请加入团体的情况。当一方比另一

方更需要对方来实现组织目标时，就会出现外围事件。这种情况也会引起强大的组织事件。正如我们在引言中所提到的，该理论概念只需要进行很小的修改就可以适用于两方的合作。

使用事件框架

事件框架强调了个人议程的重要性，这些议程是在以他们对组织议程的看法为背景的情况下制定的，作为在一个合作团体中的协商策略。由于需求的多维性，个体在这些情境下表现出复杂的行为。

从上面所引用的这篇文章中可以直接得出两组具有实际意义的结论。第一，它表明在合作团体的会议中当参与者讨论与他们的合作目标相关的问题时，至少会出现一些反复的典型事件。我们特别关注了合作团体所面对的棘手的协商领域，因为我们的意图是让管理者了解困难的情境，而不是描述简单明了的情境。因此，大多数事件类型反映的是团体内部的冲突领域，而不是简单顺利的工作领域。当然，在某些情境下，目标协商是一帆风顺的。然而，正如第六章所建议的，在这方面保持警惕是明智的。

能够快速发现典型的问题情况意味着能够对它们做出相应的管理。表 7.1 总结了每一事件类别的主要特点，可以作为备忘录帮助提高对特定问题的敏感性。这份名单并不包括所有可能发生的事件。相反，正如本章所建议的，它是为了强调那些看起来对目标协商的进程至关重要的事件类型。但是，读者也可以使用事件的概念为在自己所处的环境中为经常发生的各种情况创建个人隐秘的速记描述。

第二，该文的最后一部分着眼于人们寻求管理目标之间相互作用的某些方法。讨论的部分提出了一些积极地管理相互作用和动机的办法。这也引发有关管理张力的有意思的观点。例如：

- 对个人代表追求与合作不直接相关的共同利益视而不见（甚至是鼓励他们这么做）可以激励他们，但也可能导致注意力的分散和资源的消耗，有时甚至有违组织利益。
- 对某些成员缺乏承诺的情况视而不见，可以让那些想要推翻合作议程的人继续遵守承诺。在某些情况下，这可以满足正式资助者要求他们参与的需求。这可以降低管理多方合作所固有的复杂性，并可能带来有效的成果。但它也可能大量消耗资源。

■ 对个人新鲜的议程持开放态度可以激励他们参与合作，但可能会耗费时间。这依赖于成员之间的信任。如果成员不断变化，这种信任可能难以维持。

■ 建立信任对于目标的协商很重要，并可能激发积极的知识共享，但这反过来又增加了盗用知识的可能性。

■ 有时候考虑将一个组织排除在外（或者说服它退出）是正确的，即使这在社会上是不可接受的。有时候，当本组织处于有利地位的情况下，协商妥协是更务实的方式。

■ 有时候考虑从合作伙伴组织内重新找到一个代表是正确的，即使这在社会上是不可接受的。有时候，当个体处于强势地位的情况下，协商妥协是更务实的方式。

正如第三章所讨论的，没有简单的解决方案可以解决此列表中隐含的冲突。但是，该列表确实提供了一些可供参考的选项。最后两条建议暗示了一个问题，即什么时候采取强硬立场是合适的。这个问题是第十三章讨论的核心，在第十三章中我们将介绍合作暴行的概念。

在实践中管理目标

为了给管理目标的主题画一个句号，我们回到第六章开始时讨论的问题：明确、共同和商定的目标对合作的成功至关重要这一常识与关于前进道路的持久协议难以建立的实践之间存在着两难境地。在这两章中，我们探讨了难以就共同目标形成共识的原因。但这仍然给我们留下了一个如何管理它们的基本问题。

一种应对方法是将目标框架与事件框架结合起来作为设计进程的基础。比如，用工作坊来探索和协商合作伙伴的目标，目的是澄清和约束这些目标。如果时机合适，有人有能力管理敏感的协商过程，这可能是一种非常好的聚焦合作活动的方式。当然，构造"合适的时机"和促进团体的过程（可能通过引入外部推动者）也是管理合作行为的一部分。

显然，各方是否准备妥协是协商能否成功的一个根本因素。然而，如第六章所述，即使当事各方之间存在广泛的善意关系，明确地分享对目标的理解有时也会导致出现难以调和的分歧。如果出现这种情况，协商过程可能会增加而不是减少导致合作惰性的力量。

> 我们必须写一份目标声明来证明我们的存在。我的工作是找到一种各方都不会有异议的方式来写它。
>
> ——区域重建合作伙伴关系管理者

管理目标的不同方法之间存在冲突。在一个极端，指令性建议是要求每个成员公开自己的目标，澄清动机，并就共同目标达成协议。另一个极端是，必须就共同目标达成足够明确和一致的意见，以便开始采取某些共同行动。如何在实践中处理这种困境，是一个管理判断的问题。一个共同的方法是寻找共同点，并在此基础上开始行动。这里的原则是，尽早取得成功将有利于各方之间信任的形成，从而促进各方在进一步联合行动方面作出妥协。第九章将详细讨论这种采取行动和建立信任的循环。然而，即使是这种方法也可能有不利的一面，即在已投入努力的后期阶段将出现不可调和的分歧。在某些情况下，这会导致合作的失败。在另一些情况下，一些参与方不得不做出比他们希望的更多的妥协，以便从迄今为止的投入中尽可能多地减少损失。在这种情况下，人们经常会说，联合行动一开始就应该更紧密地达成一致。但这是一种事后诸葛亮式的反思，而不是在当时就付诸实施！

123

124

第八章　成员结构与动态

　　本章将要讨论的主题与其他章的主题不同，它与合作参与者并不直接相关，而是关于合作形式的某些属性。我们在第三章提到，虽然成员结构的主题并非由合作实践者直接提出，但似乎贯穿了其他主题。无论是理论研究还是实际操作均体现了合作成员相关问题的重要性，我们注意到，在大量关于组织间关系的研究文献中都强调了参与者的重要性，认为他们是获得合作优势、降低合作惰性的重要因素。我们还注意到成员身份方面——不仅关于参与的人选，还有参与的方式——也产生了许多障碍，使人们在实践中难以取得合作优势。

　　那些主要研究社会合作的研究者往往强调利益相关者参与的重要性（Gray，1989），这里的利益相关者包括受议题影响的人，解决议题所需要的人，以及有能力支持或阻碍合作行动的人（Chrislip and Larson，1994）。那些主要研究商业合作的研究者则侧重于伙伴选择方面，强调对合作相容性、合作能力和战略适应性的判断（Hitt et al.，2000；Zollo et al.，2002）。这些研究领域对于实践来说有重要意义，实践中经常发现对利益相关者（包括合作伙伴）的管理方面存在问题，这些问题对合作管理的其他方面还会带来连锁反应。

　　然而，管理利益相关者并不简单。例如，利益相关者有时很难识别，他们与合作议题的密切度互有差异，因此很难说服他们参与其中（Gray，1985）。即使假设利益相关者有意愿参与，但如何保证他们在合作体中被很好地代表仍然是个问题。此外，如果代表数量很多，那么后勤安排工作随之会出现问题，仅仅是确保有效的沟通就会使管理者焦头烂额，而在合作目标达成共识方面则会遇到更大的麻烦。

　　对合作伙伴的谨慎选择在实践中比理论上更难实现。在许多场合下，管理者无法对候选合作伙伴与自己的相容性进行理性的分析，也就无法在此基础上进行选择。组织参与合作往往并不积极主动，除了因为政府或其他外部利益相关者强加的条件以外，还有许多其他原因。最显而易见的是，当一个组织需要决定是否接受其他组织发来的合作提案时，其管理者必须考虑参与其中或静观其变，哪个选择对组织而言更加有利。此外，还需要对合作体对组织本身的干扰程度作出反应性判断。有时，组织间的合作是受情势所迫，正如第二章中提到的地产开发联盟案例。在这个案例中，联盟建立的出发点在于争取大型连锁商店的入驻。有时，组织间为了应对竞争者进入市场而不得不达成合作。另一个实际问题涉及合作伙伴的可选性。在一些风靡合作的行业里，可能很难找到既有相容性又有意愿的可选组织。有时对于一些掌握着特定所需资源的组织，谋求合作的一方从一开始就没有什么选择余地（Powell，1998）。

　　正是因为这种实践复杂性与理论建议之间的矛盾激发了我们聚焦于合作成员的研究热情。我们的研究远远深于对利益相关者的参与和伙伴的选择等方面的讨论。在构成本章基础的引用文章中，我们阐明了在实践中合作成员以及"成员"作为一个词语的实践含义是怎样的模糊和复杂。关于成员的讨论将从两个角度展开，一是对合作结构的论述，该角度指出结构的模糊性和复杂性可以在多个维度上得到印证。二是关于成员动态，通过对成员结构随着时间而发生变化的探讨，读者可以更深层次地理解其复杂性。文章在总结部分检验了此项研究对于合作设计的意义。

　　文章列举了许多出自不同合作情境的案例。虽然我们抹去了相关人员或机构的身份信息，但这些案例描述了我们在真实情境下的真实理解。在开展此项研究时，我们的研究对象大部分是公共社区组织，因此文章中列举的案例多与这些领域相关，但在商业合作中也能找到对应的案例。通过一些简要的说明与案例，我们将在这里阐明如何在实践背景下理解并应用与合作成员的相关概念。

本篇文章引自 C. Huxham and S. Vangen（2000b）Ambiguity, Complexity and Dynamics in the Membership of Collaboration. *Human Relations*, 53：6, pp. 771-806. © 2000 Tavistock Institute of Human Relations. 转载获得授权。

合作结构的模糊性与复杂性

本节有两个目的，一是构建起对合作结构内在的模糊性与复杂性的认识，二是通过多个不同的角度进一步解析这一认识。我们的研究焦点最初集中在合作成员是谁，接着发现这一模糊性源于成员身份、个人成员与组织成员间的关系、合作成员究竟代表谁等方面的含糊不清。除此以外，造成混乱的另一个原因在于许多合作必然会形成极其复杂的成员结构。上述观点的概述详见表 8.1。

成员构成及其身份的模糊性

一些人认为合作的一个关键定义要素在于具有"明确"的成员构成，即相关方"对于哪些人以何种身份参与合作了如指掌并达成共识"（Roberts and Bradley，1991）。尽管其他研究者的表述很少这么明确，但大多数研究文献——以及根据我们的经验，多数参与者——似乎都假定，每一位成员都清楚地知道其他成员是谁。然而，实际情况并非总是如此，正如 Cropper（1997）对于自己作为大学代表参与当地伙伴关系的经历这样描述：

> 组织的参与和退出很难分辨；虽然有很多迹象，但不十分清楚。

作者曾经开展过一个为期三年的行动研究项目，一个从属于社区赋权伙伴关系的青少年赋权工作组曾参与其中，以下片段可以充分印证前文所述的模糊性：

> 最初的干预任务是进行一系列个人访谈，合作关系负责人选出7个人作为工作组的成员。在访谈过程中，每个人被要求说出小组其他成员的名字。有趣的是，没有一个人能完整说出全部的7个人，有些还提到了小组以外的人。据了解，成员中只有少数人定期聚会，一些人偶尔露面，还有一些人只在特定场合下参与，而更多人只存在于邮件列表之中。小组成员间并没有关于成员构成的一致判断，因此他们对于谁是成员都有自己的看法。

表 8.1　合作结构的模糊性与复杂性的不同维度的概述

模糊性

成员构成及其身份的模糊性

- 关于合作体的成员构成，即谁是成员，各成员的看法不尽相同
- 各成员对彼此在合作中的身份也持有不同看法

代表的模糊性

- 成员不清楚个人在多大程度上代表其所属的组织
- 成员无法确定哪个组织、哪些团体或哪些其他的支持方在合作体中是有代表的

复杂性

结构的复杂性

- 合作可以具有复杂的层次结构
- 个人和组织往往是多个伙伴关系的成员，而这些伙伴关系的成员又相互重叠
- 同一组织的不同部门可能相互独立地参与了不同的伙伴关系
- 合作结构通常比较复杂，包括伙伴关系的工作人员、执行委员会、工作小组等

动态

成员的变动

- 政府政策和其他力量导致组织的解散和改革
- 个人代表加入或离开合作体；或者他们在其组织中的职责发生改变

目标的转变

- 政府政策和其他力量使合作目标需要重新定位（因此成员也会受到影响）
- 成员间的议程摩擦导致成员们就合作目标频频进行协商

变化的速度

- 变化经常会迅速地发生，有时还难以察觉

> **成员构成及其身份的模糊性**
>
> 人们通常认为如果一个联盟只有两三个合作伙伴，并且签订了明确的合同，那么模糊性将不复存在。这种联盟在某种程度上确实有可能比较一目了然，但是即使在这种情况下，联盟的成员构成仍有可能无法分辨。例如，如果一个合作伙伴将其业务的一部分外包出去，那么虽然业务的供应商不是正式的合作伙伴，但他们也可能非常集中地参与到合作的活动中。

128

成员对于合作体的成员构成可能意见不一，而他们对自己及其他成员在合作体中的作用——或者说成员身份——的不同看法则会提高这种可能性。这通常与个人和组织加入合作体背后的不同动机有关（详见第六章和第七章）。例如：

在一次促进研讨会上，讨论到青少年赋权工作组能够利用的资

源时，有一个人坚持认为他不是工作组的成员，而是一个资源，因为是伙伴关系理事会授权他参加该工作组的。但是，其他人并不同意，他们一直把他当作一个重要的小组成员。

似乎成员们经常觉得自己与合作体的其他成员在某些方面有所不同。在另一个关于成员身份的案例中，组织因为提供资金而成为成员：

在一个名叫少数族裔权利团体的合作中，一家法人组织因为能够提供部分资金而成为合作的成员。当该组织不得不撤回资金的时候，它也随之卸下了成员的身份。

该组织在这个问题上大概有一定的利害关系，毕竟它最初确实是提供资金的，但在无法按照预期那样的方式提供资金后，它与合作体的关系就此戛然而止。很明显，它认为自己在合作体中只有一种作用，其成员身份也仅与此相关。

在其他案例中，成员身份的不同体现得更加正式：

在英格兰的某地区，一个由社区团体组成的城市论坛鼓励地方政府和私营组织成为其附属成员。在英国另一个城市有一个类似的由非正式社区团体组成的伞状组织，社区和公共部门组织的职员为该组织提供了一些支持，但却没有投票的权利。

这类正式设置至少有助于明确成员的身份。而那些设置了会员费的合作体，至少能列出一个正式成员的名单。然而，对于大多数社区合作而言，每个成员对彼此身份的看法可能有所不同，这将导致成员构成无法明晰。

代表的模糊性

造成困惑的另一个原因在于代表模糊，即合作体的成员究竟是在小组中工作的个人，还是他们所代表的组织。例如：

最初，关于青少年赋权工作组是这样介绍的，这是一家由来自大型全国性公益组织的雷切尔·史密斯、来自当地青少年支持团体的琼·麦克弗森、来自教堂的吉姆·伯恩斯神父等人构成的合作体。

确实，从字面意义上理解，"工作组"就应该是个人的集合。与此形成对比的是，在一份苏格兰事务部关于其城市振兴合作计划的通告中，重点则完全放在了合作体的组织成员上：

> 苏格兰事务大臣……希望这种合作可以让地方政府……苏格兰家庭、地方企业公司、其他公共部门，以及来自私营和志愿部门的代表等作为关键成员参与进来。
>
> ——（苏格兰事务部，1995：3）

实际上，人们通常会无意识地交替使用个人成员与组织成员这两个概念。然而，当个人参与合作的时候，人们还是会假设他/她代表着超出其自身利益的其他东西。作者曾组织过一系列提高合作意识的研讨会，在一个"定义合作"的练习中，参与者提出，除非个人是组织或社区协调团体的代表，否则一起工作的一组个人就不是合作体。

从语言学的角度来看，在合作的语境中，"成员"这个词似乎不可避免地将继续同时指代合作团体的个人成员和组织成员，因为英语中没有现成的可替代词语。然而，合作究竟在多大程度上确实在个人之间或在组织之间发生，这个问题至关重要。我们可以把它看作是一个连续区间，一个极端情况是组织对合作毫无兴趣，个人将尽其所能地进行有效合作，虽然他们通常认为这是工作的一部分或者是自己作为社区组织成员应该发挥的作用。其所属组织唯一的贡献就是同意这些人将时间花费在合作上。然而，这些个人在一定程度上还是代表其所属组织的，他们可能带来了特有的组织文化和观点。如果与组织有雇佣关系，那么他们有义务考虑在合作上花费的时间和精力是否与工作要求一致。例如，如果合作方向偏离了所在组织的目标，个人可能需要重新考虑是否参与合作。在另一种极端情况下，各个组织完全参与合作，对合作体的目标与任务全力投入，确保它们的实现。在这种情况下，个人对于合作的意义完全在于他们代表的组织。

130

> **代表的模糊性**
>
> 在商业联盟中，一个人在多大程度上代表其组织的问题可能在许多方面出现。例如，全球最大的阀门制造商之一与亚洲的一家大型工业集团建立了联盟，该联盟由两家组织的首席执行官发起，他们二人曾经在其他项目上有过合作。其中一家机构的高级管理人员认为该联盟与组织目标背道而驰，但其首席执行官仍旧支持该联盟。

个人代表这个概念似乎说明，个人代表的东西（例如组织）要比其本身更为重要。例如，推进合作目标的关键在于聚集各组织的资源（Himmelman，1994）。这似乎是苏格兰事务部发起上述合作计划的根本理由：

> 苏格兰事务大臣希望……通过合作，使各方作出（组织方面的）充分承诺（包括承诺提供资源）。
>
> ——（苏格兰事务部，1995：4）

类似地，在谈及英格兰地区和威尔士地区的同等计划——城市振兴预算时，英国志愿组织全国理事会如此说道：

> 真正的合作参与发生在各个层面。
>
> ——（Tilson et al.，1997：9）

然而，这些个人才是实现成功合作的重要功臣，如果不是他们而是由其他人代表那些组织的话，合作会受到很大影响。有时将组织纳入合作中，仅仅是为了使该组织下的某人有推动合作议程的合法性。有些合作则是完全或部分基于个人的参与，这些人将他们的组织拉入合作中，而非作为代表被指派参与合作（Barand Huxham，1996）。例如：

> 据一名成员描述，少数族裔权利团体是由不同族裔背景的个人发起的，这些人随后将自己的组织拉了进来，其中包括地方政府以及一些并非以族裔为导向的主要慈善组织。

同时，Cropper（1997）提到：

> 究竟我是成员，还是我的大学是成员，一直以来都不太明确。
> 某联盟通过大学指名让我参加，是基于对我的流程把握技巧的欣赏。
> 其实如果只看合作主题的话，还有其他人比我更适合代表学校。

因此对于合作来说，有时组织的参与比较重要，有时某些个人的参与比较重要，有时两者均举足轻重。在实践中，正因为合作成员经常分布在连续区间的不同点上，模糊性随之产生。个人在合作小组中对其所属组织的代表程度各有不同，并且受到组织规模、个人在组织中的地位以及个人利益等因素的影响。此外，个人代表其组织的程度很有可能模糊不清，他们自己也经常忽视这点。

在实践中，上述模糊性可能为合作团体的成员带来压力。例如，青少年赋权工作小组的成员表示需要：

> 人们在参与合作的时候说明他们究竟代表着谁或者什么，更加知道如何将成员组织纳入合作，让成员组织更多地参与进来，确认成员组织与合作体的整合程度。

但也认为合作是：

> 个人之间的伙伴关系，而非组织之间的伙伴关系。

上述论点侧重于个人在多大程度上是其组织代表的含糊不清，而另一方面，被代表对象的模糊性也让人费解。虽然在合作中，许多人确实只代表一个组织，但身兼数职的人并不少见，他们可能代表多方利益。例如，少数族裔权利团体的成员显然认为自己既代表其所在组织，也代表其族裔群体。一位小组成员这样描述这一情况：

> 在任何时候都很难判断其他组员究竟在代表着谁。

同样，当社区活动人士作为社区代表参与合作时，其他成员——甚至是社区代表自己——往往难以知道他们代表的是哪个社区团体（如果有的话），因为社会活动人士经常参与多个团体。有时，他们似乎认为自己代表的是"更广大的社区"。尽管通常除了他们自己以外，没有任何相关方面对此表示正式认可（Bar and Huxham，1996）。在下一节中将会提到的巴特沃斯伞状联盟中，都表示很难分辨究竟是社区团体还是社区活动人士参与了这个联合会。

合作结构的复杂性

以上段落从多个角度说明了合作结构的模糊性。也就是说，合作参与者往往无法说出成员是谁，无法确认对彼此身份的看法，无法知道成员究竟是这个人还是其所属的组织，无法了解个人在多大程度上代表其组织，甚至无法明确他们代表哪个组织、团体或社区。此外，许多合作的结构极其复杂，这使合作结构更加模糊。

巴特沃斯重建伙伴关系就是一个很好的例子。我们致力于阐明该伙伴关系的本质，并为其找到合适的说明方式。图 8.1 就是我们大量努力的成果，我们会在下文对图 8.1 做进一步解释。但即使如此，毫无疑问，它们也仅仅只是对现实情况的简化说明。

　　该伙伴关系是作为政府政策倡议的一部分而发起的，其成员包括一些相关的地方组织，如住房机构、卫生委员会、商会等（图 8.1 左侧的圆圈）。但是"社区"的利益由巴特沃斯伞状联盟（图 8.1 中间上端的圆圈），该伞状联盟仅此一个目的，是应伙伴关系的要求而设立的。因此，伞状联盟本身就是一个社区组织的合作体，同时又是巴特沃斯重建伙伴关系这个更加广泛的合作体的成员。
　　更复杂的是，伞状联盟的许多成员组织本身就是合作体，它们由社区活动人士和法定组织及志愿组织的工作人员组成（如图 8.1 中心的圆圈）。地方政府（如图 8.1 底部中心的圆圈）也是伙伴关系的成员。但是，地方政府下设的各个部门，如社会工作部门和教育部门，一般自主性较强，通常都是彼此独立的，这些部门的代表参与了许多伞状联盟下的社区合作计划。因此，地方政府在伙伴关

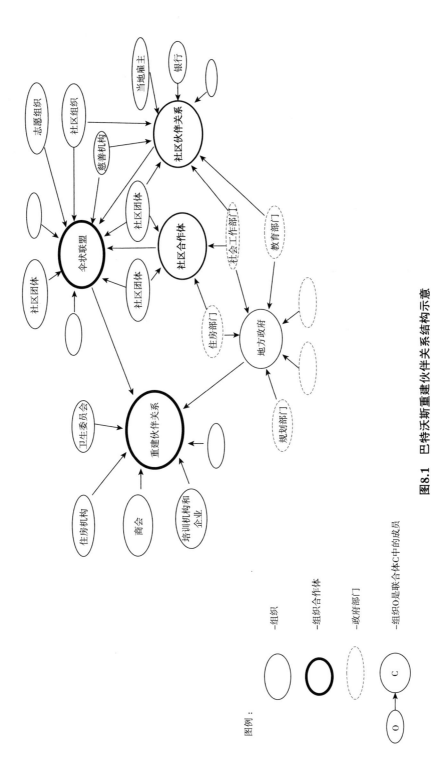

图8.1　巴特沃斯重建伙伴关系结构示意

图例：

○—组织

●—组织合作体

○—政府部门

○—组织O是联合体C中的成员

系中有双层代表，一是直接作为伙伴关系的成员，二是间接地通过大量的社区合作体和伞状联盟来代表。

于是伙伴关系就有了多层次的结构，一些组织还在多个层次出现。同时，如前文所述，许多社区活动人士往往代表着多个社区团体（或者一个也没有），这使伙伴关系更加复杂了。

在非营利领域，一个合作体是另一个合作体的成员并不少见。再比如，地方志愿组织理事会的主席在某地方城市伙伴关系中担任志愿部门的代表。最近有一份关于苏格兰事务部的合作计划投标分析显示，参与竞标的伙伴关系中，44%的伙伴关系中包含着其他合作体（Turock，1997）。

鉴于近年发起的伙伴关系数量如此众多，出现复杂的合作层级也就不足为奇了。同时，组织成员发现自己越来越多地成为多重伙伴关系的一部分。例如，布里斯托尔的地方合作指南中标注了 16 个知名伙伴关系（Westec，1996），而商业与计划理事会参与了上述所有的伙伴关系。个人同样也以不同的身份出现，这与上一节关于代表的模糊性相互呼应，例如：

> 在社区赋权伙伴关系所在的城市中，环境联盟的管理人员举例说，振兴伙伴关系的负责人是该联盟执行委员会的成员，而联盟委员会的理事长则是振兴伙伴关系理事会的成员。该管理人员本人是社区赋权伙伴关系理事会的成员，而社区赋权伙伴关系的负责人则是环境联盟执行委员会的成员。另一位社区赋权伙伴关系的管理人员是环境联盟的一个分组成员，他说：

>> 执行委员会的每个成员都有多重身份。你真的很难知道他们在参加伙伴关系的时候代表着哪一方。

因此，图 8.1 所示的结构事实上是众多更加复杂的合作网络中的一部分。Snape 和 Stewart（1996）将这一现象称为"伙伴关系中的多元化"，认为参与如此多的合作关系从根本上改变了参与组织的性质，它还可能改变每一个伙伴关系决定其目的和行动的方式。例如，Cropper（1997）将自己描述为：

一个孤军奋战的倡导者，正在将众多联盟的领域整合在一起。我认为这些联盟的目标相互关联，并尽力去确保它们相互认可，然而其他人并没有这么想。

一位参与社区看护计划的社区组织的代表说道：

问题在于卫生委员会和当地政府的代表一起参与了许多其他联合活动，他们有很多机会可以交流解决在我们这个合作体中遇到的问题。因此，他们在一次又一次的会面中不断推进合作议程，但我们其他人却被置于事外。

此外，由于同一组织的不同部门或分支经常彼此独立地参与合作（正如上文所述的巴特沃斯案例），情况因此变得更加复杂。地方政府尤其如此，例如，比起地方政府这个整体，社会工作部门更有可能成为合作体的成员。参与者甚至可能认为自己代表着各部门的下设小组：

一些社区教育的管理人员认为，他们的合作不仅限于社区团体，还包括那些同样来自地方教育部门负责学校系统的工作人员。

各部门之间对伙伴关系的参与缺乏协调，因此不可能考虑对参加多个伙伴关系的总体安排所产生的影响。

合作结构的复杂性

复杂性也体现在商业合作的多个方面。大型国际企业往往与几百家其他企业建立了联系，而这些联系整合在一起，就形成了极其复杂的跨行业和行业间网络。图8.3展示了合作供应链是如何形成一个复杂网络的。图8.4则基于一个公司对自己所加入的伙伴关系的实际叙述。

许多合作都以不同的复杂方式构成。例如，在一个为期两天、为社区赋权伙伴关系设计并组织的研讨会上，明显存在着许多关于成员结构与身份的疑惑：

该伙伴关系的结构由成员、理事会、工作人员和工作小组构成，如图 8.2 所示，确实相当复杂。在研讨会期间，有人关于它究竟是一个组织还是一个伙伴关系提出了具体的问题。在很多场合中，该伙伴关系的负责人也多次提到他需要同时兼顾两个角色，一些情况下，他必须像一个组织负责人一样来领导这个伙伴关系；而在另一些情况下，他需要"后退一步"来承担好协调伙伴关系的责任。

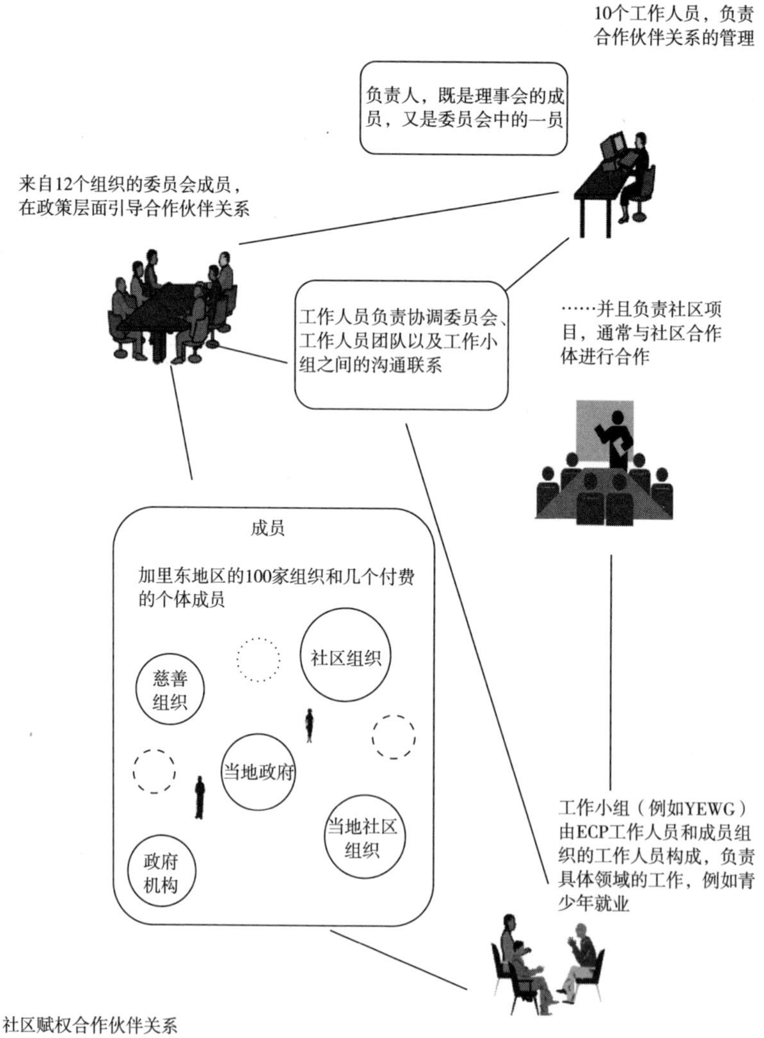

136

10个工作人员，负责合作伙伴关系的管理

负责人，既是理事会的成员，又是委员会中的一员

来自12个组织的委员会成员，在政策层面引导合作伙伴关系

工作人员负责协调委员会、工作人员团队以及工作小组之间的沟通联系

……并且负责社区项目，通常与社区合作体进行合作

成员

加里东地区的100家组织和几个付费的个体成员

慈善组织　社区组织　当地政府　当地社区组织　政府机构

工作小组（例如YEWG）由ECP工作人员和成员组织的工作人员构成，负责具体领域的工作，例如青少年就业

图例：

137

ECP：社区赋权合作伙伴关系

YEWG：青少年赋权工作组

图 8.2　社区赋权合作伙伴关系结构

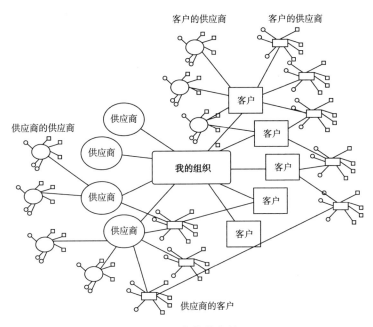

客户的供应商　　客户的供应商

客户

客户

供应商

供应商

供应商的供应商

我的组织

客户

供应商

客户

客户

供应商

供应商的客户

图 8.3　合作供应链

因此，合作体的结构可能在组织和伙伴关系的边缘上游走。伙伴关系的结构复杂性也会导致其子结构的复杂性。例如：

  在青少年就业工作小组的工作过程中，某位成员所属的组织——一家大型的全国性慈善组织——在某一时刻突然对工作小组很感兴趣，并进行了大量的资金投入。此时，工作小组似乎基本上已成为一个建立在社区赋权伙伴关系和慈善组织之间的伙伴关系。那些代表其他组织的原始小组成员希望继续合作，于是组建了执行小组，以执行小组成员的身份继续合作。所有相关组织，包括慈善组织，都是社区赋权伙伴关系的成员，因此这件事情实际上就是社区赋权伙伴关系与其成员之一进行了合作，而这位成员的身份显然与其他成员不同。目前尚不清楚组成指导小组的其他成员是否认为自己代表的是所属组织或是伙伴关系，也可能二者都有。

138

139

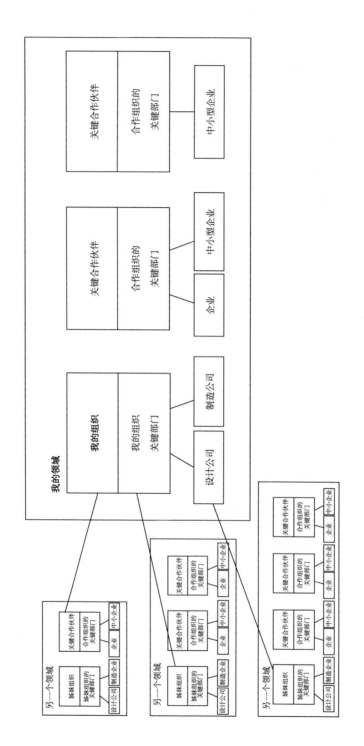

图 8.4 某公司的伙伴关系结构

本节前文中讨论的各种案例可能看起来很极端，但它们在许多合作中非常典型。问题的关键不在于那些参与者产生太多争执，令事情停滞不前，而在于因为任何合作结构都要解决大量问题，因此结构的复杂性不可避免。

合作的动态

迄今为止的讨论可以被看作一系列片段——每个片段都对合作结构的模糊性和复杂性提出了不同的观点。并且综合来看，已经很难理解其全景。然而，到目前为止，这还只是一幅静态的画面。可现实中，合作很少是静态结构。例如，Roberts 和 Bradley 在提及一个教育政策咨询讨论组时，做出这样的评论：

> 一些利益相关团体安排不同的代表参加会议，另一些利益相关团体则随着时间的推移增加了新的代表，这样一来，两组利益相关团体的角色就从积极参与者变成观察者。
>
> —— （Roberts and Bradley，1991：215）

在实践中，合作的结构是不断变化的，一方面，成员组织的外部压力和内部发生的变化会直接影响到谁可以并且应该成为成员；另一方面，合作目的的不断变化意味着各成员需求不同。图 8.5 展示了保持这种合作动态的一些影响因素。

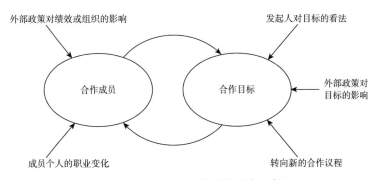

图 8.5　对成员合作动态的影响因素

140

成员变动

在组织层面，诸如撤资、公共部门重组或合并等因素往往意味着一些组织不复存在，新的组织出现了……当这种情况发生时，剩下的成员必须决定是继续保留较少的成员，还是通过寻找新的可能性来补足数量。

就这一点来说，英国近期的地方政府重组产生了重大影响。Jones 和 Pickford（1997）描述了威尔士的一个案例：在重组之前，提供社会服务的地方政府和卫生部门负责相同的管辖区域，地方政府在社区护理的联合安排中发挥领导作用。重组后，现在三个地方政府管辖同一区域。因此，联合安排必须完全重新设计，不再可能由某个地方政府按照之前的方式领导。

社区赋权伙伴关系也出现了类似的问题：

> "社区赋权伙伴关系" 最初被称为 "喀里多尼亚社区赋权伙伴关系"，它获得了喀里多尼亚区域理事会的核心资助。地方政府重组后，喀里多尼亚地区被划分成 13 个地方政府进行管辖。突然间，必须从 13 个不同的来源寻求核心资金。伙伴关系的未来受到威胁，或者至少有可能改变，这不仅是因为伙伴关系管理人员的工作没有保障，而且还因为许多成员组织从区域理事会获得了资金，同时它们本身也面临着同样的问题。

个人变化也对成员关系产生影响。组织内部角色的改变——或者职业转移到其他组织或者合同的终止——通常会使个人不再是合作团体中的组织代表。通常，一名新的代表会被团体指派或选举产生，作为替代。但有时组织会在代表离职时整体撤出合作团体。相比之下，有时角色的改变——例如某个参与组织的工作人员担任了与合作特别相关的职位，可能会使这个组织的更多人加入合作团体。

随着时间的推移，个人也倾向于改变自己的代表性：

> 例如，少数族裔权利团体的一名成员既代表着一个大型的全国性慈善组织，也是当地族裔社区团体的成员。当她在慈善组织的工

作发生变化时，她不再在合作中代表这个慈善组织，但她仍然以志愿者的身份代表着这个族裔团体。团体中的另外两名成员代表了一个由慈善组织资助的组织。慈善组织随后要求他们成为该组织在上述团体的代表，同时也继续作为他们特定组织的代表。他们也非正式地代表自己的族裔群体。

141

在这种情况下，团体成员保持不变——尽管他们都仍然是当地族裔社区团体的成员，但是他们所代表的组织发生了变化。这种改变不可避免地会导致议程的改变，但是参与者并不总是对此明确表态，也没有意识到这一点。

成员变动

公司合并和解除合并、收购和出售、重组和个人工作变动都会影响到商业联盟。在一个呼叫中心联盟中，组织和个人的变化接连发生。当这些公司解散时，原本合并企业之间的内部外包安排——其中一方为另一方管理呼叫中心，就变成了一种外部安排。大约同一时间，呼叫中心业务负责人在客户公司担任了非常高级的职位。

目标转变

外部因素也可能通过影响目标间接改变成员的构成。例如，政府政策的改变可能意味着合作的具体问题不再存在，或者其他问题对一些成员来说变得更加重要。这可能会导致目标的重新商定，最终可能会导致一些成员退出或增加。

例如，喀里多尼亚社区赋权伙伴关系不仅在资金方面，而且在名称、职权范围和成员资格方面，都被区域理事会所束缚。后者在某种程度上由该区域的实际边界决定的。在喀里多尼亚地区不复存在后，为了生存，伙伴关系被迫重新确定其目标——以苏格兰西部为导向。这些变化为新成员的加入增加了可能性。

与此同时，英国政府推出了国家彩票，这为合作伙伴提供了机会——争取在社区开展具体项目的资金。就要决定争取时，围绕彩票公开辩论的道德问题导致了一名理事会成员辞职——在此之前，他在合作伙伴关系中扮演了非常重要的角色。尽管他所属组织仍然是伙伴关系的成员，但该机构在理事会一级不再积极投入。

最近，英国政府的变化——如竞选活动——意味着一些之前在伙伴关系活动中非常重要的角色可能变得不那么重要，或者焦点转向了现有的其他成员。在撰写本文时，苏格兰议会的成立作为另一个外部因素，预计不久将对该伙伴关系及其成员产生重大影响。

> **目标转变**
>
> 目标转变的一个常见例子是知识转移。例如，一家能源工业合资企业是在汇集当地关系和国际知识的基础上成立的。随着时间的推移，当地公司从国际公司那里学到了足够多的东西，因此对合资企业的需求和兴趣大幅下降。

Waddock（1989）认为，推动合作开始和形成的环境力量是脆弱的，因此合作必然是高度脆弱的结构。

然而，确保合作结构保持活力的不仅仅是环境力量。就其本质而言，合作是可移动的盛大活动。图8.5重点描绘了维持动态的影响循环。要理解这一点，在开始阶段想象合作是有帮助的。合作发起者对合作的预期目标有初步的看法，对其他组织或个人与该目标相关性也会有自己的想法。出现这种动态变化是因为发起者定义的目标对其他组织来说可能并不重要。

例如，一个组织可能会发起一项合作来解决社区嗜毒问题，并且可能会认为让另一个以解决"问题青少年"为主要职责的组织参与进来同样重要。后者可能会将嗜毒视为其关注的一个重要部分，但不是最核心的部分。任何只涉及这两个组织的合作都可能涉及——可能是隐含的——合作目标的重新商定，也许会同意将青少年嗜毒作为它们都准备解决的问题标签。这个新的目标可能意味着其他组织的参与，而这些组织可能和那些与初始问题标签相关的组织不太相同。

因此，参与组织的性质和合作重点之间存在着循环关系，参与者影响合作重点，合作重点界定新的参与者。这个过程可以被称为领域转移，每当有新的参与者加入，合作重点或者说"领域"（Trist，1983）也会稍微改变，其他组织因此受到影响。如果将这个论点推向极端情况，那么目标和合作者可能会不停地发生转变。实际上，随着参与者对邀请新成员失去兴趣，周期往往会变慢。然而，如果新成员，无论是个人还是组织，出于上文所述的任何原因加入，他们都会带来新的议程（他们的个人议程和他们自己对目标议程的解释），合作目标将会重新商定（尽管有时并不明确）。即使新成员是现有成员组织的代表，也会发生这种情况。合作的重点将会对一些成员更有意义，而对其他成员则不那么重要，因此循环周期可能会重新开始。

此外，采取行动、审查结果和商定新的行动方针的过程使循环周期不可避免地会继续导致合作目的的不断变化……Waddock（1989）指出，由于成员们都从以前的活动中汲取经验，并完成议程项目，因此将有一个持续不断商定目标、建立联盟和成员迭代过程。短期动机可能会增加这种动力。例如，巴特沃斯振兴伙伴关系的一名前项目工作者评论道：

> 他们说成功地让社区参与了进来，但是社区组织进来后得到它们想要的，然后就不再参与了。

变化的速度

前文简要描述了合作中发生的动态变化，但确实显示了所涉及的力量。虽然所有组织都在不断发展（Dawson，1992；DiMaggio and Powell，1983），但对于关注社会问题的合作，其性质是可以频繁、快速、有时不可察觉地从一种形式转变为另一种形式。正如苏格兰某地区的社区经济发展伙伴关系负责人所说：

> 当时建立这种伙伴关系是为了获得政府提供的资金。当时地方政府边界刚刚重新界定，因此该伙伴关系从一开始就必须应对牵头组织的混乱局面。大约一年后，英国政府发生了变化，这引发了许多其他变化。我们刚让当地国家卫生服务信托公司参与进来，他们就宣布重组卫生服务。这意味着信托公司很快将不再以目前的形式

存在……支持这种伙伴关系的欧洲计划将在明年年底改变，因此将有新的筹资方案为我们提供新的机会。明年还要应对苏格兰议会……我们最初的政府资助现在即将结束。两份新的政府政策文件刚刚公布，就这类领域的发展应该如何运作提出了新的观点，并将社区经济发展的责任交给了特定的组织。后者现在可能会取代以前伙伴关系发挥的作用……两年半之后的现在，我们开始懂得如何使这种伙伴关系发挥作用，但是我们现在必须评估合作伙伴是否觉得自己要支持的伙伴关系还能发挥作用，以及是否准备为此投入大量资源。

在相当短的时间内，合作可以完全改变结构，演变成另一种形式。在这种形式中，目标和成员不再与原有结构重叠——就像有三个新头和四个新柄的假斧头。青少年赋权工作组的经历就是一个最好的例子：

工作组最初是在两个组织的雇员进行偶然讨论后召集起来的。如前所述，这个小组的成员比较复杂：来自一些比较规范组织的一小部分骨干代表定期开会，其他组织的代表偶尔也参加，其他组织也在邮寄名单上。随着合作体正式成为社区赋权伙伴关系的一个工作组，该伙伴关系的一名（高层）工作人员作为代表也定期参与工作组的会议。

经过几年缓慢的发展，用于团队促进援助的外部资金（由作者及其同事 Colin Eden 提供）为工作组带来了新的生命力。该小组在调解期间采取的行动之一是要求原召集人辞去职务。她欣然同意了，甚至像松了一口气，尽管她在之后的几个月里仍是工作组成员。大约在同一时间，就在小组开始积极推行一项商定的战略时，一家大型的全国性慈善组织苏格兰分部的理事会向工作组提供了前文提到的大量注资。最初发起工作组的另一个成员就在这个慈善组织工作，但在不同（级别相对较低）部门。慈善组织理事会在向工作组提供资金之前，没有向该成员提及注资的提议。事实上，这项提议是直接向社区赋权伙伴关系的高级代表提出的，似乎慈善组织不知道它在这个团体中有代表。经过深思熟虑，工作组接受了这一注资提议，而且改变了议程和重点，以满足慈善组织的要求。

在这些变化的过程中，成员们被要求重新考虑他们对工作组的义务。为慈善组织工作的那名原发起成员被工作组解除了代表职务，一名更高级别的新代表加入了该工作组。另外也有几个成员带着他们的队伍一起离开了，包括工作组的另一个发起者——最初召集人。从那以后，出现在这个工作组的成员有了一系列变化，在六个月的时间里，有六个组织的"代表"发生了更迭（有些组织的代表更替竟多达四次）。在短短几个月的时间内，该小组的成员和宗旨已变得难以辨认。

145

实践意义

……（省略）

合作设计的实践意义

鉴于许多文献都强调成员在实现合作优势方面发挥着重要作用，因此似乎建议合作参与方注意其成员结构是合情合理的。然而，通过本文的描述可以看到，为实现某项具体目标而设计成员结构不可能是一项简单的任务。而对每一个不想鲁莽发起合作的发起人或召集人来说，他们都需要面对这项艰难的任务：如何实现个人和组织的"正确"组合；如何召集具有不同能力或不同身份的成员，但同时又不疏远他们；如何确保所期望的利益得到代表；以及如何保持成员的稳定性；这些只是他们所要面临的众多挑战中的一部分。而决定谁来做这些决定则是另外一个挑战！

引言中提到，大量文献认为对利益相关者的识别是一项设计考虑，并从实用主义和意识形态两个方面给出了原因。实用角度的重点在于获得所有权和避免破坏（Chrislip and Larson，1994），意识形态角度则普遍地源于对那些"被影响的"通过参加合作而获得权力的考虑（Chisholm，1998；Himmelman，1996）。然而，本文提到的合作参与者强调，除了成员与合作有利害关系以外，还有其他原因可以解释对成员的重视。确保合作获得所需资源或专业技术是一方面……另一个原因在于确保"平衡的成员结构"。例如，一位合作团体成员主张在"管理人员和一般人员"

之间需要找到平衡。还有一个原因没那么具体，最多不过是要求合作团体的规模可以大到保证（例如）"充足的能量传递……"和"使团体足够坚强"等。与此形成对比的是，很多观点认为应该将一些潜在成员隔离在合作之外，以便缩小合作体规模，降低沟通联系和建立关系的负担。Finn（1996）主张明确区分"内部利益相关者"和"外部利益相关者"。

无论合作参与者认为有哪些相关因素，要说服理想的相关方参与合作，并把不相关的排除在外，仍然存在着道德和实际上的困难。Feyerherm 和 Milliman（1997）在讨论美国的公民顾问团时，概括了其中的一个挑战：

> 一些利益相关方，如媒体，与顾问团关联不大但却想加入。而另一些利益相关方，如学校，虽然有很大关联但它们却不想参与。

146　　研究案例中的某合作体的成员也提出了类似的观点：

> 我们是否应该包括那些自认为可以产生影响的相关方？还是我们应该让目前的成员决定谁应该参与？

前文提到的邻里互助团体成员为自己设定了一个不可能完成的挑战：

> 我们的章程规定必须有一位学校委员会的代表，而这个代表必须是一位盲人。但在本区，没有任何一位学校理事会的成员是盲人。我们为此争论了好几个小时……有些人把一些并不存在的事当作大事一样来讨论……不管怎么说，他们为什么认识不到我们也需要非残障人士的支持呢？

显然，任何合作都无法满足所有的考虑。确实，本文所描述的模糊的、复杂的和动态的结构至少在一定程度上，是平衡互相矛盾的考虑的必然结果。的确，为了平衡许多相互矛盾的考虑，不可避免地出现了本文所描述的既模糊又复杂的动态结构，前者至少是造成后者的部分原因。尤其在成员结构方面需要平衡：一方面，合作体的管理需要有足够的灵活性以避免合作惰性，以满足自己的发展需求，以及应对外界的压力；但另一方面，一个明确具体的成员结构也可以为合作体带来好处。此外，关于在多大程度上可能明确所有成员的考虑也存在着疑问。在实际情况中，显然就算是简单的问题也会变得令人困惑，使合作体陷入棘手的两难局面。例如，青少年赋权工作小组在完成一项主要合作项目的执行细节时，显然发现他们与社区赋权伙伴关系的关系模糊不清，以下两段有些矛盾的文字可以印证这一点，它们摘自同一篇管理报告的不同页：

> 项目办公室设在社区赋权伙伴关系的场地内。鉴于此，有必要说明该项目并没有归入伙伴关系的主要办公系统，而是独立运行的，并配有不同的电话号码。

> 该项目的工作人员完全属于伙伴关系的工作团队，他们必须参加伙伴关系工作团队的会议，并在伙伴关系理事会上作报告。

本文提到的大多数合作参与者并没有试图特别深入地探究合作设计的相关问题，这也许并不奇怪。本文想要传达的关键信息是，需要认识到在合理的范围内进行深入研究是有限度的。147

本文试图说明，合作体的成员构成通常比较模糊，这与其极为复杂的结构以及不断地变化是分不开的。这对管理其他主题领域具有实践意义。它是造成合作惰性的重要驱动因素。

成员结构的模糊性与复杂性使关于合作目标的协商更加困难，人们很难确认谁的议程需要考虑，以及这些成员在多大程度上以什么方式在合作中起着作用。成员构成的连续变化意味着需要重新评估、重新商定他人的议程，因此得来不易的妥协突然之间重回原点。出于同样的原因，成员的模糊性与复杂性使信任建立更加困难，无法确认为实现相互理解应该向哪个方向做出努力。如果合作参与者对于成员结构认识模糊，那么他们对权力关系的理解也会存在问题。成员构成的改变可能会瞬间摧毁谨慎建立的社会秩序以及精心培养的相互信任。

责任的相关问题尤其受到影响。如果成员们对合作结构不清楚，他们就不可能知道责任落实在哪儿。同样地，他们也无法确认一些自己希望维护的利益是否已经被维护了。对自己的代表性感到困惑的个人也会对他们所要承担的责任产生疑虑。在一个合作中代表另一个合作体的个人会发现，如果说还有可能，他们很难满足对所有那些据说由他们代表的成员机构的责任。持续的成员变动加剧了混乱，新的责任出现，不可避免要对合作目标重新协商。

在下一节中，我们简要讨论了一些实践方法，用来探索在实际合作情境中的各种结构，以此来处理一些情境下的特定模糊性和复杂性。这至少有助于确定在哪些方面实施管理行动可能是有所助益的。

实践中对结构复杂性的理解

本文通过图 8.1 至 8.4 中的图表以及相关案例说明了合作情境的复杂性。事实上，文中所用的以及其他类似的图表都可以用作探索合作实践的工具，这样产生的模型有助于了解结构可能对合作努力的结果产生何种影响。

如图 8.6 所示，可以通过不同角度进行集中分析。类似图 8.1 和图 8.2 的图表是以合作为中心的。其中，第一个图表对于探讨成员的代表性和责任比较有用。第二个图表对于明确合作治理比较有用。此类图表有助于对一些设计问题的思考，包括各种子结构的链接以及如何将此进行传递。在许多合作中，图表还用于列出例如工作组、项目组或业务级合作的细节。

图 8.6 中的第二组图表以某单一组织的角度为中心。第一个图表基于某大城市的一个卫生委员会所使用的格式，以处理那些它们需要管理的合作关系以及这些合作关系之间的相互联系。该组织位于中心，其他相关组织环绕在外围。该图表没有明确关注伙伴关系和联盟，而是把重点放在重要关系上，而这些关系中有些恰好与伙伴关系以及联盟有关。在卫生委员会的图表中绘制数量庞大的关系，但为了实际操作，需要绘制一个简化的版本，仅包括那些最终的关系。该图表所使用的格式对于任何需要清晰了解其重要关系的组织来说都有帮助。第二个图表（图 8.4 为放大版）基于某公司在解释其合作活动中的治理结构时所使用的格式。该公司高度倾向于伙伴关系的工作模式，视其为实现目标的主要

关注点	图例
以合作为中心	
绘制合作伙伴与合作层级	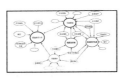
绘制治理结构	
以组织为中心	
绘制关系网	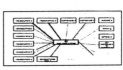
绘制联盟关系	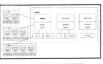
绘制供应链	
以地理位置或行业为中心	
绘制个人和合作体	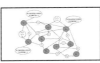
绘制企业或机构的关系网	

图 8.6　图表方法示例

手段。因此，"设计公司"与"制造公司"两个专栏包含了大量伙伴关系，而这些伙伴关系的细节可以通过其他图表来展现。第三个图表（图8.3为放大版）是另一种绘制组织伙伴关系的方法，它聚焦于供应链，但其实无需如此。这个格式有助于探讨合作伙伴的其他关系可能对其与中心组织的关系产生的影响。它在描述权力问题方面尤其具有优势，因为它突出了组织和合作伙伴之间的相互依赖程度。

图8.6中的第三组图表具有更广泛的视角。这一组中的两个图表都适用于对某一地区或某一行业的分析。第一个图表（图8.7为放大版）基于由Sweeting等人（1991）建构的格式，用来发现哪些人通过参与多个合作的中心工作来扮演关键的跨机构角色。这一方面为理解他们可能产生的影响奠定了基础，另一方面也有助于了解他们可能的疲劳程度。第二个图表展示了一种从局外人的角度绘制机构间关系的方式，相较于那些关系网分析人员为了探索行业结构而绘制的各种图表来说，这是一个非常简化的版本（Human and Provan，1997；Owen-Smith and Powell，2004）。这类图表最有可能对那些旨在了解某行业或机构结构的决策者比150 较有用。然而，它还对机构层面的战略思维很有助益，因为它提供了运行环境的重要视角。

这里描述的图表代表了更广泛的可能性。在某些情况下，图8.6的图表模板可能刚好适用，但我们打算将它们作为构建这几类模型的标准。重点不在于制作一些规整的图表，而是为了知道合作的哪个重要方面需要探索并找到方法——任何方法——来代表它。模型建构的重点在于其过程就像任何关于建模对象的最终描述那样发人深省。那些混乱复杂的图表对别人毫无意义，但对于那些做过调查的图表制作人来说却意义151 非凡。

对结构复杂性的研究本身并不能有助于理解其对目标协商、信任构建、权力关系等方面的影响。然而，对此有所研究的管理人员纷纷表示获得了对关系建立的这些方面有更深入的理解。与本书的其他主题相同，模糊性、复杂性和动态性这三个概念有助于在多种层面加强反思性实践活动，从广泛的可视化复杂性水平的方法，通过粗略分析，再到全面调查。

考虑到概念的实际运用，我们在这里把重点放在合作结构的复杂性和模糊性上，在模糊性上可能较为含蓄，动态性方面的要点则比较简单。

对于合作机构来说，完全深入合作、将其作为日常生活的一部分，这并不多见。构建可行的关系往往需要时间——两年左右，但世界不会停下来为双方的深入合作提供足够的时间。因此，关系的培养过程才是管理（以便达成）合作的核心内容，这是一个无限期的持续性过程。下一章我们将对该问题在实践中意味着什么进行探讨。

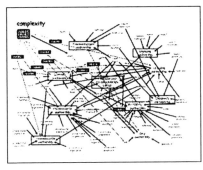

关于城市机构与伙伴关系的地图，出自一位委员会官员之手，他（她）同时还是非营利组织的管理者

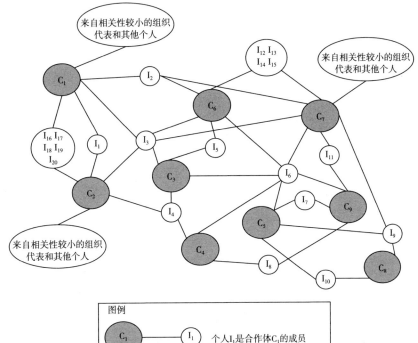

图 8.7　在某地区或产业中的关键合作体与关键个人

第九章　处理信任

许多人认为信任对于合作的成功至关重要（Cullen et al.，2000；Lane and Bachmann，1998）。然而我们将在本章中进一步探讨，人们有时说到信任更像是一种稀缺商品。他们会讲起权力的滥用、成员之间的敌意，以及充斥着怀疑和不信任的合作情境，而不是信任如何促成合作行动。因此，如第五章所述，有关信任是成功基石的常识与现实之间似乎存在差距，表明信任往往是脆弱的（如果还存在信任的话），而猜疑则十分普遍。为了缩小这样的差距，就需要建立和维护合作伙伴之间的信任。这也是本章的关注点。

> 我们怎么知道我们的材料一旦被翻译会发生什么变化？
> ——高等教育国际合作伙伴关系经理

> 社区需要时间才能消除对穿西服的商业人士的恐惧。
> ——农村合作伙伴关系会议参与者

本章引用的文章探讨了信任作为促成合作的关键议题之一。如第四章所述，这一主题下的研究文献数量十分巨大。引文就关注"管理"信任并将其与合作研究相结合的相关文献进行了全面综述。我们将其主要观点简要概括如下。

信任构建的循环

简言之，关于组织间合作的信任问题的研究表明，形成预期、承担风险和脆弱性三个方面对于信任管理尤为重要。在这种情况下，信任是参与方对合作的预期，以及对合作伙伴为实现合作预期而采取的未来行动上的期待（Gulati，1995）。信任是对投入在合作中的努力将会有所回报的预测，即对合作伙伴为追求合作优势而做出贡献的意愿和能力的信心。因此，有必要在合作开始时就形成预期。合作预期通常基于过去的成功经验或合作伙伴的声誉，可以通过正式的协议或合同中来表述。

愿意承担合作伙伴在共同目标上采取机会主义的风险，也被视为信任概念的核心（Ring and Van de Ven，1994）。信任行为就是甘愿变得脆弱（Gambetta，1988），并甘冒合作伙伴的行动不仅会危害合作，而且会对各自合作伙伴的未来合作愿望产生负面影响。这个观点认为，合作是一种冒险的投资，合作伙伴需要足够的信任才会承担合作的风险。

总而言之，有关预期、风险和脆弱性的观点意味着信任构建必须是一个循环的过程，其中积极的成果是发展信任的基础。随着每一个积极成果的连续累积，信任在良性循环中逐渐加强。合作伙伴每次共同行动时，都会承担风险，并形成对成果和他人对成果的贡献方式的预期。当成果达到预期时，信任度就会得到加强。成果会构成伙伴关系的历史，增加合作伙伴对未来联合行动持有积极预期的可能性。信任增强，对未来行动的危机感就会降低。对成果的预期越温和，风险水平就越低，预期得以实现的可能性就越大。因此，有充分的理由通过适度、低风险举措来启动合作。随着信任度的提高，再开展风险更大的活动。为了维持这样的良性循环，必须相对于参与组织间的信任程度（及其能力）来设定现实的目标成果。这一观点体现在图9.1中的"信任构建循环模型"中（另见第五章）。

该回路将信任构建视为一个循环过程，其中积极的成果是发展信任的基础。随着每一个积极成果的连续累积，信任在良性循环中逐渐加强。最终，信任在一个良性循环中逐渐建立起来。信任构建回路的概念很吸引人，呈现方式却很简洁，不同于合作成员及正式结构的复杂性和模糊性（见第八章）。出于简洁的考虑，并未考虑达成共同目标时的困难（见第六章）、经常妨碍信任构建的权力不平衡（见第十章）、合作因高度动态性而不断变化等问题。当新情况出现时，由于常常会缺乏足够的信任，精心培育的信任关系可能随时消失。在下面的引文中，我们认为，合作成功所需信任的理想情况与信任构建中的实际困难以及经常要在信

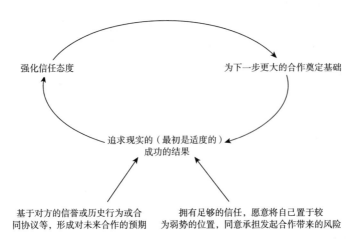

图 9.1　信任建构循环模型

任缺失时启动并开展合作的需求之间存在着矛盾。不平等的权力关系，通过操控和控制合作议程来保护单个组织利益的需求等，都会在合作议程中不可避免地出现，并严重影响信任的建立。

　　本章引用的文章表达了在实践中建立信任的普遍观点，探讨了在实践中启动和维持信任构建回路所面临的诸多实际困难，并列举了许多具体案例，呈现了在不同情境下启动和维持信任构建回路的不同启示。我们认为，通过成功开展适度的合作活动逐步构建信任的"小赢"路径（Bryson，1988）是首选策略。在合作组织必须更具雄心的情境下，管理相关风险是构建信任、处理信任缺失的关键。关于在不同情境下启动和维持信任构建回路的讨论，为应对信任管理中的挑战提供了所需的概念性工具。这有助于在不同情境中建立和维持信任的活动，展示了应对这些挑战的重要案例。下面引用的文章认为，推动信任构建的循环过程需要认真而持续地关注一系列"培育活动"。

　　为了提高下面引用的文章在本书中的可读性，我们删除了原文中的部分文献参考。因此，引文仅起到举例作用。如果有兴趣进一步详细了解该领域的文献，推荐阅读原文。

　　本篇文章引自 C. Huxham and S. Vangen（2003a）Nurturing Collaborative Relations：Building Trust in Inter-Organizational Collaboration. *Journal of*

合作实践中的信任

上述文献综述的结论是，组织间合作的信任管理需要通过循环过程来建立信任。在本节中，我们基于实践者对信任及相关问题的看法来加以论证。

关于权力、控制和信任缺失的看法

信任的概念为参与合作活动的实践者提供了理论基础。如下面这样的说法：

> 要想合作成功而愉快，信任和尊重至关重要。
>
> 沟通和信任非常重要。

这些典型说法表明，合作方之间的信任被视为成功的重要因素。有关企业间合作的研究也反复印证了这种观点，即信任是成功不可或缺的要素（Child，2001；Das and Teng，1998）。然而，实践者通常会觉得自己的合作关系中缺失信任，至少也是缺乏信任。他们常用到"敌意""斗争"和"不信任"等词。

与权力关系有关的问题似乎是导致不信任、妨碍信任构建的重要因素。实践者认为：

> 要妥善处理权力差异，把机构之间的敌意和不信任最小化。

156

他们使用"权力会博弈""权力会玩弄"和"权力会挣扎"之类的说法，表明权力问题通常十分棘手。例如，再生伙伴关系的管理者认为，两个主要的公共机构就谁应当在合作伙伴关系中扮演领导者而不断"斗争"。她暗示两个机构在争夺地盘，而动机可能是追求名誉。实践者经常提到这种追求名誉的行为，认为把合作成果据为己有是权力的体现。他们也将这种行为视作信任构建的障碍，认为：

在合作中争功意味着缺乏信任。

（我们需要）应对这种争夺合作成果的行为，从而在成员之间建立信任。

一位非营利组织的负责人讲述的一个故事印证了上述观点。她曾召集并领导了一项大规模的合作活动，涉及她所在城市贫困区域许多来自不同部门的组织。她描述了将犹豫的公共机构引入合作的痛苦过程，然后说自从该活动取得成功之后，公共机构就在"接管"。此外，由于该活动的议题最近成为政府政策目标，它作为最佳实践的范例而广受赞誉。于是政府部门就开始抢功劳。显然，这样的做法不能为未来的合作关系奠定良好的信任基础。

公共部门组织参与合作的需求与获得其维持生存资金的能力有关。而私人部门则关注通过合作来实现单个组织目标的程度，因此"合作的功劳是谁的"可能并不重要。然而，权力、控制和信任之间的关系是相似的。例如，通过对四个中美合资企业的比较研究，Yan 和 Gray（1994）发现合作伙伴的讨价权与其在合资企业中的管理控制权呈正相关。同样地，控制与绩效之间也存在正相关，而信任则会显著地降低这种相关性。因此，合作伙伴之间高度互信能够同时满足双方的需求，即便一方占据主导地位时也是如此。

在公共部门，功劳归属和"控制地盘"问题密切相关，往往对参与方有着重要意义。对于单一的小议题，非营利组织总是会担心失去对相关活动处理方式的控制权。在极端情况下，如果它们关注的议题成为合作的核心，外部资助可能会从组织本身转移到合作上去。这样，合作的存在可能会威胁组织的生存。在这种情况下，控制就意味着试图影响（甚至破坏）其他组织及合作的议程（见第七章）。这些组织的存亡和议题的所有权密切相关。它们与特定的议题密切相关，且往往几乎没有其他的替代议题，因此"基于情境的讨价权"（Yan and Gray, 1994）很弱。对自身存亡的关注使它们必须取得控制权，使自己的功劳得到认同，并维持解决该议题的合法性。

对于规模较大的公共机构而言，问题往往源于议程的相互重叠，以及证实其存在的合理性。例如，当各个机构的物理边界有所重叠或完全

157

一致时，在许多情况下都由一个组织在该地区制定"总体"计划，起到强有力的领导作用，从而影响其他组织来遵从该计划。有趣的是，这些"牵头"组织的管理者几乎没有意识到他们的行为不是合作性的，对自己的权力表现得不够重视。而"被影响"组织的成员则会更多地注意到这种权力争斗。我们的数据中的许多表述涉及与管理控制相关的挑战，以及是否愿意让他人得到共享议题的控制权。一些人认为信任构建有赖于阻止：

> 插手彼此的地盘。

在缺乏信任的情况下，私人部门会表现出对合作伙伴间管理控制不平衡的担忧。控制程度与绩效之间的正相关意味着管理者会热衷于控制，只有在信任度高的情况下才愿意放松控制（Yan and Gray，1994）。这种通过施加影响进行控制的实践概念及其与信任的关系，与那些基于经济交换的研究观点截然不同。在经济交换的研究中，信任被视为控制机制（如决定经济交易的合同）的组成部分（或替代手段）（Fryxell et al.，2002；Gulati，1995）。其部分原因是世界各国政府政策越来越多地倾向于在公共机构和私人组织（包括非营利部门）之间构成一种合同关系（Coulson，1998）。而在社会导向的合作中，建立合同关系通常并不可行。因此，参与者必须采取更柔和的控制机制来管理权力关系。作为合作交易润滑剂（Ring，1997）及作为补充或附加控制手段（Das and Teng，1998）的信任概念即与此紧密相关。

158

对信任构建的看法

许多研究者都认为信任是成功合作的先决条件（Cullen et al.，2000；Lane and Bachmann，1998）。Rule 和 Keown 认为"信任发展是联盟最重要的竞争力"（1998：3）。如果打算在没有合作历史或先前合作并未建立信任的（至少是部分）参与组织之间建立合作，如何发展信任是个现实困境。上面的讨论表明这种困境经常出现。因此，实践导向的理论必须解决的一个核心问题就是如何构建和维持信任。

实践者的观点涉及合作的所有主题，包括：

有清晰的目的和目标；

处理权力差异；

有领导力但不允许任何人接管；

需要时间来建立相互理解；

公平分担工作量；

解决承诺程度不同的问题；

拥有平等的所有权，而不是打分排队；

接受伙伴关系随着时间而变化。

其他研究者也持有类似的观点，特别强调沟通的重要性以及就一系列问题进行沟通和信息分享（Cullen et al., 2000；Das and Teng, 1998）。这些建议都涉及信任构建的相关因素，但在实施中都各有困难，因此对实践的帮助并不大。更务实的做法是先启动合作，而不是考虑信任构建的方方面面。这意味着设定适度的、可实现的成果目标，当取得成功而增强信任时，再提升目标。这也印证了图 9.1 中信任构建回路的观点。

……我们有很多机会与实践者和对此感兴趣的研究者讨论信任构建回路。研究者和实践者都认为这一概念很吸引人。它为研究者提供了简洁的文献综述，为实践者提供了有关信任发展的直观（虽然过于简单）建议。如何启动这样的回路并保持必要的稳定性来加以维持，尚存在实际困难。信任构建回路作为一个描述性或说明性工具的一个根本缺陷是，假设成功的行动本身就足以构建信任，从而否定了（至少是低估了）在实践者看来对信任构建至关重要的更广泛的相关进程。在信任管理中更加实际的做法是，推动循环性信任构建过程的同时也考虑其他相关的"信任培育活动"。

实践中的循环信任构建过程

在本节中，我们建立了信任构建回路这种兼具概念性和实用性的工具，具体做法是基于合作理论来加以论证（正如本书第二部分所述）。其中特别考虑了合作的结构特征和相关的动态性、领导力、目标管理和权力等。最后在图 9.2 总结了在合作实践中可能影响效率的信任管理经验。

毫无疑问，信任构建回路与"小赢"策略（Bryson, 1988）非常一致。在"小赢"策略中，信任可以通过成功实施低风险计划而获得优势的共同经历来建立。随着时间的推移，基于现有的信任程度，合作伙伴会逐渐构建起更高的信任度，采取需要承担更大风险的行动。当风险和不确定性很高时，逐步增加所需的资源投入可能是首选策略。然而在许多情况下，为了实现合作优势目标，需要合作组织更具雄心来采取高风险的合作方式。例如，"小赢"路径可能不适于快速解决重大社会问题或满足外部资助机构对于可见产出的要求。以政治"高手"为例，他们经常致力于推动重大变革，因为选举制度需要明确而迅速的行动。这就要求彼此不信任的组织要共同工作，因为没有足够的时间通过小赢路径构建信任，甚至要被迫在缺乏信任的情况下开展合作。因此，在管理信任时需要具体评估每个合作情境，包括相应的风险水平、合作伙伴间现有的信任程度，以及是通过"小赢"逐步建立信任，还是需要更快速、更全面的信任管理来实现合作优势。每种情境都需要不同的方法来启动和维持信任构建回路。

启动信任构建回路

启动信任构建回路要求实践者同时具有可以预见合作结果的能力和主动承担风险的意愿。为此，他们需要有能力就合作目标达成共识，以明确自身在合作中的投入和预期回报。反过来，也会影响他们评估合作伙伴是否会以适当的方式履行承诺、促进合作目标的实现。

160

形成预期

确定合作伙伴

合作的两个结构性特征，即模糊性和复杂性（见第八章），可能会成为构建信任的障碍。许多研究者认为，"明确的"成员资格，即参与方"知道并同意谁将参与、以什么身份参与"是合作的核心定义性要素。然而，在许多现实情境中合作方却往往很模糊。通常，关于合作的核心成员及其角色定位往往有不同看法。

合作的复杂性往往会使这种缺乏透明度的影响加剧。合作往往有着复杂的层次结构，一个合作可能是另一个合作的一部分，有时会包含很多层。例如，医疗促进合作通常是社区再生合作的成员，而二者可能都是减贫合作的成员，反之亦然。同样，大型跨国公司可能与不同的合作伙伴组建了数十家合资企业，来帮助它们进入中国市场。因此，同一个体可能会出席许多不同的合作会议。Stewart 和 Snape（1996）将这种相互关联的合作的复杂性称为"多元主义"。此外，对民主、问责以及解决更广泛的相关问题的关注，也可能会导致这种复杂性。例如，合作中有时会有不同层次的委员会、指导小组或理事会，并且经常发起（或共同组建）一系列跨组织的工作小组，以服务于合作议程的不同方面。后者通常包括那些并非正式参与合作但却影响合作组织决策的个人和组织（见第十三章）。当联盟中出现新的实体时，个体往往会面临身份冲突（Gulati，1998）。

因此，在实践中，即使实践者有信心识别自己的合作伙伴，也很难确定自身及他人所代表的组织、合作或其他支持者（如果适用的话）。因此，简单地确定能与谁建立信任就非常困难和耗时。

认同合作目标

确定和谁建立信任并不是启动信任构建回路的唯一挑战。实践者持续提到对建立共同目标的关注（见第六章）。他们通常认为，明确而一致的目标有助于厘清合作存在的原因、个人和组织参与合作的原因、他们在合作中的角色以及对于彼此的预期。然而，他们经常对在实践中无法实现这种明确和一致而感到沮丧。矛盾的是，合作的根本原则正是这一挑战的核心。合作是将互补资源汇集起来，以发挥合作优势。然而，不同的资源正是组织目标不同的结果。尽管合作伙伴表面上可能就合作目标的定义达成一致（至少在其愿意参与的范围内），但参与理由却各有不同。例如，在中美合资企业中，中方合作伙伴通常可能寻求外国资本、技术和管理专业知识，而美国合作伙伴则寻求进入庞大的中国国内市场。有人认为，这种截然不同的目标可能导致两个管理团队之间的一系列问题（Walsh et al.，1999）。然而，除非汇集资金能够带来合作优势，目标相似的组织之间不太可能需要合作。通常情况下，这意味着某些组织对合作的兴趣可能远低于其他组织，因此不太愿意承诺于涉及大量资源的目标。一些合作伙伴只希望通过合作满足与其组织相关的目标和利益，个人也在追求满足个人议程，而这些组织和个人议程通常是"隐藏的"。

正是这种多样的（有时甚至是冲突的）目标使目标设定的协商非常艰难。实际上，正如 Lawrence 等人（1999）所述，这些协商可能是"高度政治性、争议性、有时甚至是分裂性的活动"，因此参与者必须决定应当在多大程度上就目标达成一致的切实讨论。一方面，明确设定目标有助于所有的参与者知晓他人的目标，并建立起一致的方向感。另一方面，开放讨论可能会突出不同目标之间的不兼容性甚至是冲突。即使可以达成一致，也往往需要几乎无休止的讨论和协商，这期间参与者会感到地盘被侵占，反过来影响信任构建。矛盾的是，虽然这种"竞争"可能会促进合作，但如果管理者将其他组织视为直接竞争者，那么合作所必需的信任就无法形成（Sharfman et al., 1991）。不同组织会努力去控制合作以保护自己的议程，并试图影响其他组织及合作的议程。因此在信任构建中，讨论合作的未来预期时就需要大量的信任。

就达成一致目标和确定与谁建立信任而言，务实的解决方案通常不是充分协商来达成一致目标，或同时应对信任构建的方方面面，而是直接与相关的合作伙伴着手开展工作。如果能够通过适度的、低风险的活动来启动合作并逐渐构建信任，这种策略是可行的。

162

管理风险

信任逐渐会发展成为应对风险的手段。然而，在"小赢"路径不可行时，必须将合作相关风险作为信任构建的一个部分进行管理。在这种情况下（如引言所述），风险通常与机会主义行为、脆弱性等概念相关。实践者对机会主义行为和脆弱性的看法（如"合作实践中的信任"一节所述）通常与一种恐惧有关，即担心成员会利用合作努力，例如不公平地声称拥有所有权并将共同努力的成果据为己有。然而，如果重视信任构建的目标，这种情况下的风险管理就不是通过合同约定的制裁等手段来防止机会主义行为和脆弱性。相反，风险管理必须关注未来的合作优势该如何实现和分享。因此，风险管理要求实践者对合作目标进行预先协商，以厘清潜在合作伙伴的预期以及参与合作议程的意愿和能力。如上文所述，达成一致目标的模糊性和复杂性导致这一过程并不轻松。

由于很难判断个人和组织目标、隐藏议程、地盘控制和权力基础，就需要在理解潜在合作伙伴的各种目标和议程（见第六章），以及合作结构（见第八章）及其固有的权力资源、权威和影响合作议程的能力时付出更多努力。例如，关注正式权威和依赖关系的传统权力观（Thompson，1956；Emerson，1962）认为合作的结构会决定影响议程的因素。然而，由于合作结构的复杂性，并且通常缺乏正式的层级权威，评估权力来源及其立场是非常困难的。同样地，合作议程不仅由个体形成和实施，还受到合作结构和过程的影响（见第十二章）。因此，判断谁有能力影响和实施议程并解释不同的事件和行为十分困难。我们的研究表明，尝试理解达成一致目标和合作结构的复杂性，能够为理解权力关系和推动合作发展提供重要线索，从而决定与谁建立联系并进而构建信任。此外，还可以为合作的可能结果、管理相关风险的方式以及是否值得承担风险（如果可以选择的话）提供有价值的观点。然而，这些活动非常耗费资源和时间，而管理相关风险需要极高的技能和敏感性。因此，只有在无法逐步建立信任时，才推荐使用这种风险管理。

维持信任构建回路

管理动态性

如上文所述尽管在启动信任构建回路时困难重重，但毕竟许多合作都已启动。因此，可以假设在存在有限信任和/或愿意承担相关风险的情况下，也可以形成合作预期。维持信任构建回路需要参与者的共同努力，并随着时间推移在合作行动中增强信心。不幸的是，合作的第三个结构特征，即动态性（见第八章）经常会中断良性循环。

随着合作的自然发展，即使只是因为最初的联合目标已成功实现，合作目标也会变化。新的政府政策或来自竞争对手的压力等环境因素的变化不仅会推动全新行动的产生，而且还会改变现有行动的目标。政府政策经常导致公共部门合作的性质变化。以英国为例，仅过去十年间的政策就催生了一系列新的地方政府组织，以及卫生服务体系的数个化身。同样，国际合资企业通常是临时性的，其"终止"则意味着现有母公司之间所有权的重新分配（Reuer, 1998）。

因此，上述复杂结构相对而言是转瞬即逝的。为了应对变化了的合作目标，或是由于组织本身的变化，合作中的组织在来来回回地变化。在少数情况下，为解决特定问题，核心组织不复存在，合作关系发展出新的形式。合作组织的个人代表也在变化，有人在组织内有了新职位，有人加入就有人离开。随着所有组织的不断变化，合作可能会频繁地、快速地、有时不知不觉地从一种形式转变为另一种形式……因此，很难保持合作成员结构的长期稳定。就感知到的（或实际上的）权力不平衡、功劳归属和地盘控制等问题而言，可能需要许多个信任构建回路的循环才能建立信任。我们曾共事的一位伙伴关系管理者评论道：

在两年半以后，我们终于开始明白该如何让伙伴关系运作起来。

我们的观察结果表明，除非合作伙伴有共同合作的经历，或处理合作情境的能力非常成熟，这种磨合周期非常典型。

公共部门的伙伴关系管理者也常说，当特定资金到期时，新的政府行动开始侵入现有的伙伴关系领域，获得新的资金的可能性通常意味着工作方向和成员的改变。Yan 和 Gray（1994）也同样指出，合资企业的业绩表现的变化将改变合作伙伴"讨价还价能力"的平衡。例如每一方都在合作中获得了经验，从而影响控制结构和合作伙伴之间的信任关系。其他研究者讨论了在这种不连续性之外维持合作时所涉及的问题（Cropper，1996）。将信任构建回路维持足够长的时间以达到舒适的信任程度并加以利用，通常很困难。当成员离开时，艰难达成的共识和信任关系可能会立刻消失，原有的信任构建回路已出现裂痕，但留下来的成员还是需要勉力维持。同样，新成员的到来经常会打乱原有的平衡，就需要额外的努力来帮助新成员从"快车道"进入信任构建回路（见第十三章）。因此，维持信任构建回路需要持续关注合作的动态性及合作组织个体代表的变化对信任的影响。

管理权力不平衡

即使认真而持续地关注信任构建，信任构建回路固有的脆弱性也显而易见。除了与合作动态性相关的问题外，权力问题也会对维持信任构建回路造成挑战。如上节所述，实践者经常认为权力问题令人头痛，例如，大组织比小组织更强势，而这种权力的不平衡导致妨碍信任构建的行为必然会存在。同样，其他研究者也认为维持信任需要解决权力不平等问题（Calton and Lad，1995）。

然而，合作的另一个悖论是，虽然合作过程会使合作伙伴互相依赖，但在合作议程中，有些组织难免会比另一些组织的地位更加重要（见第十三章）。这经常导致"主要"成员与所谓的"附属"成员之间的权力不平衡。然而，对权力不平等的观点经常被夸大，与现实不符。成员之间的相互依赖意味着权力不可能完全是单方面的。原则上来说，任何成员至少都可以在最低程度上使用"威胁退出"的手段。因此，虽然依赖性使单个成员无法独立实施合作议程，但通常任何成员都有足够的权力来阻止合作的进展。

个体会认为自己对权力不平衡的看法是正确的，并经常据此开展行动。通常，小组织的代表认为自己更脆弱，并会采取措施来控制和保护所在组织的议程。其中有些更精通于识别自身特有的权力来源，知道何时以及如何影响和控制合作议程。例如，我们的观察表明，有些人更擅长影响联合决策，会议期间准备文本和文件并加以利用，有意识地操控和引导合作议程的方向（见第十三章）。有人会认为这种行为违背了合作精神，但预期的效果可能实际上有助于推动合作。当然，积极地准备和使用文件可能会使他人感到"被落下"而不愿构建信任。例如，Phillips 和 Hardy 认为："创造和传播文本的行为是……一种高度政治性的行为，是争夺权力和控制最重要的斗争"（1997：171）。虽然以这种方式使用话语会有意隐藏权力而非建立信任，但相对权力较小的个体仍然可以通过对合作中出现的实质性问题的了解来影响合作。

合作中的这种权力通常是碎片化的，而在足够长的时间内维持信任构建回路以实现合作优势则需要共享权力的最大化。然而，受到权力差异的影响，参与者常感到脆弱而缺乏信任。认识权力不平衡的必然性并理解其他成员行为动机的能力，会有助于防止信任的丧失。此外，理解权力平衡在合作期间的变化，以及是否能够并应该如何扭转权力不平衡，对于维持所建立的信任关系至关重要。然而，实践中的信任管理需要很多智慧。

培育合作关系

有关确定合作伙伴、目标的复杂性和多样性、风险和脆弱性、合作结构的复杂性和动态性、权力不平衡等问题，显然都对建立和维持信任构成严重挑战。如果不能有效地进行管理，这些问题都有可能阻止信任的发展甚至导致信任的丧失。因此，在理想的情况下，由于合作的动态性，需要同时对这些问题进行持续管理。否则可能会导致信任构建回路中断，进而阻碍合作优势的实现。

因此，即使在合作良好推进、参与方高度互信的情况下，也需要不断努力以维持充分的信任。鉴于信任构建回路的脆弱性，要想建立和维持高度信任，实践者需要持续关注信任构建活动。同时，需要细致考虑对沟通、权力不平衡、投入认定、联合所有权、不同程度的承诺、对目标和议程在观点上的冲突等问题的管理……因为情况将不断变化，还需要做好准备以上述方式不断培育合作关系。

在实践中管理信任构建

上述讨论试图解释在实践中启动和维持信任构建回路的许多实际困难。显然，管理信任是一项挑战，需要处理合作活动中许多固有的矛盾。因此，任何对实践的指导都难以精确。在下面的矩阵中（见图 9.2），我们试图呈现对实践影响最大的几点启示。目的是为思考和解决不同合作情境中的信任管理问题提供思路，而非精确的工具。 166

如上文所述，需要评估每个合作情境特定的风险水平、合作伙伴间的信任程度、是否可以通过"小赢"路径来管理信任等具体情况。因此，在图 9.2 中，纵轴用于区分"适度的低风险"合作和"雄心勃勃的高风险"合作，前者（下半部分）可以使用"小赢"路径进行信任管理，而后者（上半部分）因为合作的高风险而需要更全面的信任管理。同样地，横轴被用来区分"弱信任"和"有信任"的情境，前者（左侧）需要启动信任构建回路，而后者（右侧）则需要维持信任构建回路。这种初步的评估能够帮助实践者确定信任管理活动的优先顺序。

合作的工作安排可能不像图 9.2 中那样泾渭分明，由于合作的动态性，实践者通常会发现他们在合作中从一种情境来到另一种情境。此外，在有多个合作伙伴的情况下，实践者可能同时与不同的合作伙伴在不同的"象限"中行事。通常还需要平衡"应对信任缺失"和"构建信任"两类活动。尽管如此，每个象限都强调了在每种情境下都应重视哪些活动以有效且高效的方式管理信任的发展和维护。在每种情境下，启动和维持信任构建回路有着不同的要求，总结如下。

左下象限展示了弱信任但有可能通过"小赢"路径逐步积累信任并启动合作的情境。上文观点表明，在这种情境下，目标是与相关合作伙伴开展一些行动，而不急于信任构建所需的方方面面。在典型的复杂和模糊的合作结构中处理多个可能相互冲突的合作目标时，策略是确定部分（不一定是所有）相关合作伙伴，在不进行全面的目标协商的前提下

启动信任构建回路
（弱信任）

维持信任构建回路
（有信任）

将风险管理作为信任构建的组成部分

探索结构和目标的复杂性，比如：
- 确定与谁建立关系并建立信任
- 评估权力和影响力的来源
- 探讨进可以行动
- 讨论组织目标的差异性
- 就目标达成共识
- 探讨制定议程的意愿和能力

评估实现合作的潜力，以及相关风险是否可以管理（给定的选择）和是否值得承担

培育，培育，培育！

促进建立信任周期：
- 通过细致管理合作过程的各个方面，包括沟通、权力不平衡、投入认定、联合所有权、不等，同程度的承诺、对目标和议程的不同看法，不断培育关系……

保持高度的信任，为合作优势创造基础

采用"小赢"策略构建信任

与相关合作伙伴和目标建立信任，比如：
- 开始确定与谁建立信任
- 从采取适度但共同的行动的行动开始

不必处理信任构建的所有方面就可以开始

管理不稳定性

管理动态和权力不平衡，比如：
- 当信任的成员离开合作时保持合作
- 努力让新成员尽快进入信任构建回路
- 认识到权力不平衡对成员行动不可避免的影响
- 找到足够长的时间形成可持续的信任，并将信任水平最大化的办法

通过足够长的时间持续形成可持续的信任，并将信任保持在适度的水平

更全面的信任管理
（雄心勃勃的合作）

"小赢"的信任管理
（适度的合作）

图9.2 信任管理：实践中的简要含义

开展一些适度的联合行动。然而，在这种情况下启动信任构建回路需要愿意承担风险，并需要足够的信任来开展工作。

左上象限展示了在弱信任的情况下，预期的合作优势要求合作组织充满信心采取高风险路径的情境。因为对合作有更大的野心，"小赢"路径并不适用。这里的观点认为，这种情境下的主要目标是将管理合作相关风险作为信任构建的一个部分。为了建立信任，这种风险管理必须评估实现真正合作优势的可能性，以及相关风险是否能够进行管理，（如果可以选择的话）是否值得承担。在实践中，这往往意味着需要对合作目标进行前期协商，以厘清潜在合作伙伴的预期，以及他们实施达成共识的合作议程的意愿和能力。

有观点认为，努力去理解目标共识和合作结构的复杂性，有助于理解权力关系以及合作伙伴影响和实施合作议程的能力。反过来，也会有助于确定应该与谁建立联系和信任，从而形成对预期成果、是否能够以及如何管理相关风险的重要认识。因此，在这种情境下开启信任构建回路需要投入大量精力和资源。

右下象限展示了在有信任、能够通过"小赢"路径启动信任构建回路的情境。上文的观点表明，在这种情境下，信任管理的主要目标是管理不稳定性，维持信任构建回路需要足够长的时间，使信任达到足够的水平并加以利用。维持这样的回路要求参与者持续关注合作动态性及其对信任管理不可避免的影响。在实践中，这意味着需要持续关注合作组织中的个体变动，在可信的成员离开时维持合作，并帮助新成员快速进入信任构建回路。动态性也会影响权力不平衡，参与者需要了解其对成员行为及信任的影响。这可能会促进或阻碍权力分享。

右上象限展示了一种情境：信任确实存在，合作优势的目标要求合作组织具有雄心壮志。在理想的情况下，高度互信将是处理合作相关风险的手段。即使在合作进展顺利、存在高度信任的情境中，也需要不断努力以维持足够的信任。虽然在各种情况下都需要培育信任，但在这种情境中信任管理的主要目标是持续地培育信任关系以维持高水平的信任，从而实现合作优势。在实践中，希望维持高度信任的实践者需要持续地培育合作关系，因为形势将不断变化。

显然，与任何其他主题一样，管理信任并不是一门精确的科学。毫无疑问，这一要求与建立信任本身的实际困难之间存在巨大的张力。通常唯一可行的解决方案是通过"小赢"路径逐步建立信任，而任何其他选项在资源、承诺和复杂性方面都有极高的要求，因此信任构建的过程本身就会成为合作惰性的主要原因。然而，在风险过高的情况下，需要采用更加综合的信任管理方法。

由于信任管理是多面的，其他主题下的管理框架和工具也能够用于信任管理。表9.1所示为实践中启动和维持信任构建回路所涉及的主要挑战。表9.1和图9.2共同描述了信任管理中固有的挑战，以及在实践中管理这些挑战的可能方式。它们表明高效的信任构建最有效的关注点，以及所需的信任构建活动。

表 9.1　在实践中启动和维持信任面临挑战的摘要

1. 形成预期
确定合作伙伴
- 成员身份和结构的模糊性和复杂性意味着确定与谁建立信任可能会艰难而费时
- 个体代表什么组织、合作体或其他支持者可能并不清晰，所以能够在什么层次（个体、组织或其他支持者）上建立信任也并不清晰
就合作目标达成一致
- 讨论合作目标可以发现不可调和的差异，所以需要一定程度的信任才能参与有关合作未来预期的讨论
- 承担一定的风险和脆弱性通常是构建信任的关键

2. 管理风险
- 管理风险应将其作为信任构建的一部分，而非消除机会主义行为的保障
- 应与预期的、共享的合作优势结合起来看待风险

3. 管理动态性
- 应对如感知的（或实际的）权力不平衡、投入认定和地盘控制等问题，可能需要许多个信任构建回路的循环
- 维持信任构建回路所需的条件，往往不适合维持到令人满意的信任水平，然后才能发挥作用
- 维持信任构建回路需要持续关注合作的动态性及相关的成员和合作目标的变化

4. 管理权力不平衡
- 成员间的权力不平衡是合作结构的特征，（如果不加管理）会导致信任丧失
- 实现合作优势需要最大程度的权力共享
- 合作结构是动态的，权力平衡会随合作过程而改变

5. 培育合作关系
- 管理信任的挑战存在于方方面面，在管理确定合作伙伴、合作目标的复杂性和多样性、风险和脆弱性、合作结构的复杂性和动态性、权力不平衡等问题上的失败，都可能会中断信任回路，从而阻碍合作优势的实现

表 9.2　信任构建和管理的实际问题

1. 形成预期

- 与相关伙伴着手开始行动，而不是先就合作目标进行全面协商并取得完全一致，也不急于应对信任构建的全部问题，能够逐步建立信任
- 关注新成员、回应新机遇的同时，能够以逐渐累积的方式建立和维持信任
- （如果不能以逐渐累积的方式建立信任）可以采取务实的方式（见图 8.1、图 8.4 和图 8.7）来确定与谁（个体、组织还是其他支持者）建立信任
- 尽可能全面了解各类目标，包括成员对目标的不同认识（图 6.1 到图 6.4），能够加强对不同议程的理解，有助于就实现共同目标构建信任

2. 管理风险

- （如果不能以逐渐累积的方式建立信任）尽可能完整地理解合作目标有助于评估（如果可以选择的话）是否值得承担风险（见图 6.1 到图 6.4）
- 在构建信任时，旨在实现共同的、可预期的合作优势的风险管理比试图防止机会主义行为的管理更有效

3. 管理动态性

- 全面了解合作结构（见图 8.1、图 8.4 和图 8.7），有助于确定和管理因成员离开而产生的关系空白
- 确定新成员，积极地与他们一起工作，帮助他们快速进入合作，是维持充分信任的关键

4. 管理权力不平衡

- 理解达成一致目标（见图 6.1 到图 6.4）和合作结构（见图 8.1、图 8.4 和图 8.7）的复杂性，有助于理解权力关系和成功路径，以及确定与谁建立关系并构建信任
- 定期而持续地关注权力问题（见第十章结尾部分），能够有助于理解权力变化的平衡，以及权力不平衡是否能够、如何能够加以改变，以维持充分的信任

5. 构建

- 鉴于信任构建回路的脆弱性，要建立并维持高度的信任，需要持续不断地关注信任构建活动

在表 9.2 中，我们总结了在信任管理中需要注意的事项，并指出本书其他章节描述的工具可以有效运用于信任管理。最显著的例子是，第八章介绍的图解法有助于确定与谁建立何种程度的信任。同样，第六章中目标框架的应用不仅有助于洞察不同议程，还有助于理解相关风险以及需要建立或管理的信任类型。无论如何，在合作情境中，如果认真对待信任构建的概念，就必须将风险作为信任构建的一个组成部分来加以管理。风险管理需要大量的技巧、高度的敏感性和对目标及权力关系所依存的合作结构的复杂性的全面理解。由于风险管理既需要了解目标，又需要了解谁对不同的目标具有影响力，因此将目标框架与旨在理解目标和合作结构复杂性的图解法相结合，可能会有效。这有助于理解权力关系和成功路径，以及确定与谁建立关系并构建信任。同样地，对达成

一致（见第六章和第七章）以及合作结构（见第八章）的理解，有助于确定在现有成员离开和新成员加入时需要进行哪种信任管理。同样地，成员和结构的变化也会改变权力关系和权力来源，我们将在下一章中进行讨论。

如上所述，全面的信任构建过程极其耗费资源，需要持续关注合作结构和成员变化、目标和议程变化、谁能推动或破坏议程这样的权力变化之间的相互作用。图9.3展示了这种相互作用，图9.3中的问题可以使用表9.2中的工具来回答。

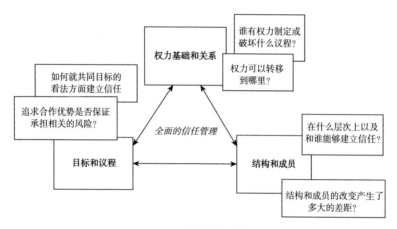

172

图 9.3　全面的信任管理

第十章　使用权力[*]

权力有不同，权力在博弈，权力会玩弄，权力也斗争。这些说法出现在第九章有关信任构建的部分。它们出自合作的实践者，而有关合作中信任的研究文献也将信任与权力问题联系起来。从某些角度来看，信任和权力是一枚硬币的两面。对权力不平衡的看法会不可避免地带来不信任感，研究文献中也反复印证了这样一个观点，即只有在权力无明显差异的情况下，合作关系才会运作得更顺畅（Inkpen and Beamish，1997；Mayo and Taylor，2001）。对权力不平衡的担忧常常与投入认定以及对活动领域和合作议程的控制相关。因此，权力问题显然对第六章和第七章中讨论的合作目标协商至关重要。如果合作伙伴的目标高度一致，对权力差异的认知可能相对没那么重要，但目标不同时则不然。这样的认知能够严重影响协商过程，有时还会导致感到被剥夺权力的一方充满防御性和攻击性。

通常，"管钱的人"会被视为持有权力，而其他人则会感到权力被剥夺，认为自己无力影响合作成果，即便还有其他可用的权力资源时也是如此。这种现象在许多类型的合作中都会出现，例如，中小企业和大集团之间，社区组织和政府部门之间，大企业和大学研究团队之间，等等。我们的观察也同样是，拥有大量资金资源的组织管理者在行动中确实表现得像是拥有权力，虽然他们不一定会承认自己的确拥有权力。而自认为被剥夺权力的人则常常声称权力差异是他们挫败感的主要来源，也应当为合作没能实现他们认为满意的成果负主要责任。

173

---

[*]　本章基于本书作者与 Nic Beech 的联合研究。

因为他们付出了代价所以很难说不。

——大学制药公司合作伙伴中的大学科学家

当然不是所有人都这么想。对一些人来说，使用"权力"一词来描述这种现象有其情感内涵，也是更自然的表达方式。例如，社区代表在合作中面对公共部门时通常使用"权力"，而大学科学家在与一家医药公司"只是名义上的伙伴关系"中，哪怕是由科学家同事发起权力的讨论时，也不愿意参与其中。这位同事则认为，科学家与资助他们开展研究的公司之间的权力差异，导致了没能实现真正的合作产出等诸多问题。

在谈到权力时，财权不平衡可能是最常见的原因，但还有很多其他可能。（我们将在后文展开讨论。）大多数参与合作的人都认可合作伙伴之间不可避免地会存在权力差异。在这一领域的研究文献中，也常常基于存在所谓权力不对称、不平衡或不平等的假设。在实践中最常见的是，当一方认为另一方明显更有权力时，权力问题才会凸显。然而，无论权力差异大小，权力管理都至关重要。最终，合作中的大多数人都认为，自己对合作议程的影响程度要与自己对合作议程的兴趣相称。

因此，在构建我们对这个主题领域的观点时，我们把对自我权力的关注作为要管理的中心问题。然而，我们还从更广泛的角度看待如何利用权力去加强合作活动。在本章中，我们将探讨权力在合作情境中发挥作用的方式，以强调积极使用权力作为管理（以便）合作的一部分的可能性。

接下来的内容主要来自我们自己的初步研究，也有从有关文献中的部分摘取。在文献中，有关合作情境中的权力仍莫衷一是。对此解释的一种观点是合作假设使权力问题被忽视（Hardy et al., 1998）。类似的研究基于不同的理论，但如果综合起来看，会呈现出一些有趣的观点。对权力的一些解释不同于更一般的管理研究文献（如 Hardy 和 leiba-o'Sullivan（1998）的综述）中的典型解释，因为它们确实关注合作而不是竞争活动。随之而来的概念化也不同于典型的权力解释，其重点是权力的日常管理。我们不适合在这里对合作文献中的权力进行详细的综述和评论，但这可以在 Huxham 和 Beech（2003b）的文章中找到。

在合作中，权力的作用是什么？

在合作的背景下，有关权力的第一个重要观点是，权力并不总是一方为了自己的获益而对另一方行使。权力也被认为是一种更具合作性的方式，作为加强共同努力的一种方式，并从利他主义的角度考虑赋予他人权力。我们在图 10.1 中展示了三种连续统一又各有不同的点，即利己权、合作权和利他权。

利己权：从自身获益出发，关注对伙伴关系的控制，因此他人有优势而行使权力。理解这种权力时，可将其视为缺乏信任时的一种机制（Bachmann，2001）。"讨价权"一词与此相关，是指一方拥有另一方所需资源时的制衡（Bjorkman and Lu，2001）。以这种方式行使的权力并不总是那么容易识别。有时看似无害，甚至貌似构建信任的积极手段（Hardy et al.，1998）。也可以通过"意义管理"方式，来微妙地行使这种权力。这种权力被称为"话语权"，植根于表述情境的关键方面。例如，有可能在没有实际发表声明的情况下，将一个合作伙伴描述为不具备在伙伴关系中领导组织的能力。一些参与方的话语权来自社会结构的话语。简单地说，利己是指一些人拥有权力，是因为我们将他们所在的团体与他人比较时的方式。

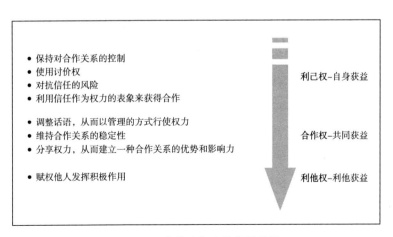

图 10.1　合作中权力的使用范围

我公司掌握着大部分的权力，但中小型科技企业通过改变规则获得了大量的时间。

——电信公司经理

权力分享是一种让你不信任的伙伴保持亲密关系的一种方式。

——生物多样性伙伴关系理事会官员

合作权：从伙伴关系共同获益出发，帮助合作关系有效运转。在控制权的一端，一方（至少在自己看来）基于合作整体的利益来行使权力。一种极端的观点是，一方会以维持伙伴关系稳定性的方式，对另一方行使控制权（Inkpen and Beamish，1997）。这种观点介于利己权和合作权之间。合作权来自他人（Everett and Jamal，2004）这一概念本身也模棱两可，取决于权力来自合作各方，还是一方从另一方身上获得权力。还有一种是从整体上看待合作的视角，在"增强合作网络"的情境下审视权力（Agranoff and McGuire，2001；Windeler and Sydow，2001）。Perrucci 和 Pilisuk（1976：268）沿着这一研究脉络，对组织间伙伴关系的有关文献进行了整合，引入了"持久权力中心"的概念，认为组织要想在更大的范围内影响决策，就必须彼此依赖。他们将权力描述为"存在于组织间的联系中，能够在特定情境下得以调动"。这种观点试图抵消权力的消极内涵，强调权力的定义应该是"有能力去做"，认为合作能够整合并拓展个体的力量（Winer and Ray，1994：33）。

这些合作伙伴之前一直在争夺知名客户，所以这个联盟实际上是一个卡特尔。

——房地产开发联盟信息官

最终目的是发展当地经济。

——创意产业中小企业网络协作者

利他权：基于利他获益的立场，关注通过合作向其他合作方转移权力。"共享权力"（Crosby and Bryson，2004）的概念介于利他权和合作权之间。其中一个概念是"共享变革能力"，代表着共同获益的视角（Bryson and Einsweiler，1991：3）。另一个概念是"用户参与"，意味着权力是由产品或服务的提供方让渡出去的（Midgley et al.，1997：1）。而利他权最具代表性的观点是一方行使权力来培育另一方的能力，即"合作赋权"的概念，给予另一方"设置优先序和控制资源的能力"（Himmelman，1996：30）。在这种情况下经常要进行能力建设，不仅是弱势方的能力建设，相对强势方也要参与，以鼓励他们挑战现有的"游戏"规则（Mayo and Taylor，2001）。

　　　　很多社区代表来参加会议都觉得尴尬，因为他们没有信心——我们需要让他们觉得自己是有价值的。

——社区卫生工作者

可以说，行动权视角代表着合作优势的理念。利他权也可以这么理解。但在本案例中，合作优势有着独特的思想内涵。因此，本书主要讨论合作权，也在一定程度上涉及利他权。而在本章中，我们重点讨论利他权。如上文所述，我们更担心被剥夺权力的人会感到愤慨而不去想怎么获得权力。我们的关注点主要与管理合作议程有关。（在第十二章和第十三章中，将会在合作领导力情境下，继续着重讨论这一视角。）

宏观层面的权力：资源和动力

从宏观层面来看，本领域的研究有两种代表性观点。首先，如表10.1所示，有可能界定不同的权力来源。讨价权的出现通常就是因为一方拥有另一方所需的某些类型的资源。这种资源可以以技术、知识或信息的形式出现，也可以有更具体的载体。另一种权力来源与合作目标对各合作方的重要程度的差异有关。如果相对一个组织而言，合作对另一个组织更加重要的话，后者就会处于不利的讨价地位。而如果该组织拥有解决问题的替代方案、其他合作伙伴、其他行政支持，则会转而处于有利的讨价地位。如第八章所述，讨价地位的优势也会随时间而变化，当一个组织提供的知识是合作所需的稀缺资源，而另一个组织获得了这种知识，从而不再需要该组织来发挥原先作用时，优势变化表现得尤其明显。表 10.1 中列出了与合作伙伴之间结构性关系相关的权力资源。拥有正式认可的权威性的组织显然拥有权力资源，在有指定牵头组织的情境中更是如此。在网络中处于中心位置的组织会与许多其他组织建立直接联系，因此处于有利地位，并会对网络中的其他组织产生影响。表 10.1 中所列举的最后一种资源类型与上文讨论的话语权相关。

> 当我们有大量可供选择的项目时，这个关系对我们不是很重要。但它对于这些小型企业非常重要，因为这些企业正在寻找进入石油行业的机会。
>
> ——能源行业咨询伙伴关系顾问

> 有些伙伴比其他伙伴更平等，尤其是理事会。
>
> ——农村再生伙伴关系合作经理

宏观层面上权力的第二个方面是其历时变化。权力动态与第八章中讨论的结构动态密切相关。权力历时变化的平衡表现在几个方面。可以是随着合作进程从一方转移到另一方。如上文所述，合作伙伴之间发生知识转移时的变化就是明证。当然也可以是合作议程生效，出现了不同的活动类型。权力可以在组织内部的个体之间进行转移。例如，那些执笔撰写意向书或标书的人会处在有利地位，能够在启动之前影响合作议程。而在启动阶段，指定一个管理团队或一位项目管理者，可能会在合作方式方面做出许多单方面的决定。随着合作的推进，其他成员开始更积极地参与，就有可能反过来行使权力。不同类型的权力可能会在不同时间发挥作用。例如在进行动员时，网络中心位置显得至关重要。而在实施阶段，拥有关键资源才至关重要。随着时间的推移，权力更平衡或更不平衡，这是一个有争议的问题。如果合作过程是有效的，合作伙伴可能会共享权力，来互相熟悉并建立信任（Gray，1989）。而另一方面，时间一长，合作伙伴可能会回归各自的惯常做法，也可能会使权力变得更加不平等（Mayo and Taylor，2001）。

表 10.1　宏观层面的权力来源举例

	权力来源
一方是否拥有另一方所需的东西？	资源稀缺性 资源控制 关键技术 信息控制
合作关系是否对一方比对另一方更重要？	合作目标的战略重要性 从一方获取知识的程度 替代方案的可获得性 可靠支持的可获得性
在结构上，一方是否处于比另一方更强势的地位？	正式权威 网络中心 话语权

注：表中资料来源包括 Bachmann，2001；Cox et al.，2000；Hardy and Phillips，1998；Inkpen and Beamish，1997；McDonald，2001；Medcof，2001；Osborne and Murray，2000；Phillips and Hardy，1997；Thurmaier and Wood，2002；Yan and Gray，1994。

微观层面上的权力：权力点

从微观层面来审视权力的视角，将宏观的权力关系视为背景，关注在合作日常进程中权力发挥作用的方式。宏观权力主要考虑组织层面的问题，而微观权力则将个体置于权力问题的中心。微观层面上的权力问题是合作参与者的切身经历，因此与生活的联系更密切。

在微观层面上行使权力最直接的方式是直接影响合作目标以及合作成员关心的议题。如第七章所述，在许多情况下，合作成员都会就此展开讨论并作出决定。然而，合作情境的其他特征也会影响开展讨论的方式。因此，对其行使利己权就等于间接地对合作议程行使利己权。这就是合作中的"权力点"。正是权力点组成了权力结构。

我们在一个一起工作的合作团体中寻找权力点。从我们的经历来看，该团体的权力点可以列举如下。该团体是一个随合作项目建立起来的合作性学习网络。我们在该网络启动阶段与项目管理者共同工作，随后，在该网络 18 个月的生命周期内，又与项目管理者、该网络及其成员（通过网络会议）共同工作。因此，这里的案例来自上述干预活动。

- 命名。在最初的讨论中，项目管理团队向我们提到要设立一个"组织发展小组"，在邀请成员加入的 6 个月里又考虑过其他名称，直到最后确定为"学习网络"。不同的名称意味着参与者的贡献将有所不同，而有关命名的讨论对明确该团体的工作目标至关重要。

- 成员。在启动阶段，就有关邀请谁的问题，我们与管理团队开了 4 次会，并通过大量的电子邮件进行讨论。即使在该网络已经举行了 2 次工作坊之后，管理团队仍然在继续讨论成员问题，例如谁真的出席会议，新的议程又是什么。据我们所知，管理团队并没有就此问题咨询任何网络成员，网络成员也并没能影响管理团队的决定，因此成员选择权完全掌握在管理团队和我们手中。

- 身份。管理者希望确保网络成员能够带来一系列的经验、技术和观点。他们对个体的身份认知显著地影响了选择过程。管理团队的所有成员都愿意邀请来自志愿组织的成员，他们认为一位参与者就能够充分代表志愿部门的观点，而志愿部门是由多元化的组织构成，其观点未必一致。没有志愿部门代表参与决定，极大地影响了管理团队对志愿部门身份的概念化。

- 邀请和加入。某次我们讨论到如何接触可能的参与者。我们提到过邀请他们来喝一杯，但因有人说这样的氛围可能"太危险"而放弃。最后我们决定先打电话进行初步联系，劝说目标对象来（只是）参与其中。随后再发出正式的邀请函，附上该网络的工作目标清单，阐明该网络旨在指导活动重点。工作目标清单不是为了主导，而是向被邀请对象清晰地介绍未来的工作内容，由此来提高他们接受邀请的可能性。

- 开会。在我们的讨论中，在哪里举行第一次会议的问题出现过好几次。管理者急于展示他们在网络运转方面的中立态度，因此提出不应使用他们的场地。我们也讨论过几次是否使用我们的场地，但最终选择了一个对网络各参与方来说都是中立的场所，但这也反映了项目的关注点。

● 会议管理。我们协调了该网络所有的会议，因此处于一个强势地位，能够将参与者引导到议程的特定内容上。管理者经常召开其他的会议。一位管理者没有全面参与项目的具体工作，却认为自己的时间管理（"我是这样的人，我会说好了，可以了，我们已经讨论得足够多，我知道你们有些人不同意，但我们必须要往下走"）和协调能力（"……说些安慰的话"）很有效。作为项目指导小组主 180 席，他处于强势地位，能够影响会议中哪个议题能够分配到多长时间。

● 会议日程和形式。管理者和我们共同起草了会议计划，明确在未来会议日程制订中纳入其他成员的参与。在实践中，其他成员在会议中有机会参与日程制订，并根据他们的时间安排，在会场之外通过邮件方式进行咨询。然而，还是不可避免地主要通过管理者与我们的讨论进行决策。我们就此提出有关会议方式的建议，在其他成员参与有限的情况下，我们的影响十分显著。我们常常建议邀请非网络成员参与，来提供专家视角或用户视角，供管理者选择参考。

● 会议跟进。跟进会议共识和其他事项的权力完全掌握在管理者手中，他们根据情况和时间来确定是否跟进。

　　这些案例表明，日复一日推动合作的单调活动也会成为权力点，切实影响合作议程及其实施。在大多数的合作情境中，都会重复出现上述活动。那些有意无意进入权力点的人会处于强势地位，左右合作的走向。下面，我们将简单总结一下上述案例的启示。

　　合作体的名称是权力结构中最为显性的特征之一，会直接决定活动范围，影响非常显著。有时，合作成员会有意地选择一个没有任何含义的名称，来规避这种影响。然而却不利于合作体向外界进行展示，有时也会因将参与方的名称简单相加而显得过于冗长。名称是一个合作体的第一印象，即使只是选择一个临时标签以便于开始工作，也会因可能影响选择邀请谁来参与其中而产生重大影响。

如第八章所述，成员结构通常会显著地影响合作议程，参与方的选择会决定成员间是否和睦相处。决定谁可以加入、谁来参与决策，都会不可避免地（虽然未必会直接表述）成为权力结构的一部分。上述案例也表明，对合作的管理团队或管理者进行任命无疑也是个权力点。

本案例还提出了代表性的问题，进一步验证了第八章中有关代表的模糊性和复杂性的观点。个体和组织的身份认知会显著影响决策过程，因此物化身份的方式也就是权力结构的一部分。谁能参与身份群体的形成，可能与由谁来选择被邀请对象一样，都是一个重要的权力点。在实践中，身份群体的形成通常是无意识的，而这些结果也是无意识的。在第十一章中我们将继续讨论身份群体的形成过程。

与选择被邀请对象有关的，是邀请本身。邀请的形式，例如邀请信、电子邮件、电话或"请来喝一杯"，以及邀请的内容和任何简报文件都是重要的权力点。简报文件通常只被视作一种聚焦方式，有时还被公开称为"众矢之的"，即应当被"推翻"并取而代之的切入点。当然，可以采取更典型、更实用的方式切入。无论如何，它们在很大程度上会决定最初的讨论框架，从而极大地影响合作的性质。

参与合作活动的个体通常处于不同区位，因此有必要通过不同的媒介和程序来进行沟通。这会影响获知什么信息、何时获知信息，从而也就成为权力结构的一部分。对于大多数合作体来说，会采取面对面互动的"开会"形式，其中包含许多权力点。开会的地点会影响参与者参会的难易程度、他们是否能拿到自己的文件和其他物品的渠道、空间环境的布置方式等，从而影响合作成员决定合作议程的能力。在某一成员的场地举行的会议有时会被看作一种权力声明，代表着该成员居于主导地位。会议的时间也有类似的含义。因此，决定场所和时间的人就占据着与会议相关的重要权力点。

在会议中，召集人或主席通常有权力管理会议日程。如果有外部协调者的参与，他们在参与期间也会在很大程度上使用权力，比起其他参与方，参会者可能更不与他们发生争执。他们一般会通过掌控辩论过程的方式来行使权力，但有时也会做实质性的发言，来左右讨论的走向。有机会主持会议让协调者居于主导地位，也就占据了权力点。当然选择协调者的过程也同样如此。

显然，形成会议日程的过程也是个重要的权力点。如果一个会议有正式日程，那么决定日程的人就能够显著地影响会议内容。任何能够使他人注意到的展示文件的机会也是权力点。即使他人有机会反对文件内容，但文件仍旧为相关议题确定了讨论前提（Phillips and Hardy，1997）。决定会议流程也是权力结构的重要组成部分。例如，短会上讨论的机会不多，但对参会者而言可能更轻松、更具吸引力。严密的会议日程能够涉及更多议题，但会议共识可能就会流于表面。当然，也可能会导致压制不同意见或随后出现其他顾虑。例如，在虚拟会议、非正式会议、正式会议和协调工作坊之间的选择，显然就是个重要的权力点。这种选择常常被视作理所当然的标准程序，因此不一定是有意识地行使权力。

上文的最后一个案例是会议跟进。跟进会议共识的人有权力解读他们落实行动的程度和形式。当然，在会场之外会有许多其他方式来实现会议议程。一些人采取主动来推进他们认为符合合作利益的事项，而另一些人有意地或不假思索地牺牲其他组织的利益，采取符合自己所在组织利益的行动。例如，一方在未经另一方明确许可的情况下，在不同的情境中使用另一方的知识产权或客户资源。因此，在会场之外也会有许多类型的权力点。

上文的案例展示了权力结构的性质，而权力结构是在合作中权力实际被行使的互动点的集合。从某种意义上说，权力结构是微观层面上的诸多没有被权力行使者认识到的权力资源。它们不符合典型的权力资源的定义，其中一些能够被行动者所识别、获取和操控，另一些则无法被单个行动者有意识地加以控制。

合作中的任何个体、团体或组织都可能会行使权力结构的部分或所有权力。在一个较长的时期内，权力中心可能不会始终属于某一个人。这种微观层面的权力极具动态性。例如，合作管理者在会场之外可能很有权势，他们是合作成员的中转人，理应将所有时间都用于合作相关事务，并对合作预算有直接的控制权。因此，他们就会接触到许多权力点。然而在会议中，合作成员可能会改变会议日程，也可能通过决定未来会议的地点、时间和类型来改变权力点。而非合作成员，如协调者或咨询专家等，可能只会出现很短的一段时间，却也可能像资助方一样拥有权力，除了可能对合作议程产生显著影响之外，也可能时不时地就合作的具体事务发号施令。

一些人会幸运地拥有选择权，能够决定何时行使权力，能够自如地将权力转交和收回，却通常没有明确地认识到这一点。例如，学习网络的管理团队成员在积极领导和适度控制之间转换，在工作坊期间明确地将权力转交给我们，以"普通成员"自居。这样，权力"接力棒"就实现了在这样那样的个体之间的来回交接。有时，他们会有意地紧紧抓住权力，而不会冒失去权力的风险，哪怕是暂时失去也不行。例如在学习网络的例子中，我们决定邀请别人来喝一杯可能"太危险"。这种接力棒的传递可以发生在拥有潜在权力并认为有能力赋权于他人的任何人、任何组织之间。因此，一个正式的牵头组织可能会赋权一个合作伙伴牵头实施某项合作议程。这种"接力棒传递"一般不是权力声明，而通常出于最有利于合作的考虑。

出席和缺席的动态关系也很重要。对许多参与者来说，行使权力就一定要"在场"，而不管当时特定的"在场"是在哪里。然而，那些控制资源的人行使权力，同时在物理空间上远离合作（McQuaid，2000）。一些个体在缺席的情况下可能会获得职位（或其他类型的）权力。这种权力的典型情况是，出席者在作出最终决定时可能会有所顾虑，会尊重缺席者的意见。项目管理者和合作体的召集人通常拥有这种权力。这种权力的特点是，有权在要求他人参加会议时选择不在场，并且在"不在场"时对保持控制权和所有权感到放心。

权力结构概念与权力的定义相关。在合作中，权力不会属于特定的参与方，也不会一成不变。从这一视角出发，任何一方都可能会在此时或彼时拥有权力，哪怕他们并不在场。在下一节中，我们将讨论权力结构如何延伸到合作之外。

由外而内和由内而外的权力界面

许多权力点与合作成员之间的关系无关，而与外部机构或社会实体之间的界面有关，例如立法、对行动的专业限制等。许多不同的界面会产生权力点，我们将在本节讨论几个案例。

鼓励他人首次加入一个合作需要一定程度的操控力，才能劝说这些潜在的合作成员认同合作体的身份。这种权力来自合作内部，由内部人员施加于（当下的）外部人员。而排斥潜在合作成员的权力也同样来自合作内部。然而，拒绝加入的权力则属于外部人员，会影响内部人员。就加入还是拒绝闪烁其词，是这种权力的终极形式，会影响他人的后续行动。

个体几乎总是忠诚于其他群体或组织，这种忠诚度要远高于对合作的忠诚度。高度认同外部群体（包括"私人生活"群体，例如家庭）的人可能会试图直接控制合作，以使合作与外部群体相一致。然而，那些认为有责任代表一个组织或外部群体的人，却会通过合作活动控制自己所代表的组织或群体。

在实践中使用权力

权力基础设施的概念源自权力通过合作实现的观点。这种观点将"权力点"概念化为合作情境的固有特征，认为权力在权力点之间、在所涉及的行动者之间频繁转移。因此，考虑到权力在宏观层面上的不对称，可以假设许多时候权力会掌握在看似弱势的人手中。

如本章开头所述，我们的权力观点来自认为合作中存在权力不平等问题的实践者所表达的不安和沮丧的担忧。这是一种利己权的视角，关注如何管理显然由他人行使的权力，而不（仅）是对如何行使权力的担忧。然而，权力结构概念体现了合作权和利他权的概念中的权力共享和赋权，强调分享权力和传递权力的可能性。在任何时刻，都不会只有一支"权力接力棒"可以被传递，而是有大量的接力棒，只是不是由同一种材料制成。将权力可视化为动态的，有助于更有创造性地思考让所有人都能在某些时刻获得一些权力的可能性。

权力管理的宏观和微观层面对于利用权力为组织或整个合作带来好处都很重要。宏观层面为微观层面的权力点构建起广泛的背景。使用权力同时包括宏观和微观层面。这里列出了会在两个层面上影响或操控合作议程的一些问题：

1. 他人或"体系"如何对自己行使权力？
2. 自己如何才能对他人行使权力？
3. 自己如何才能被他人视为行使权力？
4. 各方如何才能共享权力？

5. 如何才能行使共同"去做"的权力？

6. 如何才能暂时或永久性地向他人转移权力？

7. 如何历时变化？

这里的"他人"可以来自合作内部，也可以来自合作外部。行使权力可以是不知不觉的，也可以是有意为之的。

表10.1中的权力资源是在宏观层面上积极思考这些问题的基础。在宏观层面行使权力管理的一部分，是判断在特定权力关系的背景下尝试制定何种管理风格是合适的。这可能意味着，例如，决定是密切管理组织对合作的投入，还是让合作自主地运行（Cox et al., 2000；Medcof, 2001）。而在微观层面上积极思考这些问题的基础则是权力点的例子。权力结构的概念化表明，有必要关注自己和他人不易察觉的、可能是不知不觉地行使的权力。同时，在场权和与外部互动的权力界面也可能有助于回答上述问题。然而，这里列举的宏观权力资源和权力点都是指示性的，不能代表权力图景的全部。也就是说，可以将它们作为讨论的出发点，但有必要寻找其他资源和权力点。

本章对权力的关注必定使我们的视野超出合作行为之外。准备好用我们建议的方式行使权力，意味着有时要采取适当的单边行动。在第十三章中，我们将建议那些在合作情境中脱颖而出的领导者们，在支持"合作精神"和务实地做事之间常常需要把握好分寸，而务实的做事方式有时可能与这种"精神"相矛盾。这就意味着要对权力结构进行有效的管理。理解构成权力结构的这类实体，认识不同的权力点可能在不同时间发挥作用，会有助于参与者在两种领导权模式中快速自省，也能够支持个体参与者追求其自身利益。因此，如果意图是实现真正的合作，就要确保管理者的能力匹配，行使权力要敏感地并且一致性参与，推动信任构建和目标协商等活动。

第十一章　身份问题

在第十章中我们看到：对他人身份的界定会影响其是否能被视为合适的或有用的合作伙伴。在本章中，我们假设合作中的参与者，无论是组织参与者还是个人参与者，对他人身份的界定会影响他们在各种合作活动中对待彼此的方式。因此，例如，合作成员进行目标协商、建立信任或管理权力的能力，都部分地取决于他们看待彼此的方式。有关伙伴关系成员组织和自身组织的老派观点具有局限性（在跨国合作的情境下尤其如此），这些观点也必然对此产生了影响（Walsh et al.，1999）。在有关合作伙伴选择的研究中强调合作伙伴特征，如"战略特质"和"组织属性"（Luo，1998：145），也进一步表明身份问题的相关意义。

> 在东南亚，与大公司合作的形象很重要。在西方国家这并不是很重要。
>
> ——在马来西亚为瑞士公司工作的芬兰经理

如图 3.1 所示，该话题并非来自实践者的担忧，而往往由与合作有着潜在关系的研究者提出。尽管如此，令人惊讶的是，将身份和合作联系起来的正式研究却很少见。不过，其中有两种截然不同的观点值得关注。

第一种观点从社会身份理论来审视身份，该理论关注群体成员性质和个体分类，例如分为内群体成员或外群体成员。内群体成员之间的互动与他人相比较为频繁，从而加强其共同特征，群体特征会固定下来（Granitz and Ward，2001；Tajfel and Turner，1979）。在合作情境中，则表述为主要社会身份，即参与者基于民族文化、上级组织或合作本身等进行的表达归类（Salk and Shenkar，2001）。这种观点表明，社会身份一旦建立就不容易转移，并会显著地影响成员在合作中的行动。

另一种观点基于建构主义，关注身份的"动态"。这种观点认为，身份是通过互动形成的，所以不能归结于外部划定的分类（Deetz，1994）。身份会因他人的干预或解读而产生变化，因此不太可能稳定不变（Alvesson and Willmott，2002）。在合作的情境中，主要关注合作各方进行互动、形成相互关系时，共同进行身份构建的话语过程（Maguire et al.，2001）。因此，这一视角将身份视为（有意识地，以及不那么有意识地）建构的对象。这就意味着，有可能通过描绘一个与合作伙伴认同的身份相符的身份来建立信任。这种观点还认为，确定不同身份的方式可能会创造或拒绝群体的发声机会。这也是本书第十章中简要介绍的话语权概念的核心（Philips and Hardy，1997）。

在合作优势理论中，会涉及并拓展上述两种观点。第二种观点对互动的关注尤其重要，合作各方会基于其对他人身份及对合作目标的贡献的预设而开展互动。而从整体来讨论合作时，第一种视角对内群体的关注也很有意义。

让成员认同合作是极具挑战性的，我们在第七章有关目标协商的讨论中对这个问题已有所讨论。合作优势通常源于各方由于贡献的类型不同而产生的协同效应。因此，虽然合作成员可能有着共同利益，但不太可能有太多相同特征，也就不太可能从一开始就有相互认同感。要想管理目标和权力、构建信任等，就（需）要打破现有的内群体边界。对现有身份的情感依赖会阻碍这一过程（Fiol and O'Conner，2002）。同样地，个体对所在组织与对其他组织的理解的社会比较，会影响其对所在组织的认同程度（Bartel，2001）。如果合作成员能够拥有目标感，遵从群体规范和价值观，就会形成一定程度的内群体性。正如第七章所述，这与目标协商中的"有凝聚力的团体事件"相关，也可能会对绩效产生积极或消极的影响。无论如何，正如第八、九和十章所述，合作过程中的内群体性总是很脆弱，与信任一样，内群体性对合作结构和权力平衡的动态变化非常敏感。

> 我们很难让这些企业认同这个网络。
>
> ——地区小企业网络经理
>
> 到目前为止，这是真正的合作，但随着其他两家公司更多地参与其中，未来可能会出现权力问题。
>
> ——能源行业咨询伙伴关系顾问

基于身份认同一致性的需求和适应性的需求之间的矛盾，我们可以重新阐述第七章的部分论点。对认同合作而言，发展相互关系的过程不可或缺。如果能够有效发展相互关系，就有可能显著地改变个体看待和认同自身和他人的方式。然而，从个体所在组织中其他同事的角度来看，个人认同所在组织的一致性会显得非常重要。因此，身份建构在提高合作有效性的同时，可能会削弱成员组织实现自身目标的有效性，反之亦然。

因此，处理身份的一致性和适应性之间的矛盾，是管理（实现）合作的重要组成部分。在本章所引的文献中，我们关注理解和概念化身份形成的机制。我们特别关注合作环境中增强和削弱一致性、破坏身份认同的因素。该文献采用"身份形成"的概念来描述身份类别形成以及参与者自我界定成为特定类别的过程。如第十章所述，这样的概念化源于我们两年来与合作学习网络的共同工作的分析。该项目还有一个合作指导小组。

本篇文章引自 N. Beech and C. Huxham（2003）Cycles of Identity Formation in Collaboration. *International Studies of Management and Organization*, 33：3，pp. 28–52. © 2003 M. E. Sharpe, Inc. 转载获得授权。

身份构建的混乱：循环、构成及复杂性

看待合作中身份构建过程的方式之一，是将其视为相互交织的各种循环组成的"混乱"（即混合或交融）。在这些循环中，各方的身份

由许多错综复杂的要素构成，并持续地出现和变化。概念看似简单，但实践中的诸多复杂性却导致辨别这些循环难上加难。在这部分引文中，我们一点点建立起这种"混乱"的图景，主要关注循环、构成及复杂性。

身份构建的循环

描绘"混乱"图景的第一步是确定身份形成循环内在的原则。各方进入合作情境时，会对自己的身份有个倾向，并想当然地对他人的身份进行分类。例如，个体首先会从自己在合作中的作用，以及曾经或目前从事的其他工作或角色来介绍自己。在学习网络中，有两个人既不是医生也不是学者，但仍然会明确地告诉我们他们持有博士学位。人们也经常从看似与合作有关的分组的角度来谈论他人。例如，在学习网络中，专业地位经常被用于描述个体，例如"他是一名全科医生"；而部门或专业标签则经常被用于指代群体或组织，如"地方政府"或"家访护士"。当然个人特征也常被提及，例如"一个胸襟开阔的全科医生"或"附近的地方政府"。有证据表明，各方能够意识到他人是如何看待自己的。例如，某位管理人员很在意自己的管理身份，察觉到会被其他医生认为"站错了队"。她看起来试图（也许是无意识地）通过将自己介绍为"公共健康顾问"，即一名医生，来应对这种观点。

虽然这些身份"倾向"有时会根深蒂固，但也会持续地受到合作中各种互动的影响。合作各方都会经历并解读他人的行为，包括言语行为，由此转变（或强化）对如何看待他人身份及他人如何看待自己身份的认知。由于对自己和他人的身份判定会影响个体的行动方式，这一点便显得尤为重要。让我们举例说明。

在一个学习网络会议上，某全科医生将一群新人称为"外行"，认为他们是"未经训练的员工"。从这位全科医生的角度来看，这些人的工作是为"合格的""医疗专业人员"提供支持。"外行"和"未经训练"这些词的使用激起了学习网络中来自医疗服务部门之外的成员的反感。一位负责招聘的组织代表解释说，这些人实际上接受了大量培训，并非未经训练。此外，尽管在会议中没有明确提

到，但他们工作头衔中的"支持"对象并非医疗专业人员，而是所 190
服务的客户。这意味着他们只是在医学视角来看是"外行"和"未
经训练"。在随后的讨论中，"外行"一词并未消失，该全科医生和
其他医疗专业人员一直在反复使用。从这个意义上说，这种认识很
常见，很难使医疗专业人员推翻他们对"专业"和"外行"的社会
分类区别的认知，因此这样的身份判定就保持稳定，相对固化。然
而，在此情境中用词的含义也发生了变化。他们不再使用"未经训
练"一词，略微调整了话语，表明"外行"的工作也是有价值的。
这些医疗专业人员对"未经训练的外行"的身份判定虽然很难改
变，但在学习网络中也进行了一定程度的调整，当然对群体的分类
并没有什么大的变化。尚不确定在其他情境中（例如该全科医生的
医疗实践中），对"外行"身份的这种再认识是否能够持续。

在这个例子中，在工作坊的情境下，两方对不在场的第三方的身份
进行了构建。这可能会影响到两个现有"群体"成员未来对第三方成员
的行为方式。（在描述该案例时，我们当然再次代表着故事中各方的身
份，例如"全科医生和其他医疗工作者"）。

图 11.1 以最简单的方式描述了身份形成循环，即仅涉及两个变量，
标记为 X 和 Y。这里从 X 和 Y 的视角关注 X 的身份形成。在图中，我们
使用"X 的行为方式"一词来表示 X 面向其他对象（在本例中为 Y）的
语言和行动。该图表明，X 的行为取决于其自我认知方式。Y 对 X 行为
方式的解读则取决于 Y 如何看待 X 的身份，反过来，Y 对 X 行为的解读
也会因 Y 如何看待 X 的身份而加以调整。因此，Y 的行为方式不仅基于
Y 对 X 行为的解读，也基于 Y 如何看待 X 的身份。于是，X 对 Y 的行为
方式的解读也会部分地受到 Y 对 X 的行为方式解读的影响，反过来可能
促使 X 调整自我认知。这样的经历不断重复，就会使 Y 看待 X 身份的方
式固定下来。这样的固化意味着一定程度的团结和静态，但并不是绝对
恒定，因为这种清晰的身份认同可能会因进一步的身份形成而消失。

当然，如图 11.2 所示，Y 的身份形成循环是个镜像的过程，二者相
互交织。虽然这一高度简化的图景仅涉及两方，却已足够复杂，难以
描述。

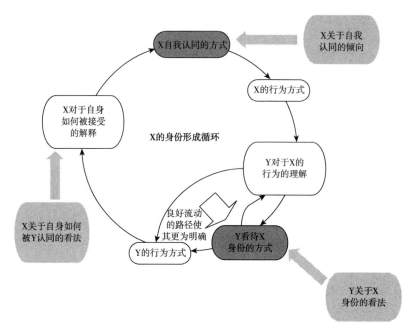

图 11.1　简单的身份形成循环

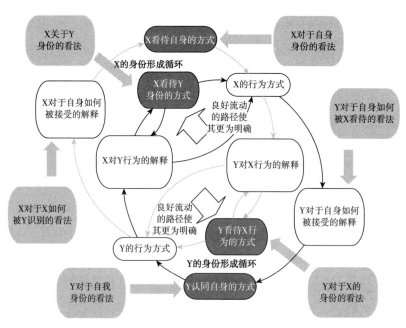

图 11.2　交错的身份形成循环

身份形成循环的作用

在下面的例子中，我们从另一个组织内部情境入手，旨在展示这种简单的"循环"如何在实践中"发挥作用"。这个案例取自真实合作情境中的行动研究数据，为了关注简单的循环，我们有意只选取了一个小片段，而忽略许多其他事件和观点。案例进行了匿名处理，以用于此类情境的一般性讨论。因此，这里无意对该情境进行完全真实的描述。

> 这个案例涉及合作伙伴关系中的管理者及一个工作组的成员。该工作组由一些伙伴关系成员组织成立，关注他们感兴趣的伙伴关系总体议程这一特定问题。工作组成员由伙伴关系成员组织雇佣。管理者一再向行动研究人员声称她的角色是"工作组的资源"，而非工作组的成员。然而，她定期参加工作组会议并发言，发言内容包括工作上的建议和可能，也包括程序上的支持。从她的角度来看，工作组关注的特定问题很重要，但毕竟是更广泛的伙伴关系议程的组成部分。从伙伴关系出发，她认为自己承担了特殊的责任，需要在各个会议间歇期为工作组提供日常支持（一位同事在其他工作组中也承担着类似的角色）。为此，她认为有利于寻求与活动和成果的协同作用，这些活动和成果也将服务于更少注的伙伴关系议程。
>
> 通过与工作组其他人的对话，我们发现大多数人都将这位管理者视为对工作组至关重要的强有力的人物。事实上，如果没有她，工作组可能早已不存在。无论是在会议上还是在会议间歇期，她都是工作组一个非常积极的参与者。然而，一些成员对于她推动的是"伙伴关系议程"而非"我们的议程"感到紧张。原因是，在关于工作组行动的讨论中，她会提出与工作组无关而属于伙伴关系的观点。而工作组成员对这样的讨论则非常"谨慎"。他们希望能够确定，工作组的行动不仅对伙伴关系有利，也对工作组有利。
>
> 从该管理者的角度来看，她本着支持工作组的态度，努力在工作组提出想法，而工作组成员却显然没有"说干就干"。他们并没有采取主动，也不像她所期待的那么积极。因此，她认为应当继续尝试，促使该工作组开展有目的的行动。为了实现目标，她决意必

要时在会议上强烈表达，并在会议间歇期推进行动。

从工作组成员的角度来看，该管理者在会议上和会议间歇期的行动，使他们更加确信要小心她的动机和她真正追求的议程。因此，他们与管理者之间的紧张关系不断加强。

这个案例并不是极具象征意义的事件的宏大史诗或悲剧叙事，而是关于日常生活里不太引人注意的过程。从工作组成员的角度来看，这位管理者虽然有所贡献，却被视为一个有着潜在威胁的工作组成员。而该管理者仍然将自己视为"仅仅是工作组的资源"，而不是工作组的成员。这些相互矛盾的身份固化下来，形成了工作组尚未察觉也没能讨论的矛盾。于是，各方都带着不同的期望，紧张关系仍未解决。这种关于管理者在多大程度上成为工作组成员的认识有并不显著的模糊性，通过互动和解读的强化循环固定下来，可能会对工作组的行动能力产生负面影响。

尽管本案例仅涉及真实事件的一个方面，但其本质在许多合作情境中都非常典型，即群体成员身份的模糊性（见第八章）。特别是对合作关系管理者的角色期待会各有不同，他们通常并不是严格意义上的合作成员。在某些情况下，这种期待取决于他们在合作结构中的特定职位（见第十三章）。例如，如果他们受雇于一个成员组织，即使他们的工作描述表明其职责是伙伴关系，也会在某种程度上自认为并被视为该组织的成员。

身份的构成

社会分类的本质

我们描绘"混乱"图景的第二步是分析构成自我和他人身份的要素类型。身份形成需要确定社会分类命名，以及行动者（可以是个体、群体、组织或合作体）对这些分类的认同。从原则上讲，二者都会或多或少地明确出现。然而在实践中，却更常见不同程度的无意识，而非有意为之。

首先，社会分类本身就是假设。在学习网络中这一点表现得尤为明显，我们与管理团队就应当邀请谁加入网络进行了非常冗长的讨论。该网络略微不同寻常（虽然是典型的合作学习或顾问网络）的是，管理团

193

队希望邀请不代表其所在组织的关键人物。当然他们也需要确保这些人能够带来一系列经验、技能和观点。在某些情况下，关注个体意味着立即进行身份分组。例如，一位"候选人"是"传统的全科医生，他可能会说全科医生不同意，因为……"暗示代表"传统的全科医生"的观点十分重要。而在其他情况下，宏观层面上的身份分组也是假设。例如，管理团队的所有成员似乎都很乐于将志愿组织分为一组，意味着志愿部门的一位参与者就足以贡献该部门的视角。有趣的是，在另一情境下，一个管理团队未经质疑就将一个儿童保育联盟视为（整个）志愿部门的代表。

194

如上文案例所述，一些个体可能会共同使用这种假设的分类。参与方没有一人来自志愿部门，可能极大地影响了不假思索地将志愿部门看作一个整体的决定。然而在某些案例中，不同人看待社会分类的方式存在明显差异。例如，来自地方政府部门的负责人将"国民医疗服务体系"视为一个对象，而来自医疗部门的其他人则自认为属于专业（亚）群体。换句话说，对直接参与其中的人来说，国民医疗服务体系是由相互区别的稳定的身份组成的集合。而从外部视角来看，其本身就是一个稳定的统一身份。

还有许多案例表明，个体显然会理所当然地融合和区别社会分类。例如，项目指导小组的一名成员认为，为了让志愿部门与当地社区建立更好的关系，有必要让法定部门参与。这意味着融合所有的法定部门，融合当地社区和志愿部门，但又对二者进行区分。退一步来看，这样的融合和区分并非自然形成。例如，在组建指导小组时，小组主席以大学作为一般标签进行分类，来自一所大学两个独立部门的代表各自为项目作出了不同的贡献，而来自另一所大学的代表则代表该大学这个整体。

个体有时会使用头脑中含糊的标签来进行社会分类，并在不同的分类中交互使用。例如，一个人在很短的时间内连续两次使用了"人们"一词，第一次是指指导小组成员和其他非特定对象，第二次是指学习网络成员。有时候，我们会使用含糊术语来区分（有时不一定是有意识地）不同标签的差异。例如，一名高级顾问外科医生在提到医生时始终使用"人们"一词，而在提到与他共同工作的其他人时则使用"大伙儿"。

社会分类的类型

在本节中，我们已经讨论了人们在自我和他人的身份形成过程中，使用的社会分类及其划分常是不言自明、理所当然的。显性和隐性的社会类型种类很多且各自不同，其中有两种使用频率很高，在这里加以讨论。

在我们的数据中，某些角色明确地与合作相关，例如团体或组织代表、合作组织主席等。有时，承担关键角色的个体会成为合作的化身。数据中经常提到的一个联盟往往由负责人的名字所指代，在提到该联盟时，几乎会立刻出现一幅画面，说出该负责人的姓名。而"全科医生"或"地方政府管理者"这样的角色也与通常的个体职业相关。这些身份"包袱"通常会带入到合作过程中，成为身份形成循环的一个要素。例如，一名全科医生显然带来了自我认知，使全科医生被看作过于忙碌而不会在会议中闲坐。这会在很大程度上影响他在合作团体中的行动。他在会议中拒绝关闭手机并经常接听电话，说这些电话"可能很重要"。他显然认为这些事儿比开会更重要，尽管在会议期间该项目还为其支付了代办医生费用。当然，角色身份至少提供了部分的参与理由，如果运用得当，能够成为形成合作合力的重要因素。其他可能会影响身份认知的非正式角色更难预测。例如，在学习网络中，一个个体的自我认同与其家庭密切相关，就会影响其在会议中管理（自己和他人的）时间的方式。行动者的身份期望因人而异。例如，从项目管理者的角度来看，邀请一位全科医生参会是为了代表其他全科医生，但该全科医生却认为自己应当作出个人贡献。

区位指标也会不同程度地发挥作用。例如，国民医疗服务体系的一个关键组织伙伴通常会被其总部所在建筑物的名称拟人化，即用建筑物名称指代组织名称。出于政治原因，项目本身也被等同于所在城市，通常会被政府官员称为"某某城市项目"，这样城市本身就成为合作项目身份判定的一个社会类型。城市中项目开展的特定街区也是重要的标识。例如，"东部"和"北部"等词已成为支持或反对改革的医疗专业组织管理话语中的符号。区位指标也被用作描述相似性和差异性。例如，在指导小组会议中"邻近的地方政府"被视为项目应当建立联系的利益方。这种有趣的社会分类意味着：（1）其他地方政府部门与该项目具有某种相似性，虽然该项目由医疗部门而非地方政府主导，有包括地方政府在内的许多其他组织参与；（2）"邻近的"地方政府和项目在所服务地区上有所区别；（3）将所有的地方政府部门都划入相同的社会分类。

196

社会合作的参与者经常提出"共处一地"的问题，认为在将相同地理边界作为活动范围的组织之间管理合作行动更加容易。在商业联盟中，也会提出类似的合作伙伴地理经营范围问题。因此，基于区位指标的标识对于行动者作出联合/合作行动的决策至关重要。

除角色身份和区位指标外，社会分类当然还有其他描述性指标。行动者使用各种社会分类来描述自我和他人的特征，形成身份认同。例如，通过介绍来描述自我和他人时会包含一些特征，就像"在我担任现职之前，曾是一名地方政府管理人员""我是指导小组主席"或"我拥有博士学位"。其他与家庭相关的特点可能不会被提及，也可能会凸显出来，但绝不会明确地与更为公开的特征有所关联。这样的身份形成过程有时是显性的，但更多是不引人注目、理所当然的。

循环中的复杂性

目前，我们介绍了身份形成的概念，即通过行动、行动的解释和身份构建活动的循环，并讨论了身份的典型构成，即一系列特征的组合。实践中则要复杂得多，因此第三步我们将探讨这种复杂性。

对于任何个人而言，身份形成都是个双向过程，其中：（1）在行动者身份形成时，会被划入一系列不同的社会分类；（2）不同的行动者被划入同一社会分类，也是识别这些社会分类的一部分。如图 11.2 所示，身份形成的循环更关注前者。当然，上述双向过程在实践中会同时发生、相互影响，在个体身份和社会分类相互作用并最终形成的过程中产生同步动态性。我们不尝试用图形来展示这样的复杂图景。

图 11.2 所示的循环也特别关注了阻碍身份形成的因素。为此忽略了影响参与者合作行为及其解释的诸多因素，这些因素也会间接地影响身份的消解和重塑。合作优势理论认为，参与者的目标、信任程度、对权力的认识、合作结构和沟通过程等因素，会决定所采取的行动。同样地，

语言运用以及不同的群体、职业和组织文化等因素，会决定对行动的解释。其他一些环境因素也会产生影响。在这些情况下，Y 的行为可能与他（或她）对 X 行为的解读完全无关。也可能 X 会认为有关，即 X 对 Y 的行为的合理解释，但与 Y 自己的合理性完全无关。

更令人困惑的是，X 可能对没有自我概念的 Y 起作用。例如前文所提到的国民医疗服务体系在合作主席话语中的对象化。然而，在该管理团队其他成员（或其他各种医疗部门参与者）的话语中，没有一个对象能够对应"国民医疗服务体系"。因此对于该负责人来说，在某种程度上，是针对一个没有社会存在的对象进行思考和行动的。从概念上来说，这就意味着 X 和魅影 Y 开始了一个循环。魅影行动者在"全科医生"或"地方政府"这样的社会群体的案例中也会出现，即群体成员根据职业或功能上的相似性被划入一个社会分类，但没有形成一个有组织的自我认知群体来展开实质互动。对身份固化的认识差异，也可能会产生这种想象的他者。因此，在 Y 看来，X 可能是固化的，也可能处在变化中。

此外，由于行动者可能是个体、群体、组织或合作体，这里的 X 和 Y 可能并非同类。Y 可能是群体、组织或合作体，而 X 则是个体。这里我们无意物化群体、组织或合作体，只是指出数据表明许多人即使能够以自己的身份发声，却仍然选择以这种或那种群体的代表身份，例如"全科医生认为这个项目"或"委员会将医疗机构视为"。在循环中，一方也有可能是另一方的子集，例如 X 可能是医疗机构 Y 聘请的项目管理者。

显然，在大多数合作情境中会涉及两个以上的行动者。这意味着会出现许多相互交织的循环，而不仅是图 11.2 中所示的两个循环。而行动者的行为也会基于对许多其他参与者的行为和身份错综复杂的解读。在这种情况下，针对某一对象开展的行动也极有可能被另一个对象解读。即使是针对与当前合作完全不同的领域中开展的行动，也可能被其他参与方在合作情境中加以解读。反过来，针对某一对象精心设计的行动，也可能会被该对象完全忽视。

最后，我们的讨论目前主要集中在组织间合作里里外外的身份形成过程。合作本身形成身份的过程也同样是这样的循环，受到许多因素的影响。一些实践者认为，合作身份的形成至关重要，关系到合作伙伴的身份认同和对合作的信心。这时，就需要有意识地对此给予关注。在本文的案例中，在合作层面上阻碍身份形成的过程表现得不那么明显。限于篇幅，我们无法详细展开，但这些过程包括有关合作的名称、目标、范围和结构、参与对象确定以及选择标准等冗长的讨论。在合作中的参与者内化合作身份时，培育计划也十分重要。而外部身份地位会成为重要的标识。如果外部身份地位是积极的，就会极大地有利于获得合作成员的支持。例如，该项目通过其"政府示范项目"和来自一位政治家的"积极反馈"给了一些参与者积极的身份。

198

　　尽管这种隐性的身份形成过程往往是由发起人和管理者逐步建构的，但其他行动者（包括合作成员）也会发挥影响力，例如学习网络的成员就明确地讨论其活动范围。这一过程对合作中身份形成具有重要意义，可以被视为各参与方（可能包括其他的合作体）之间身份形成循环的背景。然而，这种背景会与"前台"的行动错综复杂地相互交织（Czarniawska，1997；Goffman，1961）。例如，学习网络讨论的活动范围显然包含了许多他人视角下合作成员的身份形成循环。进一步而言，由于合作结构通常相互关联，如本文案例中，一个多组织参与的项目、学习网络、指导小组和伙伴关系都密切相关，各方的身份形成过程都会受到他人身份形成过程的影响。由于成员组织的身份确认、角色转变都会受到合作结构的影响，有时还会有意识地采取行动来影响这些变化，合作结构也会影响他们的自我认知和身份认同。"转让权力"，"改变我们在组织内部的工作的方式，更好地实施（共同）政策"等，都是指导小组成员对成员组织进行改革的愿望的例子。

　　在本文中，我们旨在构建一个身份形成的图景，现总结如下：

■　　通过一个由各种互动循环组成的错综复杂、相互交织的混乱，参与者的行动至少部分地取决于他们对自身和他人的身份认知，因此身份部分地取决于行动。

■　　参与者可以是个体、群体、组织或合作体。

■　　身份通常由一系列社会分类构成，而社会分类与其角色和区位有关。

■　　在一个双向过程中，行动者在身份形成时被划入某些社会类别，

199　同时行动者被划入社会分类也是确定这些社会分类过程的一部分。

■　受到无数其他因素和情境问题的影响，很难确定行动者的表面反应与基于身份的解读之间的联系。

■　参与者在获得身份时，可能是有意识的、部分有意识的甚或无意识的。他们在确定自己或他人身份时可能会更多地（或更少地）深思熟虑。

■　没有社会存在的魅影行动者也可能获得身份。

■　不同的社会分类可能会在某一时刻显得比较重要。因此即使视角并没有发生变化，任何单个行动者在不同时刻也会对其他单个行动者（或自我）的身份会有不同的认识。

■　虽然可能会在一定时期内固化，但总体来讲身份是不断变化的。有时身份会根深蒂固、很难改变，应当被视为有利于推动合作过程。

■　促进合作的身份形成与合作中的身份形成同时发生，两个过程相互影响。

在实践中处理"混乱"

身份形成过程几乎会影响伙伴关系培育的方方面面，而后者是合作成功实践的本质。例如，目标协商、信任构建和管理权力都在很大程度上取决于各方的相互理解和欣赏。理所当然地对自身和彼此的身份进行预判，或对身份在不同情境下的变化缺乏认识，都会导致合作惰性。身份形成过程可能会阻挠或推动合作意图的实现。特别是身份的变化和固化会对各方的信任产生巨大影响。信任可以是身份形成的结果，也可以是身份预判得到验证的结果。而期望和观感之间的不一致则会损害信任。

这里的概念化过于复杂，无法为大多数情境提供具体工具。在现实中受到时间限制，一般也不可能剖析和展示一个这种循环组成的复杂的混乱局面。无论如何，我们认为这样的概念化十分重要，能够帮助那些合作中的参与者更加有意识地关注身份问题。同时，也有可能更加正式地运用概念化，从现实情境来分析合作中身份形成的一些特征。无论是正式运用，还是帮助提升意识，出发点都是干预这种混乱局面会提高合作成效。处理参与者的组织认同与合作身份之间的张力，也需要着重加200　以考虑。

在接下来的两章中，我们将讨论本着"合作精神"的协调活动，以及我们称之为"合作暴行"的操控活动，二者都是领导力活动。原则上，承认这种"混乱"并加以利用，同时有利于上述两类活动。例如，理解正在进行的身份形成过程和可能获得的身份，能够有助于相互理解和信任，而有意识地操控身份形成过程也能够用于改善关系。

201

第十二章　领导力的含义

我们在前面章节中已经讨论过管理合作时存在的许多固有挑战。因此，本章和第十三章的主题"领导力问题"就十分重要。然而，如图3.1所示，领导力问题没有引起实践者的担忧，也没有在合作相关的研究中得到多少体现。我们决定要关注领导力，是受到政策分析领域同行的启示，他们基于自己的立场，认为领导力对影响决策者而言至关重要。然而，与本书涉及的其他问题一样，我们虽然承认政策视角的重要性，却更关心领导力问题会如何影响合作实践。于是，我们特别关注领导力在合作议程的形成和实施中如何发挥或如何能够发挥作用。

由于合作情境中通常不会出现科层关系，而主流的领导力研究所关注的是正式的高层商业人物或公共人物，因此在这里并不适用（Bass，1990）。多年来，主流的领导力研究都以特征、风格或个人魅力来进行领导力的概念化（Bryman，1996），假设正式的领导者会为了达到特定目标而影响或改变一个群体或组织的成员，即其追随者，因此也无法直接应用。在合作情境下行使领导力意味着影响整个组织，而非个体（Stewart，1999）。如第六章和第八章所述，合作伙伴常常会很模糊，细化合作目标时也有许多固有的挑战。也就是说，很难将主流的领导力理论直接用于合作情境。

因此，我们选择了这样一种方法，即关注朝着一个方向而非另一个方向"领导"合作活动与成果，发挥合作优势或产生合作惰性的各种机制。简单地说，我们的概念化聚焦于合作中的"成事"因素。显然，成事因素包括愿景因素和更具操作性的因素，因此不作领导者和管理者的区分（Bryman，1996）。

202

本章的摘引文章将会表明，这种方式与经典的领导力定义有显著区别。而非正式情况或新情况下的领导者（Hosking，1988），领导力的去中心化（Martin，1992）和共享领导力（Judge and Ryman，2001）等概念可能更有意义。不出所料，关注合作中的领导力的研究者倾向于强调关系式领导力（Murrell，1997），激励、培育、支持和沟通过程（Crosby and Bryson，2004；Feyerherm，1994），以及作为领导者的组织（Ryan，2001）等，我们都进行了借鉴。

我们研究中的概念化过程分为两个部分。首先，我们关注领导力得以行使的"媒介"。我们认为，对于实现特定成果而言，合作结构和流程与合作参与者同等重要。在这个意义上说，本章与第八章紧密联系。我们同样认为，这些媒介有时并非由合作成员控制。其次，我们特别关注了第三种领导力媒介，明确了试图领导合作的人将会卷入的各种活动。本章摘引文章会涉及上述两个方面，但这里的重点是前者，后者将在第十三章详细展开。如第十章所述，这两章的内容都涉及权力管理问题，因此显然有所交叉。

本篇文章引自 C. Huxham and S. Vangen（2000a）Leadership in the Shaping and Implementation of Collaboration Agendas：How Things Happen in a（Not Quite）Joined Up World. *Academy of Management Journal*（*Special Forum on Managing in the New Millennium*），43：6，pp. 1159 - 1175. © Academy of Management Journal. 转载获得授权。

领导力媒介

（省略一部分）

结构中的领导力

在本文的语境中，合作结构是指与合作相关的组织和个人，以及他们之间结构性的相互联系。结构是议程形成与实施的主要推动力。这与吉登斯（Giddens，1979）的"结构化"概念有相似之处，但这里的结构虽然有时并没能得到正式承认，但比吉登斯所指的宽泛的社会结构要具体得多。Murrell（1997）也认为领导力和结构是相似的概念，领导者的

203　影响力取决于组织结构对关系式领导的影响，而我们在这里则关注组织"间"结构对成果的影响。

　　例如，开放式结构使任何希望派代表出席会议的组织都有机会接触合作议程。然而，参与其中的个体和组织之间的差异却难以解决。如果允许代表来来回回地换人，就会难以协调行动，从而妨碍清晰议程的形成与实施。反过来，严格控制成员身份的结构，如指定的牵头组织，少量明确的核心成员组织，一个执行委员会和向委员会报告的一系列工作组等，会更容易达成共识、实施合作议程，但有可能会将重要的相关利益者排除在议程之外。这种结构也会限制工作组形成自身议程甚至进行筹资的自由。如吉登斯所述，结构会影响人们的行为方式，但无法阻止有意识的行动（Whittington，1992）。

　　因此，结构决定着谁能够影响伙伴关系议程、谁有权力开展行动、哪些资源可以动用等关键因素，发挥着重要的领导力作用。如果合作结构是一个相互交叉的伙伴关系构成的系统的一部分，对议程的影响会更加显著。例如，合作成员的问责会变得模糊（即使自我问责也是如此），导致代表们无法按照预期来推动议程。同样地，如果一个伙伴关系会议的部分（而非全部）代表同时参加另一个伙伴关系的会议，则后者的会议有可能推动前者的议程。

　　鉴于合作结构在伙伴关系形成和实施中的重要性，有必要关注它们通常并非由合作成员掌控这一事实。公共部门合作的结构通常由外部的决策者或资助者设置，而非合作的发起者或其成员决定。这种外部设置的结构对伙伴关系而言是侵入性的，而不仅仅是环境因素的一部分，其影响因情境不同而异。

　　例如，世界卫生组织资助的医疗促进伙伴关系一定有预先设置的管理结构。因此，其成员会遵循特定的标准以确保获取资助，而合作伙伴有自由空间决定哪些机构和个人能够参与。在其他情况下，这种外部设置的结构可能更具侵入性，决定哪些机构能够参与，这些机构应如何安排，以及由哪个机构来牵头。例如，苏格兰政府最近的政策规定，关注基础医疗和紧急医疗的新的医疗促进伙伴关系，只能选择特定的成员，且必须在现有的地理范围内活动。因此，如果个人必须在这样的合作伙伴下行动或管理这种合作伙伴，就只有有限自由，甚至没有自由来决定谁能参

与合作议程。当合作本身对其他伙伴关系行使领导力时，外部设置的结 204
构的侵入性甚至会超出伙伴关系本身。如一位社区医疗项目的协调人所
述，"如果我们在医疗理事会的合作伙伴框架下开展工作，就必须遵守一
些条条框框。因此，加入地方医疗促进伙伴框架会更好（更自由）"。

合作结构被预先设置的程度各异。在某些情况下，合作的发起者或
其成员能够按照自己的意愿构建伙伴关系。其中一些是有意为之。例如，
在一个覆盖若干城市的再生创新会议上，与会成员讨论如何设计结构才
能吸引位于其中一个城市的一个联盟的参与，他们相信确保该联盟的参
与对推动伙伴关系议程至关重要。

即使进行了精心设计，结构的变化也常常会超出现实。例如，一个
医疗促进伙伴关系的合作伙伴非常明确、数量不多，并且把它们都列在
伙伴关系的便签纸上，但该伙伴关系的协调人仍然不能很快地说出所有
合作伙伴的名称。她认为，在现实中，一些合作伙伴更重要，当必须制
订新的议程或更改现有议程时，就需要成立工作组。她还认为，地方上
一些早就存在的社区组织加入了伙伴关系，但大多数组织成员对此并不
知情。而在伙伴关系建立之前就在资助这些社区组织的牵头组织，现在
则认为应当由医疗促进预算来支持这笔资助，所以情况会进一步发生变
化。因此，如 Ranson 和 Royston（1980：3）在有关组织的讨论中所述，
"结构是一个复杂的控制媒介，通过互动不断地进行生产和再生产，也反
过来影响互动本身"。显然，新的结构通常并不会被广泛承认，其成员也
可能没有注意到他们这种复杂性及其对他们自身行动的影响方式。

流程中的领导力

同样地，流程也是合作的重要组成要素，在伙伴关系议程的形成和
实施中发挥着重要的作用。在这种情况下，对流程的狭义理解是指合作
沟通所依赖的正式和非正式手段，如委员会、工作坊、研讨会、电话、
传真和电子邮件等。流程可以有各种形式，而这些形式可能会十分重要。
例如，合作成员进行沟通的方式和频率显然是流程的组成要素。同样，
一些流程明显会鼓励合作成员分享信息、达成共识，而另一些流程则会
阻碍有效交流。

具体而言，一些流程会赋权给合作成员，使他们能够就伙伴关系议

程展开辩论。例如工作坊和研讨会可能会为社区活动家等特定成员提供
205　参与议程讨论所需的技术和信息。另一些流程则会帮助伙伴关系成员采
取积极行动，进一步追求伙伴关系的利益。例如，工作坊会帮助合作成
员达成共识、同声同气。

　　与结构一样，许多影响合作的流程并非由合作成员设计，甚至不完
全由合作成员掌控。与合作结构一样，外部力量（特别是筹资期限）也
是流程的推动力。出于时间考虑，就会压缩辩论流程。如果旨在推动任
务型活动，这样的影响可能是积极的。但在获得所有权或评估可行性时，
显然会产生负面影响。在一种情况下，医疗促进伙伴关系成员在讨论目
标的同时，就开始实施其提交给资助方的计划书。在另一种情况下，由
于伙伴关系需要实现管理机构所要求的产出，在合作过程中自然形成的
一系列研讨会就被搁置。

参与者的领导力

　　当然，参与者也是影响议程的重要领导力。在这种情况下，对参与
者的广义定义就包括个体、群体和组织。任何与合作相关的参与者都有
权利和知识来影响伙伴关系议程，并发挥主导作用。然而，在本节我们
将特别关注这样几类参与者：特别有可能发挥主导作用的参与者、发挥
明显领导作用的参与者、意外起到领导作用的参与者。令人意外的是，
即使在这种定义下，领导力也时常不受合作成员的控制。

　　如上文所述，阶层关系中与追随者相对应的领导者定义并不适用于
合作研究，所以正式职位的"决定性作用"也就随之减弱（O'Toole，
1997）。但在伙伴关系结构中，无论如何都会有一些参与者因其职位而被
他人视为合法的领导者（Weber，1947）。这种职位领导者（positional
ceaders）也有多种类型（French and Raven，1959）。

　　在许多合作情境中，一个组织因被指定为"牵头组织"而获得职位
领导者的地位。决策者或资助方通常会指定一个牵头组织，至少也会提
名一个这样的组织。在另一些情境中，一个组织可能会因最先进入合作
而获得这种"牵头"地位，或因地理或行政因素而成为"主办组织"。
在"牵头组织"中的个人能够行使领导力，并通过"代表""牵头"组
织而获得更高的合法性。

无论是否有牵头组织，大多数合作都会将职位领导者角色赋予由代表各参与组织的个人所组成的管理委员会、理事会或指导小组。在涉及合作方向时，这些个人拥有"联合"决策权。然而，许多合作会指定一个成员组织中的个人来担任职位领导者的角色，如委员会、理事会或小组的主席或召集人。这样的职位会严重影响其他小组成员行使领导力。一个居于主导地位的召集人拥有职位权力，能够影响他人的决策，而一个弱势的召集人则会使决策小组迷失方向。例如，一个合作体的召集人被他人描述为"喜欢当挂名领导，不关心任何具体实施"。在一些情况下，特别是社区合作案例中，合作体主席由各成员组织轮流担任来分享职位相关的权力（也分担责任）。然而，由于难以保障合作方向的稳定及相关责任，这种做法也会引发相应的领导力问题。

因此，合作成员即使拥有职位领导力，也并不总是能按照预期来推动合作议程。在许多合作中，在领导合作议程中发挥最显著作用的个人通常是伙伴关系管理者、主任或首席执行官等，他们从严格意义上讲并不属于合作成员。这些个体通过他们在合作中的职位获得一定程度的领导合法性，但他们受雇为合作的资源，而非合作的成员，也就是说应当独立于成员组织之外。他们通常向管理委员会、理事会或指导小组报告工作，能够代表合作体开展工作的自由度各异。他们只受雇于伙伴关系，唯一工作职责就是关心伙伴关系的发展，因此具有极高的影响力。也正因如此，他们通常比任何其他成员都更加了解伙伴关系。他们的个人信念和价值观会驱使他们在推动不同议程时投入精力。例如，一个伙伴关系管理者决定推动其研究与评估议程，原因是该议程对管理委员会而言比其他任何议程都重要。

在合作中，伙伴关系管理者并不是唯一的（虽然可能是最重要的）发挥领导作用的非成员。如研究者、协调人或咨询专家等都致力于帮助合作成员管理合作过程，或为他们提供支持。其中许多人将自身定位为合作议程的中立角色，常常受邀成为独立的帮手或评估者（Schein，1987；1988）。然而，任何干预都会影响合作的发展。例如，这些个人出于了解情况而提出问题，作出回答的成员却可能会再三思考。强势的协调人会对参与者施压，从而显著地影响合作议程。

来自外部组织的职位领导者也会发挥引导合作方向的作用。例如，只有在指派一位新的管理者之后，一个社区医疗项目才能通过与本地住房部门建立起密切联系，从而取得成功。外部的职位领导者发挥影响的权力源于他们在本地社会的职位，例如当选市长总会有很大影响，甚至源于他们在其他具有影响力的本地合作伙伴中的职位。例如，一个人因为担任另一个有影响力的联盟的主席，而受邀加入一个医疗促进合作伙伴的管理委员会。

领导力活动

上一节中，我们认为合作议程的形成与实施有三个媒介，即结构、流程和参与者，三者显然是相互交织的。结构会影响流程设计和参与者的能动范围。流程会影响新的结构，以及谁能够对议程施加影响。参与者能够影响结构和流程的设计。同时，我们也认为这三个媒介通常在很大程度上不受合作成员的控制。因此，可以认为这些媒介提供了环境领导力。

在本节中，我们将关注各个参与者进行的活动类型，以便形成和推进议程。具体地说，本节将回答如下问题，"为了对抗因结构、流程或其他参与者导致的限制条件或抓住其创造的有利机会，参与者能做什么？"接下来的三小节将分别关注一类在合作研究中反复观察到的活动类型，但仅作举例说明，而非展示全景。参与者采取活动的方式与传统的领导力概念不尽相同。通常，他们为试图实现预期目标而采取的行动非常不成功。加了引号的"领导者"一词用于指代那些努力通过行动来影响伙伴关系的走向或产出的个人。

管理权力，控制议程

大多数领导力活动的核心都是寻找控制合作议程的方式。从数据来看，有三种典型视角。

第一个视角将领导力行为等同于操控。"领导者"动用与其职位、工具或技术相关的权力，影响合作活动。例如，在一个社区合作中，投标前的调查结果显示，当地人并没有认识到安装闭路电视的重要性。但准备投标的人却仍然用其职位权力来推广闭路电视。在许多案例中，参与者在会议中通过事先准备好的草稿来引导讨论焦点。而在另一些案例

中，则会通过引导性问题或不断追问来扭转讨论焦点。这种领导力行为
不属于消极意义上的有意操控，行使这种领导力的个人朝着自认为合适 208
的方向来推动合作行动。如果他人没有感到被冒犯，这也是一种非常有
效的领导力策略。

对一些参与者来说，合作的核心问题在于赋权（Himmelan，1994）。
第二个视角关注促使所有的成员和潜在成员能够接触合作议程。这就意味
着"领导者"要负责推动这样的协调促进过程。例如，社区医疗项目的
"领导者"所设计的流程能够为当地居民提供所需的信息和技术，使他们
能够在伙伴关系理事会中与其他人进行积极交流。这样的流程反过来会赋
权给当地居民，使他们有能力就伙伴关系议程参与讨论。其他流程也会更
广泛地赋权于合作成员，他们能够采取积极行动，推动合作利益。例如，
为了加强合作成员的互相理解、同声同气，城市改造项目的"领导者"要
求大家就在合作过程中纳入一系列研讨会的可能性展开讨论。

由于种种原因，这种开放议程的流程很难管理。在一个伙伴关系中，
为了使工作组能更多地参与伙伴关系行动，召开了一系列研讨会。管理者
认为，对伙伴关系而言，关注流程与实质推动之间的平衡至关重要。在实
际操作中，可能要打断研讨会来解决突发的紧急问题。在另一个情境下，
社区合作的发起者讲述了在主持社区咨询活动时遭到语言暴力的惨痛经历。

第三个视角关注采用创新方式开放议程的领导力活动。也就是帮助
参与者进行创造性思考的能力，且经常涉及转变根深蒂固的观念。例如，
许多社会合作采取传统的工作方法，关注研究与本地相关的问题。医疗
伙伴关系研究本地医疗问题，环境合作伙伴关系研究本地环境问题，再
生合作伙伴关系研究本地经济和社会发展资源问题。这种对具体议题理
所当然的关注也存在挑战，这里以其中两个案例来说明。第一个案例强
调设置合作流程将会帮助工作组"实施"其研究产出或有关启示，第二
个案例试图证明过程导向的研究是一项合法的活动，这种研究将有助于
成员了解如何影响另一个地方伙伴关系的议程。在第一个案例中，设计
了一系列研讨会；在第二个案例中，则通过在会议上追问澄清性问题来
挑战现有思维。在撰写本文时，这两个案例都尚未取得成功，连系列研
讨会都（至少是暂时性地）被更紧急的事务所取代。看起来自相矛盾的
是，领导力创新似乎需要全神贯注，才能保证其高度优先性。 209

代表和动员成员组织

可以从组织成员与合作两个视角来讨论代表性问题。从组织的视角来看，代表们至少在名义上有责任在合作中担任其组织的"领导"角色。与之相关的领导力活动要兼顾组织的代表性需求和组织作为合作伙伴的作用，但在实践中往往很难实现。例如，一位环境合作组织中的成员认为，其所在组织的同事在思想上都想参与，但缺乏资源来真正推动合作。而另一位代表一个联盟性组织的成员则认为，该联盟的同事都同意加入伙伴关系，但对伙伴关系本身却知之甚少。这两位成员都承认，如果管理委员会将动员成员组织置于更高的优先序，他们会投入极大的个人努力。

从合作的视角来看，"领导力"活动通常是为了确保这些代表能够引入其所在组织的资源。例如，在社会合作中，大学在自然科学和社会科学研究专业方面拥有十分有价值的资源，常常由相关学科的学者来代表。然而由于传统的学者都自主开展工作，并不认为自己有能力跨部门动员其他员工，也不愿为之投入精力。如何解决这一问题，是反复出现在医疗促进伙伴关系管理团队面前的一道难题。在一个反贫困合作小组中，类似的问题表现得更加严峻。经过几年别别扭扭的合作之后，合作成员突然认识到其中两个组织贡献了绝大部分的工作量和资源，而其他五个组织的代表则认为自己的角色不过是出席指导小组会议而已。这两个表现积极的组织代表掌控着小组的讨论，由于其他人不再参与，原本的伙伴关系也就成为这两个组织之间的伙伴关系。

在一些合作中，"领导者"为了使成员组织参与相关工作，会创造特定的流程。社区医疗项目的年度规划日就是典型案例。年度规划日有助于提升意识，但除非当下的承诺能够切实落实到产出上，这种活动很难有具体的收获。另一种做法是关注组织成员的能力建设。一位伙伴关系工作者认为，他的角色是"帮助成员组织中的人对自己的成就和未知的工作建立信心"。然而，这需要大量的资源支持。

激励并赋权于能够践行合作目标的人

与上述两个问题密切相关的领导力活动，是确保在实现伙伴关系目标中的关键人物的积极参与。谋求支持显然是领导力的重要使命之一，本研究中的合作设计了研讨会、工作坊等流程来加以实现。然而，在许多案例中，这一使命本身、合作结构以及后勤安排的复杂性，都会导致参与者没能对此给予应有的关注。

例如，在环境伙伴关系中，三个成员组织离得非常近，而第四个成员组织的距离要远得多（五个小时的路程）。在伙伴关系的启动阶段起草筹资标书时（标书的成功与否事关伙伴关系能否真正建立），与该距离较远的组织的沟通过程要借助传真和电话，而其他三个组织则会定期召开碰头会。这样的流程并非有意为之，只由成员的性质决定。但流程因素很可能会导致三个距离很近的组织能够达成更高程度的相互理解，与第四个距离较远的组织之间则不然。该距离较远的组织在获得资助的几个月后退出伙伴关系就不足为奇，但其他成员组织则认为原因是该组织对伙伴关系议程的理解存在巨大差异。在一个再生伙伴关系中，管理者认为合作伙伴只是出席每三个月一次的伙伴关系季度会议，从而低估了合作伙伴的利益和对议程的理解。她说，"作为伙伴关系管理者，我必须参与并为之战斗……我不确定我能不能让他们行动起来……我就像网中的蜘蛛一样，经历了这一年的波折起伏"。

管理领导力媒介

本文将领导力的定义超出个人与组织之外，包含了对合作议程的形成和实施至关重要的更广泛的机制，为合作中的领导力提供了整体的视角。我们将在第十三章中进一步讨论"领导力活动"。因此，这里的关注点是管理领导力媒介。

本文认为，结构、流程和参与者对于"使事情发生"而言都十分重要。要想积极发挥领导作用，就不能只关注自己领导和影响他人的能力，还要关注结构和流程的设计对有效实现合作目标的重要性。如上文所述，结构和流程可能是外部设置的，也可能源自合作活动本身，许多影响和实施合作议程的参与者并非合作组织的成员。因此，上述三种领导力媒介都会在很大程度上超出合作成员的控制。于是，在管理领导力媒介时，承认合作议程的形成与实施可能不受合作成员控制就十分重要。

211

在现实中，领导力与本书我们讨论过的所有问题都相关，因此，这些问题的概念化也都与领导实践相关。然而，为理解领导力的天然影响，第一步是通过第八章中的图表技术来探讨合作的结构。同样地，探讨相互冲突的议程和权力来源，也能够有助于理解应当追求或引入怎样的结构才能朝一个或另一个方向推动合作。

显然，旨在从整体上向前推动合作的领导力需要大量的精力、承诺、技术等资源，并持续培育这些资源。从上文的研究中，我们观察到的最重要的一点是，特定的领导力活动会影响合作成果，推动合作的努力会被各种挑战和困境所抵消，因此合作成果并不总会一如预期。我们将在下一章讨论实践中合作成果产出的几种方式。

第十三章　行使领导力

第十二章介绍了合作中的领导力，其概念化整体上涉及三种领导力媒介，即结构、流程和参与者。这三种领导力媒介对于全面理解合作中的领导力都非常重要。在本章引用文章中，我们试图在合作结构与流程的背景下，进一步详细阐述参与者所行使的领导力，即主要关注上述第三种媒介。如前文所述，我们讨论了领导力活动的两种视角，即本着"合作精神"的协调活动和我们称之为"合作暴行"的操控活动。

我们认为二者并不是简单的二分，但在有关组织领导力和管理风格的经典理论中也有类似的划分。表面看来，两种相互对立的行使领导力的方式与 Stogdill 的定义（Bass，1981）类似，即民主还是专制、参与式还是指令式、关系导向还是任务导向、深思熟虑还是开创结构等；或与 Burns（1978）的交易型领导力和变革型领导力的二分法也有相似之处。可以这么说，以"合作精神"来进行领导常见于强调深思熟虑和反应能力的民主式领导力。在本章中我们将会展示，民主式领导力风格并不一定能涵盖实现合作领导的大多数关键活动。同样地，一定程度上使用"暴行"则不会与由伙伴关系管理者决定他人行动的专制风格相悖。然而，领导者和被领导之间缺乏传统的科层关系，不允许正式的独裁决策和使用合法的权力（French and Raven，1959），所以必须采取其他手段。

由于伙伴关系管理者在领导合作活动中承担着重要角色，本章引用文章在一定程度上关注他们的领导力作用。当然，本章结尾部分的讨论对其他参与者也具有同样的启示意义。有趣的是，伙伴关系管理者的重要作用来自他们在合作中的中心位置，他们的职责通常是管理合作活动。对合作体而言，他们更应当是一种资源，而非成员。因此，虽然他们的工作头衔有时是首席执行官、X 联盟主任等，但从严格意义上讲，他们要向合作成员报告工作（以间接的方式），不能通过行使正式的职位权力来进行领导（French and Raven，1959）。

第十二章认为，试图行使领导力的个人通常会遭遇各种挑战和困境，导致成果不如预期。因此，我们在这里通过聚焦于他们所开展的活动来揭示这些挑战。我们列举了每种活动的例子，强调了在合作情境中开展领导力活动时必然会遭遇而又无法在实践中直接加以应对的诸多问题和挑战。本文的概念化来自我们与 13 个公共部门和社区的合作经验。这些合作包括城乡再生计划、社会包容网络、医疗促进伙伴关系、减贫和家庭支持联盟、高校合作、地方医疗服务合作社、特殊教育伙伴关系、学习障碍项目和公共领导力项目。我们也额外提供了在商业环境中进行概念化的案例。这些案例有助于理解需要应对的领导力活动类型，从而为有志于进行领导的个人提供分析其实践的概念工具。通过突出这些问题和挑战，我们也希望能够建立起现实的（而非理想化的）预期。如前几章一样，为方便阅读，下面的引用文章删除了一些参考文献。

本篇文章引自 S. Vangen and C. Huxham（2003b）Enacting Leadership for Collaboration Adantage：Dilemmas of Ideology and Pragmatism in the Activities of Partnership managers. *British Journal of Management*. 转载获得 Blackwell Publishing Ltd. 的授权。

视角一：基于合作精神的领导力活动

大多数伙伴关系管理者都表达或表露出如下的考虑：通过构建合作结构和关系来为开展真正的合作活动建立起中心原则。例如，他们通常认为有必要建立信任、管理权力关系、促进沟通，以及解决合作成员不同甚至冲突的利益，这种考虑在合作研究中也同样有所体现。他们认为这些活动能够支持合作成员之间高效工作。其主要出发点是关注让所有成员在合作议程的形成中都能够发声并达成共识的活动。从这一视角来看，他们所承担的领导力角色主要是协调性的（Bryson and Crosby，1992；Chrislip and Larson，1994）。图 13.1 表明，我们的数据证实这种支持性角色由四种紧密相关、逐渐递进的领导力活动组成：接受、赋权、纳入和激励。它们之间的界限并不明确，一些活动在其中均有体现。它们都力图解决合作理念所面临的现实挑战。

接受成员

有关合作的文献通常会强调与合作议题有利害关系的人的加入（Chrislip and Larson，1994；Lawrence et al.，1999）。接受"正确"的成员可能是一个新的伙伴关系的第一项任务，却时常需要伙伴关系管理者持续的关注。其中可能出现两种相反的挑战：伙伴关系管理者会发现自己努力吸引需要的伙伴，同时也会吸引想要成为伙伴的人。

可以将精力用于促进任何有意愿且有能力推动合作议程的个体和组织的参与。然而，通常只会瞄准特定的成员或特定类型的成员。现有成员所渴望的利益方，或是政府政策所要求的利益方，可能并不认为参与合作有利可图。因此，"克服迟疑"就极其费时。例如，在其任期的第一年中，一位地方医疗服务合作社的管理者花费了大量的时间与迟迟不愿加入的执业医生进行一对一的交流。

> **接受成员**
>
> 对希望通过国际合资企业来扩大商业版图的人而言，找到能够带来新市场或特定技术的"正确"的伙伴常常是个问题。最初的合作伙伴选择通常是机会主义的，是在挑选或劝说其他"想要成为合作者"的利益方加入。当然，在维护现有关系的同时寻找其他伙伴的做法也很常见。

而要接受所有"愿意"加入的利益方则会引发完全不同的问题。其中最具挑战的领导力工作可能是坚持"社区参与"原则，这也通常是政府支持的伙伴关系最重要的要素。伙伴关系管理者经常要面对的问题是谁能够作为社区代表，甚至是如何定义社区。确保无论谁担任社区代表的角色，都能在一群彼此非常熟悉的专业人士中感到自如和受欢迎，这是另外一个方面的任务。

接受成员也意味着确保新成员"入伙"。例如，在一个成员不断变动的合作中，公共机构会重组，个人的工作职责也会变动（见第八章）。

215

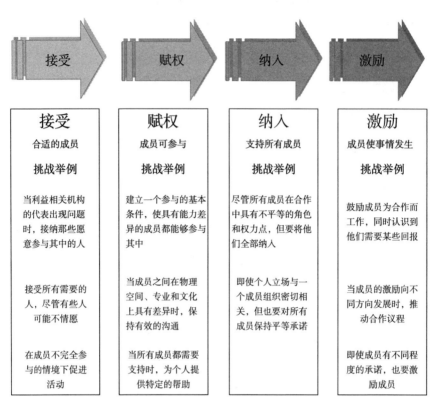

图 13.1 善于合作精神的领导力活动

216

因此，一个减贫联盟的管理者曾说：

> 详细介绍新成员非常重要，这是对他们花时间"摸清门道"的认可。

对任何不属于原有参与方的个体来说，了解合作的历史和目标十分困难。但在面对新的工作方式时，会遇到特别的障碍。一位社会融入伙伴关系中的社区代表形象地描绘道：

> 在一年的时间里，我在社会融入伙伴关系理事会中都像个应声虫……我完全不知道他们在说什么……我硬挺了过来，最后一切也都有了头绪。

行使领导力的方式各异。有时，介绍新成员是补充新鲜血液、调整工作方向的机会，但需要考虑连续性问题，并鼓励新成员接纳已有的价值观和活动安排。常用的初次简报材料是会议纪要和其他文件。文件的作用是提供可能需要准备的伙伴关系背景介绍。作为介绍程序的必要组成部分，这种做法却不见得能确保成果。一个农村再生计划的管理者说：

> （拿到文件）并不意味着熟悉文件，这毕竟不是它们的历史。

在伙伴关系管理者的领导工作中，不可避免地要在至少部分成员仍未完全"入伙"的情况下开展合作活动。

赋权成员

赋权成员并不意味着让成员在合作中拥有话语权，或贡献于议程的形成。构建合作结构，使个体和组织都能够参与合作，是许多伙伴关系领导者领导角色的核心要素。设计合作结构，使"社区"能够与公共组织一样成为合作的一个"成员"，并被赋权以发挥积极作用，是其中的一个重要方面。例如，一个再生伙伴关系协调者认为：

> 伙伴关系必须由社区主导，而非由委员会主导。

赋权成员

产业集群联盟通常是为了帮助企业提高竞争力、发展特定领域的经济、为落后社区创造就业岗位。它们的管理者常常要认真思考什么样的结构最有可能确保那些认为自己居于弱势的利益相关者的代表性和赋权。

在另一个再生伙伴关系的案例中，管理委员会更像个监督流程设计的责任机构，而不是单纯的咨询机构。该伙伴关系采取措施来确保社区代表能够当选管理委员会的成员，并为他们提供简报和资料，使他们能够在管理委员会中积极地发挥作用。

在赋权成员时，在合作伙伴间进行沟通、设计沟通机制的技巧尤其重要。伙伴关系成员认为：

> 我们努力让会议保持开放，让所有人都能参与决策，而不是在酒吧里就做出决定。
>
> 确保事情出错时我们不会停止讨论。
>
> 建立一种合作结构，使信息能够双向流动。
>
> 通过流程设计，让本地居民能够与他人一起有效地就伙伴关系进行交流。

这些观点表明促进观点表达和影响决策的重要性，以及向前推动合作议程的重要性。

保证有效沟通显然也是赋权的重要因素。由于合作伙伴的地理分布通常比较分散，无法让他们每天都进行交流。有人会通过"建设性地使用电子邮件"来解决这一问题，但更多是使用项目简报的方式。项目通信会花费时间，但能够与外部世界建立起联系。

然而，实现赋权的核心在于将人们聚集在一起。一种做法是，帮助参与者在会议、研讨会和其他场合中进行面对面的交流。有人认为，让参与者进行互动极其困难，但它是关键的领导力活动（Useem，2001）。由于合作会使有着不同技术、背景和经验的人聚集在一起，选择一种大家都能接受的表述方式也并不简单。为此，要确保在准备会议时，每个成员都有时间阅读和消化会议材料。城市再生伙伴关系的管理者说，她曾调整程序来确保提前两周发放会议文件，并花费大量时间定期与其他成员一起认真检查这些文件。她认为自己的角色是解释技术性细节和有关文件内容的含义。她的目标是：

> 通过为参会者提供信息，帮助他们实现参与，并在社会融入伙伴关系理事会中展示自己的案例。

显然，用这样的方式来支持参与者十分费力，选择关注这种领导力角色，就无法同时关注其他人。领导力困境在于寻求为所有成员提供支持的方式，而不仅仅是那些在沟通方面需要特殊帮助的成员。

纳入成员

为成员的加入构建合作结构和支持条件本身并不能确保他们的加入，伙伴关系管理者发挥的领导力作用必须包括消除这类障碍的特定活动。一些伙伴必然会比其他伙伴更加核心，"应对"主要成员和次要成员之间的"不平等"就经常成为问题。

> **纳入成员**
>
> 　产业项目需要筹资，因此需要与其他国家的其他组织合作，从而经常会出现参与问题。管理者告诉我们，他们面向合作伙伴进行"广告宣传"来争取投资，同时也表述了在纳入新的合作伙伴时与现有合作伙伴之间出现的种种问题。

不平等有多种表现方式。例如，特殊教育项目需要改变法律架构，这一过程用时两年，只需要两个核心组织的参与。在合法性问题解决之前，该项目并不一定能继续。因此，几乎没有理由需要对于推动项目而言十分重要的其他各方加入进来。这两个核心组织在当时承担着项目领导者的作用，其成员认为邀请其他各方参与的"正常的"（务实的）时间是合法性问题解决之后。然而被邀请的各方虽然乐于加入，但对这样的邀请仍旧表达了一定程度的嘲讽，并提出与最初的两个组织之间的信任与权力问题。最初的两个组织需要在资源配置方面作出重大调整以推动项目，所以难免存在防备心理。在这种情况下，伙伴关系管理者的领导力活动就包括对项目下一阶段可能或应当达到的平等状况做出判断，并寻求实现权力平衡的方式。从不信任中建立信任，并对项目目标进行重新定位可能是这项工作的一部分（见第九章）。

当伙伴关系中有一个组织发挥主导作用时，就会产生另一种不平等。伙伴关系管理者通常由正式指派的"牵头组织"所雇佣，或在（地理上和/或行政上）该"牵头组织"中办公。这些管理者对此接受程度各异。例如，与我们一同工作的一位管理者认为，她的上司是本地规划部门的一位高级官员，这一点严重影响了她面对其他参与方时的中立立场和支持态度。而另一位与曾任当地议员的参与者密切合作的管理者则发现，他每天都要花大量时间来满足他们的需求，即使其他组织才真正承担着对伙伴关系

219

的资金和技术以及他的薪水方面的主要贡献。他认为，这种情况让他无法专心于伙伴关系活动，但他也没有质疑这么做的合法性。他没有注意到自己对伙伴组织的不平等态度对伙伴关系产生的可能影响。对这种情境中的伙伴关系管理者而言，以合作精神来领导意味着关注与每个成员的关系，并有能力平衡对雇用机构的忠诚和对其他成员组织的忠诚。

激励成员

接受、赋权和纳入都很重要，但都不足以"让事情发生"。伙伴关系管理者面临的真正挑战在于通过影响个体和整个组织来支持合作。我们的数据表明，伙伴关系管理者会通过一系列活动来激励成员代表合作体开展工作。其中一种领导力活动是确保所有的成员组织都能从其参与中获益。减贫联盟的管理者简单地总结：

> 我们得假设，这些组织只有能够从联盟中获益时才会参与。

伙伴关系管理者也表达了类似的观点，如：

> 了解事态的发展。
> 找到参与的动机。

这些观点表明，全面了解并密切关注参与组织的目的和动机，是实现激励的关键要素。

> **激励成员**
>
> 激励问题与目标和认可密切相关。在任何情况下，参与者的努力都需要获得回报。曾与我们一起工作的一位IT咨询管理者告诉我们，他持续寻找"开展共享活动的手段"，来让合作伙伴关注合作项目。

另一个关键要素是，在了解组织需求的同时，鼓励它们为了共同利益进行合作资源投资。为此，需要建立并维持能够在每个成员组织之间良好运转的沟通界面，通过这样的界面，个人能够在合作中代表并领导其所在组织。关注单个组织的需求能够在很大程度上促进沟通，帮助个体实现对其所在组织的代表并成为联结其组织资源的管道。当然，同时激励组织代表和组织本身，使他们能够在合作中发挥积极作用，也是一项充满挑战的领导力活动。对加入其中的组织而言，要平衡（通过工作允许）参与伙伴关系的工作人员有充分的自主权（也许通过工作证明）使其取得进展与确保伙伴关系对成员组织问责之间存在着张力。要赋予个体代表组织开展行动的自由，也要确保他们真正代表其所在组织的需求。然而，在合作中最大的矛盾在于，各个组织为合作带来了不同的资源，这是合作的优势所在，但同时意味着这些组织也会追求不同的回报。不同的需求通常又意味着这些组织不同的投入程度，甚至是与合作议程的冲突。

221

　　沟通过程无疑会有助于鼓励和激发参与者加入合作。伙伴关系管理者的第三种激励活动是通过设计流程来建立有效的沟通界面。其中，在委员会、工作坊、研讨会或开放论坛中进行面对面互动的方式非常普遍。这些活动能够帮助并赋权合作成员，使他们能够全面参与合作讨论，使投入程度和需求不同的组织有机会进行协商、达成共识、切实行动。例如在特殊教育项目中，来自最初两个发起组织的一位核心成员，单纯为了寻求健康与社会服务机构的合作承诺而组织了工作坊。

　　在如何有效地开展这些活动方面，伙伴关系管理者似乎往往缺乏技能、经验、培训。其中一些人认识到了这一点，并寻求协调者的支持，但有时却没有足够的技术来支持协调者的工作。在一个案例中，一位伙伴关系管理者邀请一位咨询专家来规划研讨会，但在研讨会当天，却当着伙伴关系成员的面质疑（于是破坏了）精心准备的研讨会设计。即使是最敏感、最细心的管理者，也可能在这一点上无计可施。例如，医疗促进伙伴关系设计了一系列旨在促进不同的伙伴关系项目形成合力的工作坊，但因一位拥有终身职位的人取代了原本负责工作坊的临时管理者，工作坊只举行了一次就没能再举办下去。

　　然而，合作活动通常会取得成果，而实现激励的第四个方面是关注并确保这些行动能够合理地知会相关成员。虽然伙伴关系管理者会在与合作成员的沟通以及合作成员之间的沟通上耗费精力，但他们会时常听到合作成员的抱怨，包括指导委员会的成员也在抱怨，认为他们对与合作议程有关的议题和活动并不知情。例如，学术伙伴关系的管理者表达了她对"强势"个体想要进行决策的震惊，（在她看来）这些人却非常缺乏信息和对关键问题的理解。这是合作的又一个矛盾，即伙伴关系管理者通常看似对合作议程相关的认识比其他成员更清晰。因此，他们的领导力作用就包括在缺乏理解的情况下推动合作进程，同时努力寻找确保合作成员知情权的方式。

视角二："导致"合作暴行"的领导力活动

在上一节的描述中，伙伴关系管理者在合作中起着支持性作用。从这个视角来看，领导力是一种协调活动，需要如耐心、共情、诚实和尊重等关系技巧（Eckert, 2001；Fletcher, 2001）。我们的数据表明，许多伙伴关系管理者都试图以这种方式开展工作。然而，正如我们一直强调的一样，采取这种方式远没有那么简单。伙伴关系管理者不可避免地要与各种成员共同工作，他们要么还没有"入伙"，要么有着不同的需求和不同的投入程度，要么"信息不足"，要么无法互相交流。因此，伙伴关系管理者只能寻求更务实的方式来行使领导力，而这种工作方式会与合作精神相悖。如图 13.2 所示，我们的数据表明，这种务实的领导力角色包括两个方面，即"操控合作议程"和"玩弄权术"。

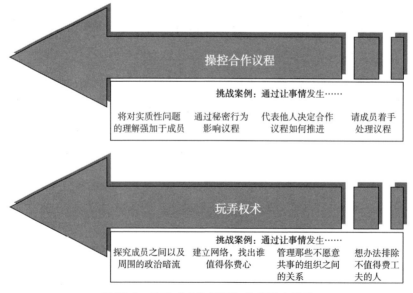

图 13.2　导致"合作暴行"的领导力活动

操控合作议程

既然伙伴关系管理者原则上是为成员提供支持的合作资源，他们通常没有决定合作议程内容的合法性。然而在实践中，他们却很有理由介入合作中出现的一些实际问题。例如，赋权成员和激励活动使他们有机会提高对合作目标的理解。他们通常在合作目标协商等活动中居于直接的领导地位，并常常要负责准备与此相关的文件。这就意味着其他成员接受他们发挥着实质性作用。他们需要判断各种议题在多大程度上与合作议程相关。通过确定这些议题并通过文字进行传播，他们得以对合作方向施加权力和影响。因此，伙伴关系管理者能够影响进入合作行动的议题选择及其应对方式。

> **操控合作议程**
>
> 改变合作议程的原因有很多。例如，知识转移通常意味着合作伙伴要做出新的贡献，才能保持其对其他伙伴的价值。我们观察到，商业管理者使用的一种策略是找到合作伙伴的脆弱性，例如市场威胁，并将其作为操控合作议程的基础。

即便其中一些影响是间接的、无意的，甚至不被察觉，伙伴关系管理者也能够直接影响合作议程。他们圆满完成工作（对自己和对他人）的能力取决于合作的进展。因此，避免"合作惰性"也是领导力活动的一部分。许多伙伴关系管理者通过向前推动合作议程来积极地规避合作惰性。也有一些伙伴关系管理者倾向于主动的领导方式，而不是协调合作成员达成一致，共同实施自己的议程。

伙伴关系管理者影响合作议程的方式非常有创意，常常是操控性的。学术伙伴关系管理者解释道：

> 在讨论中，她会有意假装随意地抛出一些观点，吸引强势的参与者注意，使这些观点成为他们的观点，从而得以继续。

她这么做的理由是因为：

管理委员会成员只是基于简报内容工作，对议题没有充分的理解。

她认为自己比他们更适合决定合作议程的走向。她承认自己的权力和影响力有限，所以通过精心设计的"秘密活动"来间接影响议程。医疗促进伙伴关系管理者也采取类似的方式，通过"知名度很高"的人来介绍伙伴关系工作坊，从而提高议程的影响力。

伙伴关系管理者在推动议程中有不同的方式和风格，其中一些人在决策时更加直接，不会拐弯抹角，对合作进程的影响更加显著。例如，医疗促进伙伴关系管理者将上述做法描述为：

对伙伴关系应有的样子和做事应有的方式有强硬的观点。

虽然她的风格更像指导而非协调，但她经常使用这样的说法：

出于伙伴关系的利益考虑……

同样地，一个本地医疗服务合作社的管理者千辛万苦地使原本互不信任、相互竞争的合作伙伴终于合作起来，她说：

他们不能指挥我。我对他们也没有直接的影响力。所以我需要努力工作，说服他们什么才最符合他们的利益。

她解释了她在努力使人们改变对伙伴关系工作方式的固有看法，以她认为适当的方式向前推进时采取的各种不同手段。例如，她会有意地以不同的方式与不同的人接触，用不同的方式进行自我介绍，使他们逐渐对伙伴关系的不同方面产生兴趣。其中，她这么总结自己的做法：

在幕后使了很多花招，才能让他们做出你想让他们做出的决定。

即使在并非自己负责的领域，也常常会有领导的需求。伙伴关系管理者认为自己拥有推动议程的合法身份。"秘密活动"的好处是，合作成员越是将合作理念视为自己的理念，对合作理念本身和对合作行动的投入程度就越高。

　　无论伙伴关系管理者采取何种方式来领导合作议程，他们都会发现自己必须要平衡切实指导和协调伙伴关系的活动。无论他们是否认识到，都必须在推动真实合作（如工作坊等费时费力的活动）和"随他去吧"之间进行取舍。如一位医疗促进伙伴关系的管理者所述，在资助方就产出施压时：

　　　　要做成事，也要团结人。

玩弄权术

　　虽然合作是一种良性的工作方式，但在公共部门和非营利部门的合作中，权术手段也很常见。以通过政府政策发起的伙伴关系为例，参与 225 其中的组织通常并不愿意一起工作。我们的数据表明，像抢别人的地盘、竞争资源、把别人比下去等问题时常会发生。即使合作是自愿形成的，也必须解决竞争性议程引发的问题（见第六章和第七章）。此外，伙伴关系管理者通常向管理委员会或指导小组报告工作，因处于附属地位而引发的权术问题也不少见。

玩弄权术

　　私人部门联盟中经常说起"互相利用""机会主义行动""为防止别人先下手而拉拢合作伙伴"等，表明权术手段很常见。一些人甚至认为，在必要时应该建立"政治框架"来进行管理。

出于各种原因，下面这些说法非常典型。如：

　　　　人们出于不同的原因，不希望伙伴关系能够成功

　　　　必须承认，xxx 理事会不希望 yyy 项目成功。

　　　　在这种情况下，城市再生计划的管理者的回应虽然不完全符合合作精神，却也非常合理。

　　　　有必要掌握权术并了解如何玩弄。

伙伴关系管理者要想领导合作议程，就必须与那些可能会破坏合作议程的利益方共同工作。例如，一位医疗促进伙伴关系的协调人指出：

> 坚持 X 应该在研讨会中发言是一种政治暴行。

同样地，城市再生计划的伙伴关系管理者认为：

> 要认识到市议会的权力，努力争取他们的支持。

伙伴关系管理者要平衡实质指导与协调活动，还要玩弄权术，就需要对伙伴关系的各种动态了如指掌，还要建立良好的人际网络。下面这些说法：

> 知道谁能影响谁。
> 找出好人和坏人。
> 跟好人交换信息。
> 了解全局，和主要人物建立联系。
> 熟悉该领域中的组织和项目。
> 建立机制，使 X 项目能够进入一个可持续的网络。

表明他们做了大量微妙的评估工作，如一位管理者所述，其目的是：

> 找出值得在谁身上费工夫。

个体会通过互惠式伙伴关系来分享信息，采取行动来支持彼此的议程。然而，一些人显然会通过更单边的方式，对值得或不值得费工夫的对象进行分类。在一个案例中，一位参与者认为他所加入的伙伴关系：

> 取得成功的原因是召集人是个恶霸。如果成员不愿意积极加入，就会被排挤出去。

虽然这种说法很极端，也完全违背合作精神，但我们并不认为他出于恶意。该参与者显然觉得，在应对复杂局面时，这是一种积极有效的方式。毋庸置疑，必须在小心培育互惠式关系和求助于恶霸式行为之间做出取舍。

为实现合作优势而行使领导力的实质

上文的讨论试图说明，在为实现合作优势而行使领导力时会遭遇理想和现实的困境。我们将这种困境概念化为"合作精神"与"合作暴行"之间的张力。当然，不能从字面上理解"暴行"一词。这个词显然有些极端，我们使用它只是为了促使大家关注并了解合作领导力活动的现实。合作"暴行"的定义与伙伴关系的比喻（即其"精神"）相去甚远，因此十分重要。当然，我们需要并希望以协调和支持的方式开展工作，但研究表明这种方式并不足以完全发挥合作优势。当然在公共领域中，在伙伴关系中通过支持性工作来进行领导的案例也很常见。Fredrickson（1997）认为，由于政策本身不会详细到能够不经任何决策就加以实施，公共部门管理者会不可避免地参与决策。

需要说明的是，虽然我们描述了这种困境的两极，但并不意味着绝对的二分。为了叙述方便，我们有意回避了两种视角的相互交织，来深入探讨合作情境中这种张力的实际表现。其中，接受成员、使他们参与行动等活动详细描述了领导力角色中协调的一面。而要发挥合作优势可能需要采取各种手段，包括操控和拉帮结派进而合法化这些领导力活动等。在实践中，伙伴关系管理者的每一种特定活动都可能同时涵盖上述两种视角。例如，"接受勉强加入的成员"会带有操控的成分，而"幕后花招"也可能会是纳入和支持成员的手段。

管理领导力活动

本章提供了两种领导力活动的视角，试图强调并证明领导力同时承担的协调和指导角色。这两种角色都会推动合作，并不是非此即彼，而是以不同的方式共同构成了领导力。这就意味着想要积极领导的人需要同时掌握两种模式，并能够在二者之间进行协调。过于强调任何一个视角，都不会发挥合作优势。可以使用图 13.1 来描述与协调式领导力相关的活动和挑战，而图 13.2 则表明如何通过更为指导式的领导力来开展工作。

228

在第五章中我们认为，这并不是合作工作的理念和工作需求的实际之间的困境，而是培育领导力的天然要求。有时需要支持参与者共同工作，即接受、赋权、纳入和激励，而有时则需要与合作精神不那么一致的、更务实的工作方式才能推动进展，即操控合作议程和玩弄权术。成功的领导力意味着能够运用两种视角并在二者之间不断转换，常常需要在一次行动中同时用到两种领导力。因此，为发挥合作优势而行使领导力的实质在于：既本着合作精神，又求助于"合作暴行"，根据情况进行领导的能力（图 13.3）。

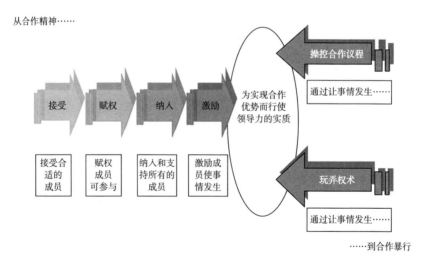

图 13.3　为实现合作优势而行使领导力的实质

230

第三部分

实践中的合作

第十四章 理论应用：在合作实践中
管理张力

本书最后两章我们再次关注合作优势理论在合作实践中的作用。本章将重新深入探讨反思性实践的概念，以及理解张力在管理实践中如何支持反思性实践。第十五章回顾本书第二部分的章节，提出一些共同点并将概念化与其实际应用结合起来。本书结尾将重新审视何谓管理合作。

我们在整本书中都强调了合作情境背后的复杂性和由此产生的内在挑战。我们认为没有简单的答案。解决合作管理各个方面问题有许多可能的方法，但是不存在完美的解决方案。在本书的第二部分，我们经常强调可能的行动方案之间的张力。除了表 14.1 中的例子，前文也直接或间接提到过一些。此外还有更多例子未在本书中提及。

表 14.1 管理合作中的张力举例

- 是否试图将每个人的目的进行公开、澄清动机、达成协议；以及何时进行
- 是否对其他合作方缺乏承诺的表现视而不见
- 是否让关键相关利益主体加入合作中还是排除他们
- 是否向认真建立信任的过程承诺投入资源
- 对组织参与合作采取控制还是保持距离的方式
- 是否举行会议；在哪个场所
- 在多大程度上鼓励各方代表认同自身合作者的身份而非所属组织的代表
- 为实现一项合作行动的预期结果投入多少精力
- 多大程度上支持个别人而非所有成员的需求
- 何时以合作精神行动，何时采用合作暴行

233

正式进入本章之前，回顾第三章结尾或有帮助，该部分阐述了合作优势理论的目的及我们设想该理论能如何用于支持合作实践：

该理论本质上是描述性的，它不提供指导性的具体建议。因为这样，就等于否认了合作环境的复杂性和特殊性，还将否定解决各种问题的可行方法之间存在的矛盾关系。然而，该理论有明确的规范性含义。因为主题概念描述的是必须加以管理的问题，这些问题可以作为理解实际情境的出发点。因此，它们的指导价值在于，如果要解决合作惰性问题，管理人员可能从这些主题中受到警醒，发现需要积极关注和认真应对的合作挑战。从这个角度来说，每一个主题都提供了一个特定视角，尤其是可以激发对这一视角的深入思考。

这种试图将理论作为基础以寻求实践支持的做法，实际上将合作行动视作管理判断的产物，它主要通过提供理性思考和方案选择的结构，来引出"反思性实践"的切入点。因此，反思性实践的概念是我们构建合作优势理论的核心。然而，我们需要强调的是，反思是一种加速和改进行动的方法，我们将对这一点做进一步的阐述。

实践来源于无法分解的整体性经历。然而，理论可以有效地剖析实践。因此，尽管实践的不同方面不可能分别发生，但如果假设它们可以分别发生，则可能会有助于理解。也就是说，合作优势理论中的每一个主题及其背后的问题和张力都是整体的一部分，不能去孤立地研究这些主题。然而，对于管理者来说，暂时将其孤立起来，以便对如何采取行动的反思变得可控，可能会有所帮助。

任何时候的反思都应对问题或张力加以区分，哪一个是当前的重点，而其他则成为次要因素。管理者经常需要在某一瞬间立刻做出反应，而对重点和次要因素的排列将根据当时的实际需要进行调整。如果不希望管理者是盲目做出选择的话，那么他们必须很好地了解如果在该领域采取了某项措施，可能会带来的问题和矛盾。因此，持续管理"可能性的知识储备"对反思性的实践过程起核心作用。增加和发展"知识储备"可能需要通过理论来激发对过去经验的反思，还可能涉及对解决问题的行为、流程和结构进行持续的试验和试错。如本书第二部分所述，理论上的概念化可以直接转化为促进反思过程的有形工具。

因此，我们认为合作优势理论是反思性实践的根本，它同时推

动了实践与反思、反复试验的循环转换。该理论提供了概念切入点，234
帮助使用者暂时从复杂的日常生活中抽离，以进行反思。秉持着
"我要摆脱这个世界"的精神，合作优势理论为管理者们提供了一
种信念支持，让他们得以在经验世界中面对不可避免的复杂现实时，
可以坚持下去。

本章应与第三章和第四章结合使用。三章形成三角结构，代表我们
对合作优势理论如何构建（不同主题）、如何研究（通过行动研究）和
如何使用（作为支持反思性实践的切入点）。我们在以下节选文章中试
图阐明管理实践中张力的实质，并设计一套使用理论。我们试图重新思
考"良好实践"的概念。

管理实践中关于张力的理论可以看作是一个元级别的合作优势理论。
该理论是关于理论应用的理论。该理论起源于我们对合作的研究，因为
合作中有很多显而易见的与有效行动相关的张力。而当我们与下文合著
者 Nic Beech 分享关于张力的概念时，我们发现这显然对管理活动的所有
领域都有影响。因此本章中张力的例子不仅来自我们对于合作优势的研
究，还加入 Nic 关于组织和个人变化的研究作为可以明确识别张力的范
例。下文所举的领导力的例子尽管十分相关，但不局限于具体合作情境。

与本书中其他节选段落不同，以下节选包括了方法论和结语部分。
前者导入张力理论的本质。后者则主要是关于张力理论从理论应用于实
践角度的独特性的认识论论证。部分读者可能对此感兴趣，其他读者则
可以忽略。实践论证的关键在标题为"发展一种以实践为导向的张力理
论"一节，我们在本章最后关于管理合作的具体情境中对此进行阐述。

本篇文章引自 C. Huxham and N. Beech（2003）Contrary Prescriptions：
Recognizing Good Practice Tensions in Management. *Organization Studies*，24：
1. pp. 69–94. © Sage Publications Ltd. 转载获得授权。

方法论：张力的话语发展

我们采用归纳法来探寻张力的本质，在此过程中理论自然呈现
（Eisenhardt，1989），而非基于先前文献提取假设和命题。我们的研究过　235

程符合（尽管并未直接使用其方法）扎根理论的精神（Glaser and Strauss，1967）。辩论和协商各种数据的含义及其对实践性张力理论的启示，由此形成真知灼见。

起初的计划是在我们每一个研究领域中找出并阐明几个张力领域。我们分别选取在各自研究过程中出现的管理实践的一些观点。这样做的原因是我们相信所得出的观点可以揭示一种内在的张力，并且体现张力的不同方面。我们讨论的话题包括澄清合作目的、开放沟通、领导力和变革、隐藏议程、信任（组织内部和组织间）、任务成就和员工流动性。

我们轮流提出并解释自己选取的一个张力领域，然后通过对最初的解释的澄清过程，我们逐渐细化了对张力的描述。我们发现，看似直截了当的提议需要经过大量的讨论才能确定。在某些情况下，我们自己未能完全决定如何最好地描述这种张力关系。有时我们通过梳理对普遍认可的关于良好实践的表述中的否定或问题，来细化一种张力关系。我们还花时间讨论词组和意义，这常常产生对某一领域良好实践的不同看法。我们还经常发现，对一种张力的阐述导致了对另一种相关张力关系的识别。

随着讨论的进行，有关张力本质的理论见解渐渐呈现。我们的目的是限定于一个"定义"，看看张力概念还可能有哪些不同角度。我们不断将我们的想法与至少三个层级的数据联系起来。原则上我们使用在各自的研究中产生的理论作为数据来形成张力理论，但有时我们也会采用原本研究项目的原始数据来描述具体的事件或引用以解释或澄清观点。我们还将其他研究人员建立的理论作为第三级数据，通常用来形成对良好实践的其他表述。我们关于张力的理论观点一部分是针对特定例子的。其他则更具普适性。基于这些理论，我们逐步开发一些基本的作图方法来帮助描绘不同张力。

我们设计了一个"良好管理实践的本质"的简短练习，作为管理教育和发展计划。这为我们提供了第四级数据，并首次测试了我们向实践管理者传达张力概念的能力。该练习给出一些我们遇到过的管理情境的简短描述（一段）。为每个练习案例提供了一些人们普遍认可的"良好实践建议"，例如"优秀管理者通过授予自主权和适当支持来管理其下属为机构目的做贡献的方式"。参与者被分成各个小组，根据案例和自身

从业经验批判性地分析该建议的实用性。我们还要求他们尝试设计更好 236
地制定建议的方法。接着我们在全体会议上讨论众人的答案，再以简短
的（10分钟）讲座介绍张力的概念和描述。迄今为止，约有400名经验
丰富的中层管理人员参加此计划。我们记录了他们的答案以及讲座后讨
论中提出的问题。有些人还在后续跟进的任务中写下了一些问题。根据
这些新数据，我们回顾对张力的理解并形成更多的理论观点。

虽然我们理论的起点不是相关文献，但在形成理论的过程中我们对
相关文献进行了多次回顾。这样做是因为理论的形成强调特定主题的相
关性，以便与其他人的研究成果进行比较。

最终我们决定以书面形式呈现这些想法。本文草稿由此而来。我们
在一场会议和讲座上展示研究成果并与学术同行交流，得到了他们从理
论角度和管理发展实践者角度的回应，这为我们提供了更多的数据和测
试。我们最终选择的表达方式反映了理论产生的过程。例如，我们决定，
在理论本身得到解释之后，对相关文献进行讨论应该放在最后比较合适，
而不是放在论文开头。

因此，自然呈现的理论得到了广泛的审查和相应的改进。我们不认
为这一进程是完整的，我们期望看到这些概念得到进一步的改进和发展。
在接下来的两个例子中，我们打算介绍到目前为止所获得的见解和产生
这些见解的论据。

张力的实例

在合作情境中管理目标

Chris关于合作的数据清楚表明，实践者通常将合作目标的一致视为
任何合作计划的关键（见第六章）。通常，他们坚称，拥有共同的、商
定的和/或明确的一系列目的有助于合作伙伴共同努力实施政策。因此，
这种规范性的陈述在研究文献中得到突出体现也就不足为奇了。例如，
对合作者的劝诫包括要确保合作具有"具体的、可实现的目标"和"共
同的愿景"（Mattesich and Monsey，1992），"识别及认可一种共同的目的
感"（Gray，1985），写一份"共同的愿景声明"（Winer and Ray，
1994），抱有"强烈的使命感和目的感"（Coe，1988），以及具有"足够

清晰的目的"（Hardy et al., 1992）。

表面上看，这一系列紧密相关的规范性陈述似乎是人尽皆知的常识，

以至于显得微不足道。显然，实现目标的行动取决于这些目标的具体说明和一致意见吗？然而在实践中，研究表明合作经常卡在第一道障碍并试图解释为什么会出现这种情况。基本的解释直截了当。问题通常出在将各个合作伙伴的具备合作优势潜力的不同资源汇集起来这一过程。因为各机构有不同的目的（见第六章），常常出现不同资源的可用性问题。因此，尽管合作伙伴表面上可能就合作目的达成广泛的共识——至少在他们愿意参与的范围内——但他们都有不同的参与理由。有些人要保护他们的领域。有些人不情愿地参与其中，缺少兴致。然而，有些人也会提出他们希望追求的各种具体议程。讽刺的是，恰恰是合作伙伴在合作中发挥作用的因素给合作制造麻烦。因此实践中的合作往往无法就目标达成令人满意的一致意见，这毫不稀奇。

这就引出了一个问题，即常识"处方"在实践中是否像它看上去那样合理。一些学者认为目的陈述不应过于明确（Hudson et al., 1999）。在 Chris 的行动研究干预中，她发现自己经常向合作实践者建议他们在尚未完全同意共同努力的目标时先行动起来向前推进共同任务的执行（见第七章）。这个概念听上去令人不安，但是有进展的合作似乎经常以这种方式运作。支持这一概念的论述是，共同行动应该是一个良性循环的开端，成功的行动会促成相互理解，并为后来的共同目标的出现铺平道路。然而，如果共同行动缺乏方向导致缺乏富有成效的产出，或者后来阶段对共同目标的讨论揭示各方观点有根本性分歧，那么这种论述就不成立。

因此，这种实践张力可归纳如下（见图 14.1）。一端的建议是清晰的、明确定义的、商定的目标是合作的关键第一步。另一端的建议表明，实践者应该继续执行共同任务哪怕没有一致认同的共同目标。前者的优点是提供指导共同行动的方向感。而问题是，达成共同协议的难度往往如此之大，以至于坚持这样一个过程可能会导致永远不会达到行动阶段。反过来说，后者的优点是共同行动可以立即发生，但这可能会遇到缺乏方向的问题。

在大多数实际情况中，两端的极端情况都不太可能出现，不管有意无意，更可能介于两者之间。可以以不同方式来考虑这些中间点。例如，

Chris 经常建议各方应该至少达成能允许他们向前推进行动的共识。究竟什么构成"至少"和"足够"取决于参与者对具体情境的评估。其他人则认为，合作各方应该寻求共同点（Fisherand and Ury，1981；Weisbord，1992），而不是试图提供一个包罗万象的目标声明。这可以看作是对"足够"概念的操作性解读。

238

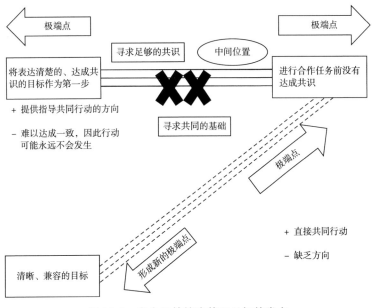

图 14.1 在合作情境中管理目标的张力

解决实际问题的另一种方法是重构张力的"极端点"的定义方式。例如，具有丰富合作经验的实践者有时会认为，重要的是寻求兼容的目标。他们认识到共同的目标不太可能实现，但主张可以通过共同努力实现各方的不同目标。虽然这样似乎可以减少与明确阐述目标相关的问题，但仍然可能出现利益冲突，并没有完全消除这些问题。因此，这种做法不会令张力消失，但更有可能找到实际的前进方向，比起依赖于各方同意相同的目标能更清晰地定义合作的目标。

还有一种方法是在建议中包含权变的要素。比如我们要求管理发展项目小组评估下列良好实践建议的实际适用性：

> 就具体的、可实现的目的达成协议并撰写一份共同的愿景声明。

有人评论这是一个很好的建议，但在某些情况下，其他问题比如建立信任就必须要首先解决。以下形式的表述则包含权变，不能压缩成一条简单的建议：

> 如果你与合作伙伴有良好的信任关系，那么在一开始就商定好目标至关重要。否则在目标达成一致之前，应在建立信任的活动上花时间。

这意味着，在首先建立信任、首先建立合作目标和首先采取行动之间，存在着更为复杂的三方张力关系。Chris 的研究表明，可以进一步拓展这样的论述并识别出多维张力。例如，可以说建立信任本身需要涉及与沟通、信用、所有权、权力、时间、灵活性、承诺、目标和议程有关问题的管理，而从何处着手的问题显然并不简单（见第九章）。虽然对于合作实践者来说，考虑行动和信任构建之间的单维张力可能有所帮助，但作为概念性切入点组合的一部分或是整体大局的一部分是不够的。

领导风格

Nic 关于管理者在寻求改变时所表达的风格，反映出对如何能做到最好，人们的看法存在矛盾。一种是被称为"浪漫主义"风格的方法（Beech，2000），首先假设有必要让人们参与，而变革的方向和内容将在参与过程中产生（Beech and Crane，1999）。另一种是被称为"英雄主义"风格的方法（Beech，2000），假设专家可以针对问题提出解决方案，然后将其"兜售"给那些将实施改变的人（Cairns and Beech，1999）。

浪漫主义的风格往往需要管理者与员工一起工作。变革的起始需要有一种开放的心态，人们对关键问题是什么及如何处理都不明确，而这种不确定性是显而易见的。行动的重点是支持、发展和扩展角色，例如让此前不得不接受供应商条款的员工参与到与外部供应商的协商中。这种领导风格的管理者员工关系中往往存在人性化因素，管理者和员工了解彼此，并且可能关心彼此的爱好、家庭生活，等等。

英雄主义风格则倾向于让管理者参与催化干预。管理者对问题进行评估，发布解决方案或挑战的愿景，然后判断其他人提出的实施细节。领导者和追随者之间有明确的角色划分——领导者设定愿景、为行动领域设立优先级并判断行动的有效性，而追随者采取行动。英雄主义风格青睐确定性和可观察的结果。该风格注重行动，通常有一种紧迫感，将时间设想为线性：从定义问题，到行动，再到结果。

240

这两种风格的目的都是成功促成变革、完成任务，并以一种在工作场所建立和维持良好关系的方式进行。张力则存在于实现这一切的不同方式之间。形成张力的一个特点是，要在两个好的管理方案之间进行选择，而不是在一个好的和一个坏的之间。简单来说，一种是控制的、专制的、以任务为导向的风格，另一种是追求承诺的、民主的、以关系为导向的风格。要说员工们会更喜欢浪漫主义的风格或者更偏向于英雄式也是过于简化的。我们的数据显示，对两种风格都有喜欢的和不喜欢的员工，并且他们解读的方式也不同。

这种张力的两端（见图 14.2）可以视作在某种程度上具有相反的优势和劣势。例如，英雄式领导可以提供快速和明确的单向决策，但形成决策的投入受到限制，在实施时获得的支持可能受限于员工缺少承诺以及对决策含义出现多种解读。另一方面，参与式风格可能需要更长时间才能做出决策，并且面临更大的模糊性和可能的分歧，但可以通过制定广泛的"情报收集"计划并提高决策质量，更有可能得到有效支持和执行。

一种可能的解决张力的办法是在某些问题上或在某些情况下采取英雄式领导，其他时候则加强参与。从某种意义上说，这是情境领导模式的主张之一（Hersey and Blanchard，1982）。根据这种观点，领导者应当在追随者具有适当的"成熟度"时让他们参与其中。当情况"有利"时（职位权力、任务结构和领导与成员关系方面）选择将重点放在"人际"而非"任务"（Fiedler，1967）。反过来，在情况不利和追随者成熟度较低时应采用更具指令性的风格。然而，这并非没有困难。一个团队中"追随者"的"成熟度"可能因个性、经验、服务年限、自我概念、智

241

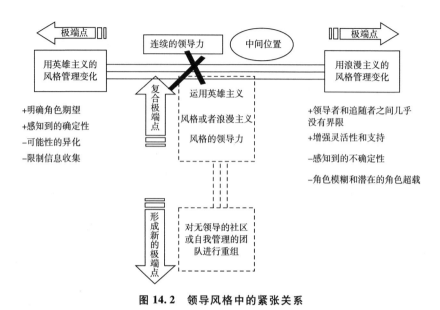

图 14.2 领导风格中的紧张关系

力和感知的社交情境而异。如果管理者在不同的情况下及不同的时间里对不同的人采用不同的方式，这可以被解读为不一致，甚至是偏袒。此外，视情境而区别对待的主张表明权力的运作有利于掌握权力的人，由他们来决定其他人是否成熟以及情况是否有利。不同科层的群体对参与权的看法可能存在很大差异。事实上，这种视情境而定的方案保留了英雄主义式领导风格中以权力为中心的方法，而非张力的中心点，给出何时应用张力两端方案的规则。

这种张力还有可能以一种移位的方式重构张力。例如，团体和小组可以设想成"无领导者"或"自我管理"的情况，成员扮演的角色不需要一个领导者。鼓励、指令和决策性的角色刻意或自然地以非科层结构或临时的方式在成员之间划分（Drath and Palus，1994；Manz and Sims，1980）。然而，在组织内建立无领导团体或自我管理小组并没有完全消除张力，而是将其重新安置在管理层级中的更高层次。因为在高一级仍然需要决定作为一个单元的小组或团体如何管理。在图 14.2 中表现为这种新的可能性与原本张力两端的复合方案之间的张力。这种重构突出了原有张力中存在的一个问题：无论作出何种选择，相关张力都会发挥作用。

例如，在团队中建立角色的明确性和灵活性之间存在张力。

新的理论问题

我们介绍这篇论文是为了探讨"张力"概念的相关性。"张力"作为一种实用的概念，可以有效地告知管理者，他们在日常和长期的管理思维中可能会考虑的各种因素。我们认为"张力"可以提供有用的概念性切入点，可能有助于反思性实践。在本节中，我们将通过阐述"张力"的特征及其理论作为务实的概念性切入点来形成张力的理论建构。 242

良好实践张力的特点

在我们探讨这里描述的张力例子以及方法部分提到的其他例子的过程中，张力的一些特征以及描述语言（见表 14.2）开始呈现。这些特征和语言都牢牢扎根于我们的数据中。我们由此得到了 10 个特征，这一数字并非刻意凑整。实际上，不太可能一直保持在总数为 10，因为我们对数据中例子的每次讨论都会对列表进行完善。

表 14.2 描述张力的语言

语言	解释
极端点	备选的良好实践建议
自我挫败	在实践中无法做到的良好实践建议
成本、收益，或相反	一个极端点的成本是另一个极端点的收益，反之亦然
中间点	极端点之间的实际方法；可能有多种形式
重构的	重新表述一个极端点的方式
更复杂	消除了实现极端点的一些障碍的一种重构
移位	解决了原本的张力但在其他地方形成了新的张力的一种重构
偶发性表述	对张力极端点的复杂"假设"的描述
成本不一致	权变的缺点
多维张力	相互关联的张力在许多方向上"拉动"
组合	可以用于反思的概念性切入点的张力集合

　　第一，表达张力的一种方式是作为备选（即相互排斥）的良好实践建议。这些可以认为是一系列可能的实际行动方案中的极端点。即到底是详述明确的、商定的、共同的目的作为第一步，还是先进行联合任务而不首先就目的达成一致。有关极端点张力的描述往往是简单的可以浓缩成一条忠告的概念。

　　第二，一些极端点张力看似不言而喻（即显然正确），但又是自我挫败的，因为它们显然无法在实践中发挥作用。即"就共同目的达成一致"就像是"母性和苹果派"那样无可置疑，但却在实践中显然常常无法做到。

243

　　第三，在一个张力极端点自我挫败的情况下，有时只能通过寻找对第一种极端点所存在问题的创新性回应来识别另一个极端点。"在没有首先商定一致目的的情况下继续完成联合任务"的建议就是这样产生的。

　　第四，一些张力极端点不属于自我挫败的情况，而是带有成本，与另一个极端点的收益相反。正如"参与式领导"的成本是决策速度不足，而这恰恰是"英雄式领导"的收益。［Johnson 的研究（1996）中关于"对立"概念强调的就是这一特征。］

　　第五，在特定情况下，向前推进的可行方法不可能处于任何极端点，而往往位于极端点之间的中间位置。在成本和收益相反的情况下，在特定情况下可以权衡二者并选择两个极端点之间的某个位置。正如在重要问题上"参与"方法只是一种选择。还可以考虑不同的形式以及不同的中间程度。再比如"寻求足够共识"和"寻求共同点"是不同形式的中间点，每个都可以解读成张力两端之间的任何一点。

　　第六，张力极端点通常可以重构。一些重构消除了实现极端点的一些障碍，从某种意义上来说更复杂。即"就兼容目标达成一致"的要求要低于"就共同目标达成一致"，也可能更好地抓住大多数组织真正想从合作中寻求的东西。更复杂的重构使张力极端点更有可能成为可行的推进合作的手段，但并未完全消除张力。

　　第七，其他重构本身可能并不复杂，但可能会使张力移位，这样就在原来的情境下给出了一个解决方案。正如无领导团体将不同领导风格之间的张力从团体内部转移到组织层级中更高的点。

第八，人们试图解决张力极端点的问题的另一种方式是采用权变表述。不能浓缩成简单一句话，而是需要更复杂的一系列表述。像是"领导风格应当根据追随者的成熟度决定"这样的表述需要将成熟度分类与适合的领导风格匹配。

第九，权变方法的某些形式会带来不一致成本。即当领导者根据他们所认为的每个追随者不同的成熟度来采取区别对待时，他们会被视为"两面派"或者厚此薄彼。

第十，深入研究任何一个张力领域往往会揭示多维张力，因此每种张力可以视为概念性切入点组合的一部分。对一种张力的讨论导致对另一种相关张力的认同，即"英雄式"与"浪漫式"的领导力张力会让我们联系到群体结构、分担角色、领导者形象一致性等方面的张力。

244

因此，这一理论的第一个特点就是以一种简单的概念开始即反作用力，它为管理实践提出了相反规定。到第 10 个特征是它包含了一个复杂得多，相互影响的张力领域。

发展一种以实践为导向的张力理论

从探索张力的例子及将这一概念应用于管理者的过程中，我们得到了四个层级的概念性切入点。这四个层级涉及使用张力理论的不同方式。

第一级：张力的概念

认识到不同形式的管理实践之间存在张力，张力这一概念强调在实践中需要相信：张力意味着存在多重困境并且应对这些困境是管理生活的"现实"的一个重要方面。因此，这一概念有可能将实践者的思维从寻找虚幻的魔法妙方转移到寻求对当前情况而言"足够好的"（或者至少是"我们能做到的最好的"）方案。类似地，那些幻想破灭的人（乃至到了虚无主义的程度）可以通过不再强求完美的行动目的而恢复行动。

第二级：多重的、互动的张力概念

我们将管理过程视为一个在多个维度不断解决两难、三难和多难困境的过程。我们识别出的每一种张力都只是整体大局的一部分。不能孤立地考虑单个张力，但将张力分离出来有助于反思如何行动。我们或许可以这样设想，在任何时候都有某个特定的张力处于反思过程的最前沿，而其他张力仍然存在于背景中。解决方案都是针对具体情境的，因此理论强调需要将它们视为相对短暂的。

第三级：特定管理领域中的张力概念

我们认为识别管理活动的特定领域（比如合作管理或文化管理）的张力是有益的。这些领域不是固定的或独有的，而是可以根据感知到的管理需求来定义及重新定义。不同领域间会有相当多的重叠。任何管理者都会遇到需要应对多个领域的时候，但也许能够识别当下的主要矛盾。这种策略更容易进行反思，而不是试图立即解决所有方面的问题。我们希望能总结某个领域常见的比较宽泛的张力类型。例如，在合作领域，Chris 的研究显示，在就目标达成一致、建立信任、管理权力、管理沟通、成员所属问题等方面存在张力（见本书第二部分）。这可以帮实践者建立起对相应问题的预期。

第四级：解构张力的概念

我们想用解构张力的概念来说明在具体的张力领域中理论构建的过程，类似于上文两个案例。这一过程是在不能立刻识别出明显的张力的情况下先对存在的具体问题进行解释和描述，或许可以借用本书提供的图示、语言和特征。实践者反思自己的经验来对具体的张力或张力组合进行解构。在这种情况下，构建的理论为个人所学习，可以对具体情境有很强的针对性。我们预期实践者受益很大程度上来自解构的过程。例如，这些解构过程可在特定管理需求或任务的范围内进行，或构成管理发展工作或促进工具的基础。这样的用法符合 Johnson（1996）关于"对立管理"的思想。或者，学者可以基于严谨的研究来解构张力。这样得到的理论预期将经得起更广泛的辩论并可推广到一系列情境。在这种情况下，实践者的受益将来自首先找到和他们面对的情况足够接近的已经解构了的张力作为切入点，评估和展开其相关性并应用到实际情境中。表 14.3 总结了上述四个层级。

245

表 14.3　张力理论中的四级概念性切入点

级别	实质
第一级：张力的概念	■ 相信应对管理中的多重困境是"现实" ■ 转变思维，从寻求魔法妙方转向寻找"足够好的"解决方案
第二级：多重的、互动的张力概念	■ 视管理为不断解决两难、三难和多难困境的过程 ■ 分离张力以便于反思 ■ 将解决方案视为相对短暂的
第三级：特定管理领域中的张力概念	■ 识别特定管理领域的张力，根据管理需要来定义和重新定义张力 ■ 将重点放在主要矛盾方面以便于反思
第四级：解构张力的概念	■ 通过解构的过程来了解具体张力 ■ 基于严谨研究，运用解构张力理解自身所处情境

246

结语：从认识论趋同到以实践为导向的理论

到目前为止，本文的重点是张力理论的构建及其在支持实践管理者方面的应用。作为全文的结尾，我们将探索该理论如何嵌入现有的理论并与之关联。

理论和实践虽然（理论上）被联系在一起，但通常是被割裂的。两者都倾向于自我指涉，针对学术的理论写作维持着一种主客体分离的方式（Hardy and Clegg, 1997），而针对实践者的内容倾向于避免深刻理论以强调实用性的方式。Palmer 和 Hardy（2000）认为，学者可以与研究对象接触并以这样的方式促进思想交流，使研究和实践的发展方式在知识上有趣、在实际中有启发性。我们想要强调，我们采用通过阐明张力来理解最佳实践的方法正是为了能以强化实践的方式来构建理论。我们在反思性学习和反思性实践文献的实质中也强调了这一点。在最后一节中，我们试图将这种方法与其他方法进行比较（其中一些方法明显不同，另外一些至少在表面上有共通之处）并总结了我们如何看待张力理论作为解决 Palmer 和 Hardy 提出挑战的一种手段。

认识论趋同

试图将实践置于首位的方法通常具有规范性（Guest，1992）。主导类型包括"唯一最佳方法"（Taylor，1947）、基准法（Camp，1989）、"卓越"运动（Peters and Austin，1985；Peters and Waterman，1982）和权变理论（Fiedler，1967）。尽管这些方法之间存在明显的差异，但我们认为它们之间认识论上的区别很小。它们大体上符合一套一般性假设，这些假设认为每一种情况下都有一种能带来有益结果的行动，对于"唯一最佳方法"来说这一行动是普适的，而对于权变方法来说是针对特定情境。

具有讽刺意味的是，将理论置于首位的方法，在认识论上与那些处理实践的方法类似。Knights（1997）在他对组织理论的回顾中认为主导理论（一元论、二元论和多元论）之间假定的区别瓦解了。一元论方法强调单一视角，忽略其框架中缺失的视角，因而无法把握经验和实践的复杂性。二元论方法包含两种视角的认识，例如结构-行动和理论-实践，但是认为两边有高低之分（Chia，1996）。例如，为了取代结构功能理论，行动理论将"行动"抬为"结构"之上的研究重点。多元论方法则反对抬高竞争性视角中的任何一个。然而，Knights 认为多元论寻求视角之间的和解（Elsbach et al.，1999）。比如 Gidsen（1984）的结构化理论调和了结构和行动，将前者概念化为后者的媒介与结果。这样做的影响是将新的视角提至"高于"原先平等的视角。

最近对管理悖论的关注强调了可能被视为与良好实践的极端陈述相关的理论替代方案（Lewis，2000；Poole and Van de Ven，1989）。乍一看，这似乎与张力方法有很多共同之处。虽然这些方法之间有分歧，但相关学者都关注悖论的解决方案。这与早期的研究（Luhmann，1989）形成了鲜明的对比。在早期的研究中，自生系统被概念化为包含自身的先决条件，因此是一个未解决的悖论。例如，相关学者建议质疑并放弃产生悖论的假设，以及将分析的层级分开使矛盾的因素不再对立。正如 Knights 对多元论方法的看法一样，这样做的结果是产生悖论的因素之一比其他因素地位更高。

Knights 认为缩减至一元论视角的方法与"表征主义认识论"一致，

将外部事实和对象视为意义和真理的来源（Alasuutari，1995；Hassard，1993）。这意味着一个普遍的假设：世界上存在事实、事件和结果之间的因果关系。换言之，它们的运作规则可以看作是"当 X 适用时，实施 Y，而 Z 将随之发生"的形式。Knights（1992）认为这是一种对秩序和安全身份的渴望表达。

在对组织理论的回顾中，Knights（1997）认为需要避免表征主义认识论的推理中隐含的"意义的封闭性"，并提出后现代主义作为另一种选择。然而 Marsden 和 Townley（1996）的观点是，虽然后现代主义有助于发现那些缩减为一元论方法存在的问题，例如未能认识到相互影响的多样性，但它的终点是无望的相对主义。因此，后现代主义仍然脱离实践，无法启发实际行动。他们认为，正确的方法是让管理层专注于基于伦理和价值观的选择。Knights 以及 Marsden 和 Townley 留下的问题是如何在理论或实践上支持管理者保持开放心态并做出这些选择。

实践导向的理论

我们认为，在反思性实践的方法中应用张力是一种支持管理者的方式。我们主张反思性实践方法在认识论上与上述其他方法不同。虽然张力的概念最初可能看起来像二元论，但这只是作为一种启发手法及暂时的表现方法。对张力的解构引入了多元主义并防止理论缩减至一元，并且不一定隐含表征主义认识论。张力理论作为一种以反思的方式解构实践的手段可能有助于避免意义的完全封闭，因为它并不假定有一种利益超过成本的"正确方式"。虽然悖论理论似乎寻求双赢结果（Lewis，2000），但张力的概念化旨在帮助管理者做出选择。这需要管理者们承认现实不是简单如实地呈现在某种张力中，且现实的本质是动态的，因此根据选择采取行动将有助于社会情境的重新建立，重建的社会情境可能要用其他张力来代表。因此，张力理论的建立基础可视为一种抵制一元论表象、青睐对同一情境的多重解读情境的认识论。这样一来它通过抵制过度简化问题并提供在复杂情况下决定行动的切入点来关联实践。

总之，我们对张力理论的阐述方式是在兼具复杂性与不确定因果的情况下与反思性实践的本质（即支持实践、反思、试错的循环）保持一致。我们并未主张该理论提供了对世界的精确描述。相反，我们认为张力理论

248

提供了概念性的切入点，可以帮助应用该理论的人暂时搁置日常生活的复杂性，从而实现反思性学习。因此，它体现了一种"我要摆脱这个世界"的精神，在管理者体验真实世界不可避免的复杂现实时为他们提供"能抓住的东西"。从这个角度来看，必须重新解释"良好管理实践"的概念，需要能够认识并利用良好实践张力而不是解决它们的张力。

我们认为，实践导向的理论必须反映出实践者日常要面对的模糊性和复杂性，否则在测试理论如何应用时会让他们失望（见第三章）。但它又必须在概念上足够简单，才能够吸引人使用。我们的张力理论就宽泛的概念而言似乎很简单，但从所有特征的角度来理解时又不过分简化。

在实践中管理张力

对于负责管理（以便达成）合作的管理者来说，表 14.3 和该节的论述已经概括了重点。以下就达成合作的具体情况可以重新解释这部分内容：

第一级：张力的概念

■ 相信应对管理中的多重困境是"现实"。

■ 转变思维，从寻求魔法妙方转向寻找"足够好的"解决方案以便管理合作。

第二级：多重的、互动的张力概念

249

■ 视管理（以实现）合作为不断解决两难、三难和多难困境的过程，但要单独考虑每个合作主题领域中不同管理选项之间的张力，暂时将其与其他主题隔离，从而使得便于反思。

■ 将管理行动的选择视为相对短暂的；将来新的情况可能需要采取不同的手段。

第三级：合作管理中的张力概念

■ 在合作管理的特定方面，确立与您当前需要相关的其他管理选项之间的张力，并认识到其他张力会在其他时候变得相关。

■　将重点放在主要矛盾方面以便于反思。

第四级：解构张力的概念

■　通过探索个人经验来了解合作实践中不同管理选项之间的张力。

■　利用合作优势理论和其他关于合作的研究来理解自身所处情境。

正如我们在摘引文章结尾的建议，该方法将达成合作的艺术视为能够在可能的管理行动中识别和利用张力而不是寻求解决它们。在某种程度上，这涉及偶尔抽出时间来思考各种可能性，以便于趁热打铁快速反思。预演未来的情况是一种有用的思考方式（Antonacopoulou，2004；Schwartz，1997）。本书第二部分中的概念化提供了张力和问题的初始组合，可用作帮助指导这一过程的切入点。　　　　　250

第十五章　达成合作并从中获得动力

当人们告诉我们，他们正在（或曾经）参与了一项进展顺利的合作，我们往往会请他们就这项合作再多说一些。人们的反应往往是，来自不同组织的合适人选在合适的时间聚集在一起。换言之，可以使合作发生并取得成果的意愿和专业知识已经就绪，同时外部条件——包括筹资机会——恰好为某项行动做好了准备。另一个常见的反应是，目前这个合作计划是在尝试并否定许多其他计划后恰好可行的，有时这被称作深思熟虑的"多尝试以获得一个可行计划"的策略。第三个反应是，虽然各组织合作进展顺利，但还没有看到积极的成果。第四个反应是，合作在很长一段时间进展顺利，但后来却分崩离析或者被外部利益相关者解散。第五个反应是，有关组织有一种建立和管理合作关系的战略手段，这通常伴随着这样的含义，该组织在参与合作方面有一种特殊的风格，并且期望合作伙伴能够适应这种风格。

> 我和其他两家组织的代表都致力于这项工作，我们得到了资金，开始着手这项工作。
>
> ——社区发展项目的社区工作者

> 这项合作伙伴关系进展不错，但还没有什么成果。
>
> ——能源行业顾问合作伙伴关系顾问

"合适的人、合适的时间"这一回应一方面鼓舞人心，因为它确认了合作能够并且确实产生良好的成果。另一方面，它指出这在很大程度

上出于巧合。"目前的计划恰好可行"的说法也强调了这一点。巧合确
实非常重要，不应该被低估，但本书希望能够找到增加巧合的方法，即
增加合作产生良好成果的概率。我们希望这能鼓励更多"合适的人"能
够做好准备，把握好外部有利条件，减少为了获得可行计划而进行其他
尝试所花费的时间。增加巧合包括找到应对"我们还没有看到积极成
果"和"最后分崩离析"等情境的方法，并且接受不论情况好坏，成功
的合作被外部利益相关者解散的可能性。比如，合作可能会被政府或总
部解散以建立新结构（通常仍是合作结构）。增强巧合还包括对合作参
与的积极管理，不过并不一定要像前文提到的第五种反应那样强势。

主线回顾

在最后一章，我们对本书的第二部分进行梳理，探索增强巧合的实
践操作。首先来回顾贯穿所有章节的五条主线，这些主线涉及合作情境
的根本特征，而这些特征都在合作惰性的倾向中发挥作用。

1. **混乱**　我们试图展现至少那些寻求合作的人们所面临的部分世
界。为此，我们提出了一系列复杂的概念。我们使用了各种名词——
纠葛、混合、相互影响、网络、多重维度、混乱等——以及许多形容
词——例如重叠的、纠缠的、相互联系的、相互作用的、模糊的、多
重层面的——以捕捉我们试图表达的复杂性的"混乱"内核。

2. **问题、矛盾、张力和困境**　所有主题都面临着无法被轻易解
决的层出不穷的挑战。我们的目标是突出强调了其中许多挑战，但
是还有无数问题我们没有篇幅来讨论。在所有情况下，很难知道如
何从各种可能性中选择最佳的管理行动。这一点我们已经在第十四
章详细论述合作实践中的张力概念时提及，这里不再赘述。

3. **多重观点**　我们在第六章明确地集中讨论了不同参与者可能对
自己和他人与合作相关的目标所产生的不同观点。第十一章则关注了
参与者彼此赋予不同身份的方式。对于多方参与的情境，观点不同在
所难免，这并不仅限于目标界定或身份建立的过程。例如，依次浏览
每一章，对目标协商期间发生的事件会产生不同的解释，参与者对于
合作结构以及他们彼此的参与会产生不同的理解。对于信任在多大程

251
252

度上得到延展和接受，谁在掌控权力，都会产生不同的认识。关于领导力活动和活动成果间的联系也有可能产生不同的看法。

4. **动态**　我们一再强调合作不会长期保持静态，并旨在通过多种不同的方式将合作的动态概念化。例如，目标随着时间推移在不断变化，目标协商事件的发生方式也在改变。合作结构是动态的，这影响了信任关系的稳定性。权力平衡在宏观和微观两个层面上都会产生转变。身份处于持续的形成与再形成，尽管有时会因为根深蒂固而难以改变。动态的影响还体现在制定和执行合作议程可以轻易脱离合作成员的控制。

5. **意图受挫**　在第十二章和第十三章中，我们发现领导力活动通常会受到困境和困难的阻碍，因此无法获得预期结果。我们在这里特别关注后勤问题和优先事项对目的的干扰作用。然而，其他主题领域的问题也阻挠了目的的实现。例如，产生偏离的或者没有被互相理解的目标，成员结构的模糊性与复杂性，以及不一致的身份归属等，这些问题使他人的行动和反应难以预测。关于权力不平衡的怀疑与看法则可能导致戒备心态和攻击状态，因此也会产生影响。

这五条主线交织成了一幅极其复杂的图景。我们并不为此感到抱歉。我们认为承认这一复杂性是达成合作至关重要的一环，即使在看起来很简单的情境下也是如此。对于那些参与复杂的多方、多地并且互动的社会合作的人来说，其复杂性不言而喻。这本书是关于学习如何适应和管理它。而对于那些处于另一个合作极端点的人来说，他们参与的那些一目了然的、只涉及两方的合作，他们要警惕自满的恶果。

然而，本书的主旨是，合作的渴求并非无望的追求。即使出现合作惰性，仍有可能使合作重焕生机。解开复杂之网，虽然无法完全地、一劳永逸地解开，但可以找到适用于部分的、当下的解决办法。回看第二部分并简要回顾我们所介绍的全部概念，以及这些概念是如何帮助解剖合作过程的，这可能会有助于我们理解合作。

　　　　红灯亮了，但我们已经回天乏术。

——医疗合作社管理者

253

主题回顾

第六章介绍了关于目标的多维度动态纠葛概念，包括个人的、组织的、合作的内外部目标（详见表 6.1，图 6.1~6.3）。它涵盖了真实目标与伪目标，明确目标、未说明目标与隐藏目标，合作流程目标与实质目标，以及与合作完全无关的目标。这一概念提供了一个框架，为解开纠葛的过程提供了有力的支撑（详见图 6.4）。通过这种方式使用框架可以使人们了解他人的动机，检验是否具有实现合作优势的共同基础。该框架有助于对外部利益相关者的管理，明确为满足他人需要而应做的工作。它还有助于区分流程目标和实质目标，评估二者之间的平衡是否适当，以及区分合作业务和实际上应该在其他场合处理的问题。此外，它可以揭示被认为是理所应当的事项以及隐藏目标的可能性。它还将人们的注意力引向他人看待事物的角度以及未来发生变化的可能性（详见表 6.2）。

第七章介绍了目标协商情境中反复出现的事件类型。这一概念起到备忘录的作用，可以迅速指出典型的困难情境，从而有针对性地管理它们（详见表 7.1）。它并没有涵盖所有可能性，但是提供了一个模板以迅速描述用户可能遇到的其他情境。它还为积极管理目标与动机之间的相互作用提供了建议，尤其突出了在决定对他人行为是否进行鼓励、劝阻甚至试图阻止等方面的矛盾。

第八章介绍了成员结构的概念，即具有模糊性、复杂性以及动态性的实体（详见表 8.1）。在这一概念的基础上形成了在实践中从合作、单一组织、地区或行业等角度探索成员结构的图解工具（详见图 8.6）。正如上文提到的事件框架，第八章中的图表示例代表着非常广泛的可能性，因此可以把它们当作构建模型的指标。而这些模型将有助于理解成员结构对目标协商、信任构建、权力关系等方面产生的影响。

第九章再次介绍了信任建构循环（第五章中首次出现）及其使用和限制（详见图 9.1）。我们强调了在形成预期、管理风险、结构动态、权力失衡和培育关系等方面建立和维持信任所面临的挑战（详见表 9.1）。这一概念提供了一个框架，既包括了"小赢"策略的信任管理，又描述了全面的信任建构（详见图 9.2 和表 9.2）。表 9.2 明确针对上述挑战提供了解决策略。

第十章介绍了利己权、合作权和利他权的概念（详见图 10.1）。宏

254 观层面的权力来源（详见表 10.1），微观层面的权力点（详见第十章的
要点和讨论），以及权力动态。我们还提出了一个比喻，认为由大量不同
材料制成的权力"接力棒"在合作参与者之间传递。这一概念提供了一
种思考如何行使权力、应该如何行使权力以及如何被他人视为行使权力
的方式。这反过来又为合作伙伴双方以及合作伙伴之间的权力管理提供
了基础，包括故意将权力转交他人和故意对他人行使权力的可能性。

第十一章介绍了一个复杂的、交织的、纠缠的、混乱的身份形成循
环的概念（详见图 11.2 以及第十一章的要点）。这一概念可以提高关于
身份问题的意识。它还提供了一个框架以梳理在特定合作情境中身份形
成的各个方面。这反过来又可以成为考虑如何提高互动有效性的基础。
它还可以为关于身份问题进行积极管理的有关思考做好准备，这可能包
括鼓励个人或组织对合作产生认同感，以及鼓励个人对组织或合作团体
产生认同感。

第十二章介绍了领导力媒介的概念，认为合作的结构、流程和参与
者在引导合作发展方向中发挥着作用，并且这三种媒介在实践中往往不
受合作成员的直接控制。因此这一概念强调，需要探讨和管理结构、流
程及利益相关者在实现预期成果方面的影响，这与第六章和第八章的框
架尤为相关。

第十二章介绍了领导力活动的概念，并在第十三章中深入展开。我
们探讨了本着合作精神（接受、赋权、纳入、激励）的活动案例（详见
图 13.1）以及趋于"合作暴行"（操控合作议程、玩弄权术）的活动案
例（详见图 13.2）。我们提出，实现合作优势的领导力模式本质在于同
时运用上述两种类型的活动（详见图 13.3）。这一概念一方面强调了协
调型领导和指令型领导的双重作用，解释了其正当性，另一方面指出了
哪个模式适用于处理哪些活动类型。

在实践中，运用合作优势理论增加巧合，意味着以概念为框架来解
释合作的复杂性，从而为行动的选择提供意见。我们在第二部分经常强
调，概念的运用具有多个层次，从建议指导到日常思考，从粗略的估计
记录到全面的正式分析。这些概念适用于各种场合，从工作坊设置到

"密室"分析，再到培训发展方案。在后一种情况下，它们还可以作为工具，帮助人们在自己经验的基础上探索合作复杂性。它们可能仅仅是对当下的理解作出阐述，也可能包含着大量的数据收集工作，例如关于他人的动机或者合作结构。它们可供个人、组织或合作体使用。然而，如果被个人或组织使用，那么换位思考将是工作中的核心部分，也就是说需要站在对方的立场上去感受他们所面对的世界。如果被合作体用来促进成员关系的话，那么需要建立适当的促进流程，以确保出现的任何冲突不会变得无法控制。

行动起来，让我们乐在其中

本书探讨了许多涉及合作的共同主题和问题（参见图3.1），但我们也意识到还有很多问题尚未得到解决。第二部分涉及与合作实践主题相关的问题非常广泛，我们在这里只能详细讨论一部分。我们注意到，在实践中深入使用一个或两个框架，可以在很大程度上加强人们对合作参与的管理能力。通过第十四章描述的方法暂时将某项挑战分离开来，任何框架都可以成为可操作的、可以实现合作优势的有效方式。

本书旨在强调对于"达成"合作的两种解释。第一种认为，达成合作需要基于对合作情境本质的透彻理解，对合作活动各个方面进行积极管理。我们认为，合作优势理论可以为上述合作本质的理解提供基础。然而，合作优势理论假设参与者将逐渐形成自己的方式以应对所面临的情境，并且除了本书建议的工具以外，将开发自己的工具以作补充。因此，理论要求参与者具备反思性实践模式的工作技巧。其他技巧——包括经常被提及的影响力技巧和协商技巧——也可能有用，但只有当察觉到需要运用这些技巧来完成什么的时候，才会要求参与者具备这些技巧。

> 如果一开始就知道我现在所知道的，我将会采取完全不同的方式去处理这件事。
>
> ——民营化公用事业合同经理
> （在对供应商关系的信任进行探讨之后）

我们发现，那些在合作中获得乐趣的人很享受达成合作的过程。他们乐于解决问题，化解矛盾，处理紧张关系，应对困难局面。他们确实在培育、培育、继续培育，花费了大量时间关注细节，同时促进和掌控着结果。然而，这种积极管理需要消耗大量资源，因此必须将资源留给最有价值的目标。我们在这里再声明一遍："除非你能看到实际存在的潜在合作优势，否则不要进行合作"。如果合作的必要性是被外界强加的，并且合作优势并不明显，那么对投入进行优先排序则非常重要。有时只做到让"他人"满意的程度即可，这是唯一现实的发展方式。但是正如我们最初所说，本书旨在为那些认真踏上合作道路的人提供一些有益的建议。

> 建立关系需要大量的时间和精力，但我很享受这个过程的每一分钟。
>
> ——一家与众不同的保健合作体管理者

第二种关于"达成"合作的解释涉及做好这件事，这意味着接受事情不会完美的结果，但仍然设法完成了一些本来不可能实现的有价值的事情。因为合作非常复杂，很多觉得自己仍在困境挣扎的人可能已经做得相当不错。如何取得进展的灵感往往来源于接受挑战的困难。

> 看到有一个学术理论可以解释它（合作）为什么如此混乱，改变了我们的看法——它（理论）促使我们行动起来。
>
> ——儿童保育合作伙伴关系理事会理事

我们最后想对合作实践者说，去做吧——行动起来，乐在其中，不要期待奇迹，可以生气（如果有帮助的话），但不要绝望。

> 我们已经和另一家咨询公司合作多年了——一直以来都非常不错。

257

> ——管理咨询公司顾问

参考文献

Ackoff, R. (1979) The Future of Operational Research Is Past. *Journal of the Operational Research Society*, 30, pp. 93-104.

Agranoff, R. and McGuire, M. (2001) After the Network Is Formed: Process, Power and Performance. In: M. P. Mandell (ed.) *Getting Results Through Collaboration*, Westport, CT: Quorum, pp. 11-29.

Alasuutari, P. (1995) *Researching Culture*. London: Sage.

Alvesson, M. and Karreman, D. (2000) Taking the Linguistic Turn in Organizational Research: Challenges, Responses, Consequences. *Journal of Applied Behavioral Science*, 36: 2, pp. 136-158.

Alvesson, M. and Willmott, H. (2002) Identity Regulation As Organizational Control: Producing the Appropriate Individual. *Journal of Management Studies*, 39: 5, pp. 619-644.

Antonacopoulou, E. P. (2004) The Virtues of Practising Scholarship: A Tribute to Chris Argyris and Beyond In Organizational Learning Research. *Management Learning*, 35: 4, pp. 381-395.

Argyris, C. and Schon, D. (1974) *Theories in Practice*. San Francisco, CA: Jossey-Bass.

Audit Commission (1998) *A Fruitful Partnership: Effective Partnership Working*. London: Audit Commission.

Bachmann, R. (2001) Trust, Power and Control in Transorganizational Relations. *Organization Studies*, 22: 2, pp. 337-366.

Banxia (1996) *Decision Explorer User Guide*. Glasgow: Banxia Software.

Barr, C. and Huxham, C. (1996) Involving the Community: Collaboration for Community Development. In: C. Huxham (ed.) *Creating Collaborative Advantage*, London: Sage, pp. 110–125.

Bartel, C. (2001) Social Comparisons in Boundary-Spanning Work: Effects of Community Outreach in Members' Organizational Identity and Identification. *Administrative Science Quarterly*, 46: 3, pp. 379–431.

Bass, B. (1981) *Stogdill's Handbook of Leadership: A Survey of Leadership in Research*. New York: Free Press.

Bass, B. (1990) *Bass and Stogdill's Handbook of Leadership: Theory, Research and Managerial Applications*. New York: Free Press.

Batsleer, J. and Randall, S. (1991) Creating Common Cause: Issues in the Management of Interagency Relationships for Voluntary Organizations. In: J. Batsleer, C. Cornforth and R. Paton (eds.) *Issues in Voluntary and Non-Profit Managment*, Wokingham: Addison-Wesley, pp. 192–210.

Beech, N. (2000) Narrative Styles of Managers and Worker: A Tale of Star-Crossed Lovers. *Journal of Applied Behavioral Science*, 36: 2, pp. 210–228.

Beech, N. and Crane, O. (1999) High Performance Teams and a Climate of Community. *Team Performance Management*, 5: 3, pp. 87–102.

Beech, N. and Huxham, C. (2003) Cycles of Identity Formation in Collaboration. *International Studies of Management and Organization*, 33: 3, pp. 28–52.

Bennis, W. (1976) *The Unconscious Conspiracy: Why Leaders Can't Lead*. New York: AMACOM.

Bjorkman, I. and Lu, Y. (2001) Institutionalization and Bargaining Power Explanations of HRM Practices in International Joint Ventures-the Case of Chinese-Western Joint Ventures. *Organization Studies*, 22: 3, pp. 491–512.

Bleeke, J. and Ernst, D. (1993) *Collaborating to Compete: Using Strategic Alliances and Acquisitions in the Global Market Place*. New York: Wiley.

Bryman, A. (1996) Leadership in Organizations. In: S. Clegg, C. Hardy and W. Nord (eds.) *Handbook of Organization Studies*, London: Sage, pp. 276–292.

Bryson, J. (1988) Strategic Planning: Big Wins and Small Wins. *Public Money and Management*, 8: 3, pp. 11-15.

Bryson, J. and Crosby, B. (1992) *Leadership for the Common Good: Tackling Public Problems in a Shared-Power World*. San Francisco, CA: Jossey-Bass.

Bryson, J. and Einsweiler, R. (1991) *Shared Power*. Lanham, MD: University Press of America.

Buckley, P., Glaister, K. and Husan, R. (2002) International Joint Ventures: Partnering Skills and Cross Cultural Issues. *Long Range Planning*, 35: 2 pp. 113-134.

Burns, J. (1978) *Leadership*. New York: Harper and Row.

Cairns, G. and Beech, N. (1999) User Involvement in Organisational Decision Making. *Management Decision*, 37: 1, pp. 14-23.

Calton, J. and Lad, L. (1995) Social Contracting As a Trust-Building Process of Network Governance. *Business Ethics Quarterly*, 5: 2, pp. 271-295.

Camp, R. (1989) *Benchmarking: The Search for Industry Best Practices that Lead to Superior Performance*. Milwaukee, WI: ASQC Quality Press.

Cardell, S. (2002) *Strategic Collaboration: Creating the Extended Organization*. London: MCA.

Carley, M. and Christie, I. (1992) *Managing Sustainable Development*. London: Earthscan.

Chia, R. (1996) The Problem of Reflexivity in Organizational Research: Towards a Postmodern Science of Organization. *Organization*, 3: 1, pp. 31-59.

Child, J. (2001) Trust: The Fundamental Bond in Global Collaboration. *Organizational Dynamics*, 29: 4, pp. 274-288.

Child, J. and Faulkner, D. (1998) *Strategies of Co-operation: Managing Alliances, Networks and Joint Ventures*. Oxford: Oxford University Press.

Chisholm, R. (1998) *Developing Network Organizations: Learning From Practice and Theory*. Reading, MA: Addison-Wesley.

Chrislip, D. and Larson, C. (1994) *Collaborative Leadership*. San Francisco,

CA: Jossey-Bass.

Coe, B. (1988) Open Focus: Implementing Projects in Multi-Organizational Settings. *International Journal of Public Administration*, 11, pp. 503-526.

Coulson, A. (ed.) (1998) *Trust and Contracts: Relationships in Local Government, Health and Public Services.* Bristol: The Policy Press.

Cox, A., Sanderson, J. and Watson, G. (2000) *Power Regimes: Mapping the DNA of Business and Supply Chain Relationships.* Birmingham: Earlsgate Press.

Cropper, S. (1996) Collaborative Working and the Issue of Sustainability. In: C. Huxham (ed.) *Creating Collaborative Advantage*, London: Sage, pp. 80-100.

Cropper, S. (1997) Linkers, Dividers and Rulers: An Analysis of the Role and Functions of People Who Wear Many Hats in Multi-organizational Working and the Protocols That Shape What They Do. Presented at the Fourth International Conference in Multi-organizational Partnerships and Co-operative Strategy, Oxford.

Crosby, B. and Bryson, J. (2004) *Leadership for the Common Good: Tackling Public Problems in a Shared-Power World.* San Francisco, CA: Jossey-Bass.

Cullen, J., Johnson, J. and Sakano Tomoaki (2000) Success Through Commitment and Trust: The Soft Side of Strategic Alliance Management. *Journal of World Business*, 35: 3, pp. 223-240.

Czarniawska, B. (1997) *Narrating the Organization: Dramas of Institutional Identity.* Chicago, IL: University of Chicago Press.

Dacin, M., Hitt, M. and Levitas, E. (1997) Selecting Partners for Successful International Alliances: Examination of U.S. and Korean Firms. *Journal of World Business*, 32: 1, pp. 3-16.

Das, T. and Teng, B. (1997) Sustaining Strategic Alliances: Options and Guidelines. *Journal of General Management*, 22: 4, pp. 49-63.

Das, T. and Teng, B. (1998) Between Trust and Control: Developing Confidence in Partner Co-operation in Alliances. *Academy of Management*

Review, 23: 3 pp. 491-512.

Dawson, S. (1992) *Analysing Organizations* (second edition). London: Sage.

Deetz, S. (1994) The Micro-Politics of Identity Formation: The Case of a Knowledge Intensive Firm. *Human Studies*, 17: 1, pp. 23-44.

DiMaggio, P. and Powell, W. (1983) The Iron Cage Revisited: Institutional Isomorphism and Collective Rationality in Organizational Fields. *American Sociological Review*, 48: April, pp. 147-160.

Drath, W. and Palus, C. (1994) *Making Common Sense: Leadership As Meaning-Making in a Community of Practice*. Greensboro, NC: Center for Creative Leadership.

Ebers, M. and Grandori, A. (1997) The Forms, Costs and Development Dynamics of Inter-Organizational Networking. In: M. Ebers (ed.) *The Formation of Inter-Organizational Networks*, Oxford: Oxford University Press, pp. 265-286.

Eckert, R. (2001) Where Leadership Starts. *Harvard Business Review*, November, pp. 53-59.

Eden, C. (1996) The Stakeholder Strategy Workshop. In: C. Huxham (ed.) *Creating Collaborative Advantage*, London: Sage, pp. 44-57.

Eden, C. and Ackermann, F. (1998) *Making Strategy: The Journey of Strategic Management*. London: Sage.

Eden, C. and Huxham, C. (1996) Action Research for the Study of Organizations. In: S. Clegg, C. Hardy and W. Nord (eds) *The Handbook of Organization Studies*, Beverly Hills, CA: Sage, pp. 526-542.

Eden, C. and Huxham, C. (2001) The Negotiation of Purpose in Multi-Organizational Collaborative Groups. *Journal of Management Studies*, 38: 3, pp. 373-391.

Eden, C. and Huxham, C. (2005) Researching Organizations Using Action Research. In: S. Clegg, C. Hardy, W. Nord and T. Lawrence (eds.) *Handbook of Organization Studies* (second edition), London: Sage, Forthcoming.

Eisenhardt, K. (1989) Building Theories From Case Study Research. *Academy of Management Review*, 14: 4, pp. 532–550.

Elsbach, K., Sutton, R. and Whetten, D. (1999) Perspectives on Developing Management Theory, Circa 1999: Moving From Shrill Monologues to (Relatively) Tame Dialogues. *Academy of Management Review*, 24: 4, pp. 627–633.

Emerson, R. (1962) Power-Dependence Relations. *American Sociological Review*, 27: 1, pp. 31–41.

Everett, J. and Jamal, T. (2004) Multistakeholder Collaboration As Symbolic Market-place and Pedagogic Practice. *Journal of Management Inquiry*, 13: 1, pp. 57–78.

Feyerherm, A. (1994) Leadership in Collaboration: A Longitudinal Study of Two Interorganizational Rule-Making Groups. *Leadership Quarterly*, 5: 3/4, pp. 253–70.

Feyerherm, A. and Milliman, J. (1997) Developing Citizen Advisory Panels in Response to Public Expectations: A Cross-cultural Examination. Presented at the Fourth International Conference on Multi-organizational Partnerships and Co-operative Strategy, Oxford.

Fiedler, F. (1967) *A Theory of Leadership Effectiveness*. New York: McGraw-Hill.

Finn, C. (1996) Utilizing Stakeholder Strategies to Ensure Positive Outcomes in Collaborative Process. In: C. Huxham (ed.) *Creating Collaborative Advantage*, London: Sage, pp. 152–165.

Fiol, C. and O'Connor, E. (2002) When Hot and Cold Collide in Radical Change Processes: Lessons From Community Development. *Organization Science*, 13: 5, pp. 532–546.

Fisher, R. and Ury, W. (1981) *Getting to Yes*. New York: Penguin.

Fletcher, J. (2001) *Disappearing Acts: Gender, Power and Relational Practice at Work*. Cambridge, MA: The MIT Press.

Frederickson, H. (1997) *The Spirit of Public Administration*. San Francisco, CA: Jossey-Bass.

French, J. and Raven, B. (1959) The Bases of Social Power. In: D. Cartwright (ed.) *Studies in Social Power*, Michigan: Michigan Institute for Social Research, pp. 150–167.

Friend, J. (1990) Handling Organizational Complexity in Group Decision Support. In: C. Eden and J. Radford (eds.) *Tackling Strategic Problems: The Role of Group Decision Support*, London: Sage, pp. 18–28.

Friend, J. and Hickling, A. (1987) *Planning Under Pressure: The Strategic Choice Approach*. Oxford: Pergamon Press.

Fryxell, G., Dooley, R. and Vryza, M. (2002) After the Ink Dries: The Interaction of Trust and Control in US-based International Joint Ventures. *Journal of Management Studies*, 39: 6, pp. 865–885.

Gambetta, D. (1988) Can We Trust? In: D. Gambetta (ed.) *Trust: Making and Breaking Cooperative Relations*, New York: Basil Blackwell, pp. 213–238.

Giddens, A. (1979) *Central Problems in Social Theory: Action, Structure and Contradiction in Social Analysis*. Basingstoke: Macmillan.

Giddens, A. (1984) *The Constitution of Society: Outline of the Theory of Structuration*. Oxford: Polity Press.

Glaser, B. (1992) *Basics of Grounded Theory Analysis*. Mill Valley, CA: Sociology Press.

Glaser, B. and Strauss, A. (1967) *The Discovery of Grounded Theory: Strategies for Qualitative Research*. New York: Aldine de Gruyter.

Goffman, E. (1961) *Encounters: Two Sides in the Sociology of Interaction*. New York: Bobbs-Merrill.

Granitz, N. and Ward, J. (2001) Actual and Perceived Sharing of Ethical Reasoning and Moral Intent Among In-Group and Out-Group Members. *Journal of Business* Ethics, 33, pp. 299–322.

Gray, B. (1985) Conditions Facilitating Interorganizational Collaboration. *Human Relations*, 38, pp. 911–936.

Gray, B. (1989) *Collaborating: Finding Common Ground for Multi-Party Problems*. San Francisco, CA: Jossey-Bass.

Guest, D. (1992) Right Enough to Be Dangerously Wrong: An Analysis of the In Search of Excellence Phenomenon. In: G. Salaman (ed.) *Human Resource Strategies*, London: Sage, pp. 5–19.

Gulati, R. (1995) Does Familiarity Breed Trust? The Implications of Repeated Ties for Contractual Choice in Alliances. *Academy of Management Journal*, 38: 1, pp. 85–112.

Gulati, R. (1998) Alliances and Networks. *Strategic Management Journal*, 19, pp. 293–317.

Gummesson, E. (1991) *Qualitative Methods in Management Research* (revised edition), Newbury Park, CA: Sage.

Hardy, B., Turrell, A. and Wistow, G. (1992) *Innovations in Community Care Management.* Aldershot: Avebury.

Hardy, C. and Clegg, S. (1997) Relativity Without Relativism: Reflexivity in Post-Paradigm Organization Studies. *British Journal of Management*, 8: Special Issue, pp. S5–S18.

Hardy, C. and Leiba-O'Sullivan, S. (1998) The Power Behind Empowerment: Implications for Research and Practice. *Human Relations*, 51: 4, pp. 451–483.

Hardy, C. and Phillips, N. (1998) Strategies of Engagement: Lessons from the Critical Examination of Collaboration and Conflict in an Interorganizational Domain. *Organization Science*, 9: 2, pp. 217–229.

Hardy, C., Phillips, N. and Lawrence, T. (1998) Distinguishing Trust and Power in Interorganizational Relations: Forms and Facades of Trust. In: C. Lane and R. Bachmann (eds.) *Trust Within and Between Organizations: Conceptual Issues and Empirical Applications*, Oxford: Oxford University Press, pp. 64–87.

Hassard, J. (1993) Postmodernism and Organizational Analysis: An Overview. In: M. Parker and J. Hassard (eds.) *Postmodernism and Organizations*, London: Sage.

Hersey, P. and Blanchard, K. (1982) *Management of Organisational Behaviour.* New York: Prentice Hall.

Himmelman, A. (1994) Communities Working Collaboratively for a Change. In: P. Herrman (ed.) *Resolving Conflict: Strategies for Local Government*, Washington DC: International City/County Management Association, pp. 27-47.

Himmelman, A. (1996) On the Theory and Practice of Transformational Collaboration: From Social Service to Social Justice. In: C. Huxham (ed.) *Creating Collaborative Advantage*, London: Sage, pp. 19-43.

Hitt, M., Dacin, T., Levitas, E., Arregle, J. and Borza, A. (2000) Partner Selection in Emerging and Developed Market Contexts: Resource-Based and Organizational Learning Perspectives. *Academy of Management Journal*, 43: 3, pp. 449-467.

Hoon-Halbauer, S. (1999) Managing Relationships within Sino-Foreign Joint Ventures. *Journal of World Business*, 34: 4, pp. 344-399.

Hosking, D. (1988) Organizing, Leadership and Skillful Process. *Journal of Management Studies*, 25 pp. 147-166.

Hudson, B., Hardy, B., Henwood, M. and Wistow, G. (1999) In Pursuit of Inter-Agency Collaboration in the Public Sector. *Public Management*, 1: 2, pp. 235-260.

Human, S. and Provan, K. (1997) An Emergent Theory of Structure and Outcomes in Small-Firm Strategic Manufacturing Firms. *Academy of Management Journal*, 40: 2, pp. 368-403.

Huxham, C. (1996) Advantage or Inertia: Making Collaboration Work. In: R. Paton, G. Clark, G. Jones and P. Quintas (eds.) *The New Management Reader*, London: Routledge, pp. 238-254.

Huxham, C. (2003) Action Research as A Methodology for Theory Development. *Policy and Politics*, 31: 2, pp. 239-248.

Huxham, C. and Beech, N. (2003a) Contrary Prescriptions: Recognizing Good Practice Tensions in Management. *Organization Studies*, 24: 1, pp. 69-94.

Huxham, C. and Beech, N. (2003b) Exploring the power infrastructure of a collaboration. University of Strathclyde Graduate School of Business working paper 2003-09R.

Huxham, C. with Macdonald, D. (1992) Introducing Collaborative Advantage. *Management Decision*, 30: 3, pp. 50-56.

Huxham, C. and Vangen, S. (1996a) Working Together: Key Themes in the Management of Relationships Between Public and Non Profit Organizations. *International Journal of Public Sector Management*, 9: 7, pp. 5-17.

Huxham, C. and Vangen, S. (1996b) Managing Inter-Organisational Relationships. In: S. P. Osborne (ed.) *Managing in the Voluntary Sector*, London: International Thompson Business Press.

Huxham, C. and Vangen, S. (2000a) Leadership in the Shaping and Implementation of Collaboration Agendas: How Things Happen in a (Not Quite) Joined Up World. *Academy of Management Journal (Special Forum on Managing in the New Millennium)*, 43: 6, pp. 1159-1175.

Huxham, C. and Vangen, S. (2000b) Ambiguity, Complexity and Dynamics in the Membership of Collaboration. *Human Relations*, 53: 6, pp. 771-806.

Huxham, C. and Vangen S. (2001) What Makes Practitioners Tick?: Understanding Collaboration Practice and Practising Collaboration Understanding. In: G. Genefke and F. McDonald (eds.) *Effective Collaboration: Managing the Obstacles to Success*, Basingstoke: Palgrave, pp. 1-16.

Huxham, C. and Vangen, S. (2003) Researching Organizational Practice Through Action Research. *Organizational Research Methods*, 6: 3, pp. 383-403.

Huxham, C. and Vangen, S. (2004) Doing Things Collaboratively: Realizing the Advantage or Succumbing to Inertia? *Organizational Dynamics*, 33: 2, pp. 190-201.

Inkpen, A. and Beamish, P. (1997) Knowledge, Bargaining Power and the Instability of International Joint Venture. *Academy of Management Review*, 22: 1, pp. 177-202.

Johnson, B. (1996) *Polarity Management: Identifying and Managing Unsolvable Problems*. Amherst, MA: HRD Press.

Jones, A. and Pickford, R. (1997) Personal Relations and Institutional Change: Public Sector Re-organization in Wales and Its Significance For Collaboration in Community Care. Presented at the Fourth International Conference on Multi-organizational Partnerships and Co-operative Strategy, Oxford.

Judge, W. and Ryman, J. (2001) The Shared Leadership Challenge in Strategic Alliances: Lessons From the U. S. Healthcare Industry. *Academy of Management Executive*, 15: 2, pp. 71-79.

Kanter, R. (1994) Collaborative Advantage: The Art of Alliances. *Harvard Business Review*, 72: 4, pp. 96-108.

Knights, D. (1992) Changing Spaces: The Disruptive Power of Epistemological Location for the Management and Organisational Sciences. *Academy of Management Review*, 17: 3, pp. 514-536.

Knights, D. (1997) Organization Theory in the Age of Deconstruction: Dualism, Gender and Postmodernism Revisited. *Organization Studies*, 18: 1, pp. 1-19.

Lane, C. and Bachmann, R. (eds.) (1998) *Trust Within and Between Organizations: Conceptual Issues and Empirical Applications*. Oxford: Oxford University Press.

Lawrence, T., Phillips, N. and Hardy, C. (1999) Watching Whale Watching: Exploring the Discursive Foundations of Collaborative Relationships. *Journal of Applied Behavioral Science*, 35: 4, pp. 479-502.

Lewin, K. (1946) Action Research and Minority Problems. *Journal of Social Issues*, 2: 4 pp. 34-46.

Lewin, K. (1947) Frontiers in Group Dynamics: Channel of Group Life: Social Planning and Action Research. *Human Relations*, 1, pp. 143-153.

Lewis, M. (2000) Exploring Paradox: Toward a More Comprehensive Guide. *Academy of Management Review*, 25: 4, pp. 760-776.

Luhmann, N. (1989) *Ecological Communications*. Chicago, IL: University of Chicago Press.

Luo, Y. (1998) Joint Venture Success in China: How Should We Select a Good Partner? *Journal of World Business*, 33: 2, pp. 125–144.

Lynch, R. (1993) *Business Alliances Guide: The Hidden Competitive Weapon*. New York: Wiley.

McDonald, F. (2001) The Role of Power Relationships in Partnership Agreements Between Small Suppliers and Large Buyers. In: J. Genefke and F. McDonald (eds.) *Effective Collaboration*, Basingstoke: Palgrave pp. 152–168.

McQuaid, R. (2000) The Theory of Partnership: Why Have Partnership? In: S. P. Osborne (ed.) *Public-Private Partnerships: Theory and Practice in International Perspective*, London: Routledge, pp. 9–35.

Maguire, S., Phillips, N. and Hardy, C. (2001) When 'Silence = Death', Keep Talking: Trust, Control and the Discursive Construction of Identity in the Canadian HIV/Aids Treatment Domain. *Organization Studies*, 22: 2, pp. 285–310.

Manz, C. and Sims, H. (1980) Self-Management As a Substitute for Leadership: A Social Learning Theory Perspective. *Academy of Management Review*, 5: 3, pp. 361–367.

Marsden, R. and Townley, B. (1996) The Owl of Minerva: Reflections on Theory and Practice. In: S. Clegg, C. Hardy and W. Nord (eds.) *Handbook of Organization Studies*, London: Sage, pp. 659–675.

Marshall, C. and Rossman, G. (1989) *Designing Qualitative Research* (third edition). Thousand Islands, CA: Sage.

Martin, J. (1992) *Cultures in Organizations: Three Perspectives*. Oxford: Oxford University Press.

Mattesich, P. and Monsey, B. (1992) *Collaboration: What Makes It Work?* St Paul, MN: Amherst H. Wilder Foundation.

Mattessich, P., Murray-Close, M. and Monsey, B. (2001) *Collaboration: What Makes It Work?* (second edition). St Paul, MN: Amherst H. Wilder Foundation.

Mayo, M. and Taylor, M. (2001) Partnerships and Power in Community Regeneration. In: S. Balloch and M. Taylor (eds.) *Partnership Working*, Bristol: The Policy Press, pp. 29-56.

Medcof, J. (2001) Resource-based Strategy and Managerial Power in Networks of Internationally Dispersed Technology Units. *Strategic Management Journal*, 22: 11, pp. 999-1012.

Midgley, G., Munlo, I. and Brown, M. (1997) *Sharing Power: Integrating User Involvement and Multi-Agency Working to Improve Housing for Older People*. Bristol: The Policy Press.

Mintzberg, H. and Waters, J. (1985) Of Strategies Deliberate and Emergent. *Strategic Management Journal*, 6, pp. 257-272.

Murrell, K. (1997) Relational Models of Leadership for the Next Century Not-for-Profit Manager. *OD Journal*, 15: 3 pp. 35-42.

Nooteboom, B. (2004) *Inter-firm Collaboration, Learning and Networks: An Integrated Approach*. London: Routledge.

Osborne, S. and Murray, V. (2000) Understanding the Process of Public-Private Partnership. In: S. P. Osborne (ed.) *Public-Private Partnerships: Theory and Practice in International Perspective*, London: Routledge, pp. 70-83.

O'Toole, L. (1997) Treating Networks Seriously: Practical and Research-Based Agendas in Public Administration. *Public Administration Review*, 57: 1, pp. 45-52.

Owen-Smith, J. and Powell, W. (2004) Knowledge Networks as Channels and Conduits: The Effects of Spillovers in the Boston Biotechnology Community. *Organization Science*, 15: 1, pp. 5-21.

Palmer, I. and Hardy, C. (2000) *Thinking About Management: Implications of Organizational Debates for Practice*. London: Sage.

Perrucci, R. and Pilisuk, M. (1976) The Interorganizational Bases of Community Power. In: W. M. Evan (ed.) *Inter-Organizational Relations*, Harmondsworth: Penguin, pp. 226-290.

Peters, T. and Austin, N. (1985) *A Passion for Excellence*. New York:

Random House.

Peters, T. and Waterman, R. (1982) *In Search of Excellence: Lessons From America's Best Run Companies*. New York: Harper and Row.

Pettigrew, A. (1990) Longitudinal Field Research on Change: Theory and Practice. *Organizational Science*, 1: S, p. 267-292.

Pettigrew, A. (1997) The Double Hurdles for Management Research. In: T. Clarke (ed.) *Advancements in Organizational Behaviour: Essays in Honour of Derek Pugh*, Aldershot: Ashgate, pp. 277-296.

Phillips, N. and Hardy, C. (1997) Managing Multiple Identities: Discourse Legitimacy and Resources in the UK Refugee System. *Organization*, 4: 2, pp. 160-185.

Poole, M. S. and Van de Ven, A. (1989) Using Paradox to Build Management Theories. *Academy of Management Review*, 14: 4, pp. 562-578.

Powell, W. (1998) Learning From Collaboration: Knowledge and Networks in the Biotechnology and Pharmaceutical Industries. *California Management Review*, 40: 3, pp. 228-241.

Ranson, S. and Royston, G. (1980) The Structuring of Organizational Structures. *Administrative Science Quarterly*, 25, pp. 1-17.

Ray, K. (2002) *The Nimble Collaboration: Fine-Tuning Your Collaboration for Lasting Success*. St Paul, MN: Amherst H. Wilder Foundation.

Reason, P. and Bradbury, H. (eds.) (2000) *Handbook of Action Research: Participative Inquiry and Practice*. London: Sage.

Reuer, J. (1998) The Dynamics and Effectiveness of International Joint Ventures. *European Management Journal*, 16: 2, pp. 160-168.

Ring, P. (1997) Processes Facilitating Reliance on Trust in Inter-Organizational Networks. In: M. Ebers (ed.) *The Formation of Inter-Organizational Networks*, Oxford: Oxford University Press, pp. 114-145.

Ring, P. and Van de Ven, A. (1994) Developmental Process of Cooperative Interorganizational Relationships. *Academy of Management Review*, 19 pp. 90-118.

Rittel, H. and Webber, M. (1973) Dilemmas in a General Theory of

Planning. *Policy Sciences*, 4, pp. 155-169.

Roberts, N. and Bradley, R. (1991) Stakeholder Collaboration and Innovation: A Study of Public Policy Initiation at the State Level. *Journal of Applied Behavioral Science*, 27: 2, pp. 209-227.

Rule, E. and Keown, S. (1998) Competencies of High-Performing Strategic Alliances. *Strategy and Leadership*, 26: 4, pp. 36-40.

Ryan, C. (2001) Leadership in Collaborative Policy Making: An Analysis of Agency Roles in Regulatory Negotiations. *Policy Sciences*, 34, pp. 221-245.

Salk, J. and Shenkar, O. (2001) Social Identities in an International Joint Venture: An Exploratory Case Study. *Organization Science*, 12: 2, pp. 161-178.

Schein, E. (1987) *Process Consultation Volume II: Lessons for Managers and Consultants*. Reading, MA: Addison-Wesley.

Schein, E. (1988) *Process Consultation Volume I: Its Role in Organizational Development*. Reading, MA: Addison-Wesley.

Schwartz, P. (1997) *The Art of the Long View*. Chichester: Wiley.

Scott, C. and Thurston, W. (1997) A Framework for the Development of Community Health Agency Partnerships. *Canadian Journal of Public Health*, 88: 6, pp. 416-420.

Scottish Office (1995) *Programme for Partnership: Announcement of the Scottish Office Review or Urban Regeneration Policy*. Edinburgh: Scottish Office.

Sharfman, M., Gray, B. and Yan, A. (1991) The Context of Interorganizational Collaboration in the Garment Industry: An Institutional Perspective. *Journal of Applied Behavioral Science*, 27: 2, pp. 181-208.

Sherer, S. (2003) Critical Success Factors for Manufacturing Networks as Perceived by Network Coordinators. *Journal of Small Business Management*, 41: 4, pp. 325-345.

Sink, D. (1996) Five Obstacles to Community-Based Collaboration and Some Thoughts on Overcoming Them. In: C. Huxham (ed.) *Creating Collaborative Advantage*, London: Sage, pp. 101-109.

Snape, D. and Stewart, M. (1996) *Keeping Up the Momentum*: *Partnership Working in Bristol and the West. Report to the Bristol Chamber of Commerce and Initiative*. Bristol: University of the West of England.

Stake, R. (1995) *The Art of Case Study Research*. Thousand Oaks, CA: Sage.

Stewart, M. (1999) Regional Leadership in the Co-ordination of Area-based Initiatives. In: S. Schruijer (ed.) *Multi-organizational Partnerships and Cooperative Strategy*, Tilburg: Dutch University Press.

Stewart, M. and Snape, D. (1996) Pluralism in Partnership: The Emergence of Multiple Structures for Interorganizational Collaboration in Urban Policy. Presented at the Third International Workshop on Interorganizational Relations at Strathclyde University, Glasgow, September.

Strauss, A. and Corbin, J. (1998) *Basics of Qualitative Research* (second edition). London: Sage.

Sweeting, D., Stewart, Murray and Hambleton, Robin (1999) Leadership in Urban Governance. Presented at the ESRC Cities: Competition and Cohesion Convention, Birmingham.

Tajfel, H. and Turner, J. (1979) An Integrative Theory of Intergroup Conflict. In: W. G. Austin and S. Worchel (eds.) *The Social Psychology of Intergroup Relations*, Monterey, CA: Brookes/Cole, pp. 33-47.

Taket, A. and White, L. (2000) *Partnership and Participation*: *Decision-Making in the Multi-Agency Setting*. Chichester: Wiley.

Taylor, F. (1947) *Scientific Management*. New York: Harper and Brother.

Thomas, J. (1993) *Doing Critical Ethnography*. Newbury Park, CA: Sage.

Thompson, J. (1956) Authority and Power in Identical Organizations. *American Journal of Sociology*, 62, pp. 290-301.

Thurmaier, K. and Wood, C. (2002) Interlocal Agreements as Overlapping Social Net-works: Picket-Fence Regionalism in Metropolitan Kansas City. *Public Administration Review*, 62: 5, pp. 585-598.

Tilson, B., Mawson, J., Beazley, M., Burfitt, A., Collinge, C., Hall, S., Loftman, R., Nevin, B. and Srblhanin, A. (1997) Partnerships for

Regeneration: The Single Regeneration Budget Challenge Fund Round One. *Local Government Studies*, 23, pp. 1–15.

Trist, E. (1983) Referent Organizations and the Development of Inter-Organizational Domains. *Human Relations*, 36: 3, pp. 269–284.

Turock, I. (1997) *Picking Winners or Passing the Buck: Competition in Area Selection in Scotland's New Urban Policy*. Edinburgh: Scottish Council for Voluntary Organizations.

Useem, M. (2001) The Leadership Lessons of Mount Everest. Harvard *Business Review*, October, pp. 51–58.

Vangen, S. (1998) Transferring Insight on Collaboration to Practice, unpublished Ph. D. thesis, University of Strathclyde, Glasgow, UK.

Vangen, S. and Huxham, C. (1998) Creating a TIP: Issues in the Design of a Process for Transferring Theoretical Insight about Inter-Organizational Collaboration into Practice. *International Journal of Public-Private Partnerships*, 1: 1, pp. 19–42.

Vangen, S. and Huxham, C. (2003a) Nurturing Collaborative Relations: Building Trust in Inter-Organizational Collaboration. *Journal of Applied Behavioral Science*, 39: 1, pp. 5–31.

Vangen, S. and Huxham, C. (2003b) Enacting Leadership for Collaborative Advantage: Dilemmas of Ideology and Pragmatism in the Activities of Partnership Managers. *British Journal of Management*, 14: S, pp. S61–76.

Waddock, S. (1989) Understanding Social Partnerships: An Evolutionary Model of Partnership Organizations. *Administration and Society*, 21, pp. 78–100.

Walsh, J., Wang, E. and Xin, K. (1999) Same Bed, Different Dreams: Working Relation-ships in Sino-American Joint Ventures. *Journal of World Business*, 34: 1, pp. 69–93.

Weber, M. (1947) *The Theory of Social and Economic Organization*. London: William Hodge.

Weisbord, M. (1992) *Discovering Common Ground*. San Francisco, CA: Berrett-Koehler.

Weisbord, M. and Janoff, S. (1995) *Future Search: An Action Guide to Finding Common Ground in Organizations and Communities.* San Francisco, CA: Berrett-Koehler.

Westec (1996) *Local Partnership Guide.* Bristol: Western Training and Enterprise Council.

Whittington, R. (1992) Putting Giddens into Action: Social Systems and Managerial Agency. *Journal of Management Studies,* 29: 6, pp. 693-713.

Williams, P. (2002) The Competent Boundary Spanner. *Public Administration,* 80: 1, pp. 103-124.

Windeler, A. and Sydow, J. (2001) Project Networks and Changing Industry Practices: Collaborative Content Production in the German Television Industry. *Organization Studies,* 22: 6, pp. 1035-1060.

Winer, M. and Ray, K. (1994) *Collaboration Handbook: Creating, Sustaining, and Enjoying the Journey.* St Paul, MN: Amherst H. Wilder Foundation.

Wistow, G. and Hardy, B. (1991) Joint Management in Community Care. *Journal of Management in Medicine,* 5: 4, pp. 40-48.

Yan, A. and Gray, B. (1994) Bargaining Power, Management Control and Performance in States-China Joint Ventures: A Comparative Case Study. *Academy of Management Journal,* 37: 6, pp. 1478-1518.

Zollo, M., Reuer, J. J. and Singh, H. (2002) Interorganizational Routines and Performance in Strategic Alliances. *Organization Science,* 13: 6, pp. 701-713.

索　引

（以下页码为原书页码，为本书边码）

图书在版编目（CIP）数据

有效合作之道：合作优势理论与实践／（英）克里
斯·赫克萨姆，（英）西夫·范根著；董强译. -- 北京：
社会科学文献出版社，2019.11
　（非营利管理译丛）
　书名原文：Managing to Collaborate：The Theory
and Practice of Collaborative Advantage
　ISBN 978-7-5201-5279-2

　Ⅰ.①有…　Ⅱ.①克…②西…③董…　Ⅲ.①非营利
组织-组织管理-研究　Ⅳ.①C912.21

　中国版本图书馆 CIP 数据核字（2019）第 164182 号

· 非营利管理译丛 ·

有效合作之道：合作优势理论与实践

著　　者／〔英〕克里斯·赫克萨姆（Chris Huxham）　　〔英〕西夫·范根（Siv Vangen）
译　　者／董　强

出 版 人／谢寿光
责任编辑／黄金平

出　　版／社会科学文献出版社·社会政法分社（010）59367156
　　　　　地址：北京市北三环中路甲 29 号院华龙大厦　邮编：100029
　　　　　网址：www. ssap. com. cn
发　　行／市场营销中心（010）59367081　59367083
印　　装／三河市龙林印务有限公司

规　　格／开本：787mm×1092mm　1/16
　　　　　印张：19.25　字数：298 千字
版　　次／2019 年 11 月第 1 版　2019 年 11 月第 1 次印刷
书　　号／ISBN 978-7-5201-5279-2
著作权合同
登 记 号／图字 01-2018-4975 号
定　　价／98.00 元